U0100923

한강유역사

东北亚与欧亚草原考古学译丛

（韩）崔梦龙 李鲜馥 安承模 朴淳发 著

成璟瑭 译 杨建华 校

汉江流域史

上海古籍出版社

本丛书为

国家社科基金重大项目（2012&ZD152）成果

吉林大学考古学院"双一流"学科建设经费资助出版

《东北亚与欧亚草原考古学译丛》
总　　序

　　21世纪的中国考古学进入了新的发展阶段,随着国际交流的深入和考古学自身发展的需要,2012年国家社会科学基金重大项目首次设立了国外著名考古学著作的翻译项目。我们在申报中,原本提出考古学理论与周边邻国考古学两个角度的翻译课题,后经过国家社科基金评审组的建议,把译著内容集中到周邻国家考古著作,即现在的《东北亚与欧亚草原考古学译丛》。

　　在东北亚考古学方面,我们选译了日本学者高仓洋彰的《金印国家群的时代——东亚世界与弥生社会》和韩国学者崔梦龙等的《汉江流域史》。日本考古著作是从东亚的视野下研究弥生时代的国际化过程。所谓"金印国家群"是这些被纳入以汉字和汉语为沟通手段的中国统治秩序中的民族的总称。作者从东亚的宏观角度着眼,从九州北部地区的细微研究入手的研究方法,对中国的考古学研究很有借鉴意义。韩国考古著作构建了朝鲜半岛先史时代的时空框架和文化发展序列。新石器时代朝鲜半岛的圜底筒形罐和"之"字纹装饰为中国东北地区新石器时代陶器研究提供了重要的对比材料。朝鲜半岛青铜时代的标志性器物——琵琶形铜剑,是从中国辽东半岛经鸭绿江下游地区传入的。这些来自中国东北地区的文化影响,可以追溯到大连地区年代相当于商代末期的于家村下层文化,年代相当于中国历史文献中记载的商周之际。

　　在欧亚大陆旧石器研究方面我们翻译了《欧洲旧石器时代社会》(Clive Gamble)和《小工具的大思考:全球细石器化的研究》考古论文集(Robert G. Elston主编)。前者侧重欧亚草原的欧洲部分,在旧石器研究中具有年代标尺的作用。作者还运用了一种新的方法,把来自石器、狩猎与营地遗址的考古证据汇聚起来,用以探讨社会交往以及社会生活的形式。后者涉及了欧亚草原的亚洲部分,包括细石叶工艺以及相关技术的起源、制作技术和人类对环境的适应等诸多重要的问题。本书的全球视野、运用的石器分析理论与方法、研究的思路与观点,对于中国细石器考古学研究来说非常具有启发性。

在欧亚草原考古方面,我们分别选译了宏观著作《史前至蒙古帝国时期的内欧亚大陆史》(《俄罗斯、中亚和蒙古史》第一卷)(David Christian)和微观研究的《印度—伊朗人的起源》(Kuzmina, E.),以及一本蒙古考古专著。第一本宏观著作将欧亚大陆分为处于内陆和靠北的内欧亚大陆(Inner Eurasia)与靠海的外欧亚大陆(Outer Eurasia)两部分,前者是游牧和渔猎民族活动的舞台,后者是文化发达的农业文明分布区。该书以宏观的视角系统阐述了内欧亚大陆的历史,认为两地的互动是历史发展的重要动因,并从社会交往的角度研究农业与游牧业的互动。作者提出农牧交错地带为内欧亚大陆发展提供了重要的推动力,因为这里不仅有农牧社会的军事接触,还有技术、思想、贸易和人群的接触。从这个意义上,我们就不难理解中国北方地区在东部草原中的重要作用了。第二本微观研究的著作是作者用50年时间对安德罗诺沃文化联盟的翔尽研究,使我们了解到俄罗斯学者是如何研究一个考古学文化,以及如何结合文化的发展演变与民族学和历史语言学来研究考古学文化族属的。同时我们也可以发现国外学者对中国考古资料的了解十分有限,中国学者有责任把自己的发现与研究介绍给世界的学者。蒙古是游牧文明的一个中心,是中国北方与欧亚草原接壤的重要国家。《蒙古考古》是目前唯一的关于蒙古的考古发现和研究的综合性专著,该译著能够使中国学者了解蒙古各时期考古遗存的概况以及蒙古学者的考古研究现状与方法,为从事蒙古考古研究提供最系统的基础性材料。

这套考古学译著有两个特点,一是在资料占有方面重点选择了本土学者的著作,二是我们的翻译团队多是从事东北亚和欧亚草原考古研究的学者,是我们以边疆考古为依托的外国考古学研究的实践。译丛的出版将开启关注邻国考古、注重本土学者和有计划有针对性的系列考古学著作的翻译与出版,打破英文译著"一统天下"的局面。这套丛书还将有助于把中国考古学放在东亚与欧亚视野下考察,提升我国边疆考古在东北亚与欧亚大陆考古研究中的影响力。在完成项目的这五年期间,中国社会科学院成立了外国考古学研究中心,有相当数量的考古团队开始赴国外开展田野考古工作。在这里我们非常感谢国家社科基金评审组非常有预见性地设立译丛课题,这些译著为了解中国周边国家的历史以及与中国的文化交往提供了大量的物质材料证据,并为中国考古学走出国门提供了必要的知识准备。

杨建华

2017 年 6 月

前　言

　　我们几位作者得到大宇财团的研究资助,从 1987 年开始以《汉江流域史》为题目已经研究了六年,现在终于到了本书出版发行的时候。本项研究策划是在作者之一崔梦龙 1987 年 8 月 13 日(星期二)于大宇财团以"首尔近郊的百济遗址"为题作了一次讲座之后组织的踏查中,以阐述汉江流域古代文化的重要性为主要目标而萌生的。并且当时还提出研究范围要扩大的建议,不仅限于百济时期遗址,而且还应系统整理百济时期之前的旧石器时代与新石器时代、青铜—初期铁器时代等汉江流域的考古学成果。这项建议最终在时任大宇财团理事长李用熙先生的关照下得以落实,而最终的成果就是本书。

　　其实包括笔者本人在内,我们几位执笔者原来都是非常勤奋、没有文债的。但不知为何,大宇财团经常催促提交稿件,让我们有一种被追索债务的感觉,因而对财团方面确实有不可避免的愧疚之情。本书题目为《汉江流域史》,是一个相当大的范围,个人不可能单独完成研究,所以本书按照不同的时代由不同的作者分别完成,最终整合成形,即李鲜馥、安承模、朴淳发以及崔梦龙四人各自完成本人专攻领域的研究,最后整理成《汉江流域史》这本书。其主要内容是整理以往汉江流域附近发现、调查以及发掘的旧石器时代、新石器时代、青铜—初期铁器时代以及百济时代遗址的资料,然后分析整理朝鲜半岛中部、作为各种重要文化摇篮的汉江文化的特性。

　　汉江流域中以现在松坡区、江东区一带为中心,曾经是汉城时代百济的首都(从公元前 18 年到文周王迁都公州的公元 475 年),非常重要,并且还是朝鲜时代的都邑。明年(1994 年)就是朝鲜时代都邑迁往汉阳 600 周年纪念,本书在此之前出版发行,也令作者们感到欣慰。本书整理的汉江流域相关的考古学成果,可能通过将来的考古发掘工作还会逐步予以修订、完善,但本书是成稿前为止所有资料的系统整理,还是有其自身学术价值的。在此,向为了本书的出版发行而等待了六年的大宇财团现任理事长李燇熙等各位相关人员表示感谢。

1993 年 5 月 3 日

作者代表:崔梦龙

目　　录

第一章　汉江流域的旧石器时代[*]

第一节　绪　　论

　　韩国的旧石器考古学开始于 20 世纪 60 年代中期,在短短二十余年的发展过程中,成果丰硕,并成立了一些与旧石器考古有关的研究机构,但是现在韩国的旧石器考古学仍处于初期阶段,并且在发展初期受时间所限,问题也堆积如山[1]。韩国旧石器考古研究发展缓慢的最大原因是由于接受过专门训练的研究者过少,以及对旧石器考古研究的重视不足,从而导致全国范围内考古调查与发掘遗址的匮乏。旧石器时代考古也应充分吸收与遗址形成有关的地质学材料和当代古生态学研究材料,需要第四纪地质学、古生物学、地形学、土壤学、地球物理学等众多基础自然科学研究学者的广泛参与,以便更准确地了解韩国旧石器时代遗址与遗物的年代,但是实现这个目标现在还只是遥远的期待。目前,这些困难对韩国所有地区的旧石器考古学研究都产生了一定的阻碍作用,并且也是汉江流域旧石器考古研究发展的重要制约因素。

　　20 世纪 70 年代以来,汉江流域是旧石器考古学研究活动最为繁荣、发展最快的地区,特别是南汉江流域的忠州大坝淹没区域内文化遗址的考古发掘项目,在短时间内调查并发掘了许多重要遗址,最近北汉江水域的破庐湖退水区域内,也在众多的遗址中采集到旧石器时代的遗物。虽然在汉江流域发现的旧石器遗址并不多,整个南、北汉江流域发现的遗址点只有数十个,但是汉江流域的旧石器文化对理解整个朝鲜半岛的旧石器文化性质具有重要意义。

　　但令人遗憾的是,无论是调查发掘次数较多的项目,还是最终形成的考古发掘报告,目前还很难据此对该地区进行客观的分析研究。现在出版的大部分旧石器

----

　　[*] 本文一稿于 1988 年 3 月完成,因其他共同研究者延期提交研究成果,本文稍加修改后,二稿于 1992 年春向大宇财团正式提交。

时代考古报告相对片面,仅仅根据这些已经正式发表的考古报告,尚不能构建汉江流域旧石器文化的框架体系。韩国旧石器考古的发展受众多条件的制约,所以汉江流域发现的旧石器时代遗址和遗物也只能达到罗列叙述的水准而已。

即便是这种证据罗列性的叙述,也存在很多问题,因为相当一部分考古报告尚未出版,而已经出版的大部分考古报告所包含的信息也太少。无须讳言,部分旧石器时代的考古报告实际上是编写者依据个人主观性而对遗迹遗物进行的分类、命名和分析,其他研究者根据这些描述,很难准确地判断遗物的形态以及发现的过程,报告中为数不少的遗物描述与分析都是从发掘者的主观判断与审美角度出发的,而不是科学的认识。因此,有关遗物性质的研究结论,无法称之为"依据客观证据的合理推论",而只能是算作"想象的强辩"。在这种情况下,遗物和遗址的编年也缺乏最基本的更新世地质层位的考察,甚至出现有学者仅凭一两件石器的形态特征就断定遗址年代的事情。

尽管这些问题会在研究的过程中慢慢得到解决,但是现在却是构建汉江流域旧石器时代文化体系的重要障碍,所以笔者只能选择在汉江流域旧石器时代考古研究中,少数几个还算具有客观意义的遗址进行描述。因此,受内容制约,与其他时期相比,本部分无法展开讨论。

第二节 遗址和遗物

目前,韩国学术界没有人准确知道汉江流域现有旧石器遗址的数量,地表采集的遗物很难判断文化层是否存在,更无法判断遗址是否存在。正式经过考古发掘,并得到学界公认的旧石器遗址的数量并不多。除有疑问的遗址点之外,可以认为是旧石器时代的遗址有忠州大坝淹没区的金窟遗址、鸣梧里遗址、垂杨介遗址,还有南汉江边上的四个地点以及北汉江破庐湖退水区域内的上舞龙里一带。另外1991年江原大学调查团在洪川江边进行考古调查并发表报告的所谓"中石器"遗址,位于岸边台地,经考古发掘可能也是旧石器时代遗址,但是由于该遗址暂时还未经报导,所以本文暂不讨论。

下面木文将依次介绍这些属于旧石器时代的遗址以及相关研究成果。

一、金窟

金窟遗址[2]位于忠清北道丹阳郡丹阳邑岛潭里,于1983年开始考古发掘,至1985年结束。从发表的考古报告来看,遗址由8个堆积层构成,地层从旧石器时代早期经新石器时代到青铜器时代都有。韩国高中历史教科书修订版的编写者依据发掘者的建议,认为金窟遗址应是 70 万年前的遗址,学术界也有学者认定这是迄今为止朝鲜半岛发现的最古老的旧石器时代遗址。

但笔者却很难接受这个观点,因为如果这个遗址形成过程如此之长,那么这期间的土壤层应该存在大量能反映气候等多种变动事件的痕迹,而这些痕迹在报告中并没有得到确认。而且如果通过考古报告的线图及照片,确认该遗址在发掘过程中确实出土了大量旧石器时代的打制石器的话,一般情况下旧石器时代地层很有可能位于新石器时代地层之下。在洞穴遗址的发掘和研究中,对堆积层形成过程的地质学、地形学等的判断是首要前提,遗憾的是该发掘报告中这部分内容缺失,也没有进行绝对年代的检测,所以,我们现在很难确认这个遗址旧石器时代文化层的性质。

二、鸣梧里

鸣梧里遗址[3]位于忠清北道堤川市寒水面鸣梧里的南汉江河岸台地的忠州大坝淹没区,1983 年开始调查,考古发掘于 1984 年结束,共出土石器 163 件。无论从报告者描述的遗址环境,还是从石器的特征来看,都可以确认该遗址为旧石器时代遗址。从石器的整体特征来看,尤其是发现这些石器中还有具有勒瓦娄哇技术特征的石器,大致可以认为是旧石器时代中期的遗址,但是这个遗址最重要的问题是并没有提供所谓的遗物包含层是更新世时期堆积的确凿证据。

该遗址出土的石器主要由附近富含的石料——石英和板岩等加工而成,石器大多为石片石器,以大型石器为主,一般采用直接打击法,未发现间接打击法。出土有手斧 5 件、左刃砍砸器 4 件、两面砍砸器 4 件、石核 10 件、石凿 1 件、石片斧 6 件、刮削器 79 件、尖刃器 14 件、凹刃刮削器 3 件、锯齿形石器 3 件、石锥 11件、石刀 2 件和石片石刀 7 件等。但是报告中仅采用"大型石器"和"石片石器"两种标准对石器进行分类是存在问题的,除此之外,专业用语和分类概念也存在不统一的问题,所以很难判断其分类结果是否科学。此外,据常理分析,163 件石器中存在 143 件工具的判断也很难令人接受,特别是其中包括 79 件刮削器的结论值得怀疑。另外,报告中提到的有关勒瓦娄哇石核的信息,笔者并不认可。

三、垂杨介

垂杨介遗址[4]位于忠清北道丹阳郡赤城面艾谷里南汉江边,与全谷里遗址代表的临津江流域旧石器遗址群都是目前韩国发掘的旧石器时代遗址中最重要的遗址。该遗址和金窟以及鸣梧里两个遗址一样,都是在忠州大坝淹没区域进行考古调查时发现的,1983~1985 年间共经过 4 次发掘。根据考古报告的表述,该遗址由 5 个堆积层构成,上部是青铜器时代和新石器时代的堆积层,下部是旧石器时代晚期地层和旧石器时代中期地层。

虽然垂杨介遗址出土了大量精美的石器,得到了大多数学者的肯定,但是大多数学者对其发掘过程中地层的划分与遗物采集等方面的信息却了解很少。笔者对这个遗址的了解,也仅仅是根据忠北大学博物馆和国立清州博物馆展示的遗物和其他比较片面的材料记载整理而成。但以笔者了解到的少量信息,面对复杂且重要的垂杨介遗址,也只能像报告一样,得出较为简单和粗浅的认识。

垂杨介遗址大概是在更新世晚期,经过相对较长的时间,多个文化堆积单位经过“堆积——侵蚀——再堆积”等反复轮回过程而最终形成的复合性遗址。因此,我们怀疑发掘报告提出的该遗址为单一性质遗址的观点。在对整体材料了解很少的情况下,即使日本学者对其中的有柄尖刃器和细石器石核进行了大量的细致研究,也无法科学了解该遗址的真正性质。

根据考古报告的描述,所谓“旧石器中期”文化层中发现的石器主要由硅岩加工而成,石器加工以摔击法和直接加工为主。石器种类包括石锤、石片、石核、石锥、砍砸器和手斧片以及半成品等。属于所谓“中期旧石器”的石器事实上很少,报告中也没有明确所谓“中期旧石器”遗物在所有石器中所占的比例。大部分遗物出土于旧石器时代晚期地层中,该地层发现的遗物主要由黑曜岩、硅岩、页岩等原料制成,石器加工技法上有直接加工法、间接加工法和压制加工法等。所有石器被分为七类,其中黑曜岩石器单独划分。七类石器分别是手斧、砍砸器、有柄尖刃器、刮削器、尖刃器、端头刮削器、手斧,但报告中提及的石器种类还可以进一步细分。

以上分类不过是报告者主观片面的分类方案。事实上,该遗址出土的遗物远不止报告中所提及那些,有很多遗物在报告中故意未被提及,而这些未被提及的遗物在与其他国家遗物做比较研究时具有重要意义。例如船型端头刮削器是否属于端头刮削器值得怀疑,而且报告的分类标准还需要进一步斟酌。总之,垂杨介遗址有着丰富的遗物,是韩国最重要的旧石器时代遗址,需要更加深入的研究。

四、堤原

同样位于忠州堤坝淹没区的堤原遗址[5]于 1983~1984 年间进行考古调查与发掘。报告者根据出土遗物将该遗址的年代推定为旧石器时代晚期,并报导在发掘过程中发现了房址。但是笔者认为报告中所说的房址只是发掘者的个人判断,包括石壮里遗址中发现的房址也都只是发掘者的个人主观认识,事实上并不被认可;另一方面,判断遗物所属的时代还很困难。首先,据笔者观察,发现遗物的堆积层是至今都受到河流堆积作用影响的冲积层,这里发现的石器具有比较明显的打制石器的形态特征,但这些石器与堆积层的相对关系,以及该遗物群的相对年代,都有必要慎重考虑。如果这些石器被确认为旧石器时代遗物的话,那就不仅应该考虑遗址的形成过程,更有必要充分考虑在更长的时间范围里,该遗址经历的侵蚀——再堆积而形成地层的过程。

五、破庐湖退水地区

1987 年在和平水库工程修建时,对破庐湖退水后露出的区域进行了考古调查,并发现了与上舞龙里遗址相近的数个旧石器时代遗址点[6]。其中经江原大学和庆熙大学发掘的遗址有两个。笔者没有参加这两处遗址的发掘,只通过这两处遗址周边观察到的地形等,来了解与遗址有关的情况。

该遗址出土的遗物大部分由硅岩和石英岩加工而成,此外还有利用原石加工而成的各种大型石器以及利用黑曜岩加工的细石器等。虽然出土资料极其丰富,但是出版的考古报告却不尽人意。例如,有关黑曜岩石器的出土情况,报告中提到该遗址出土了大量呈梯形和三角形的几何形细石器,其中用一半以上的篇幅进行数量统计,却没有清楚地描述主要石器的类型,并缺少线图。硅岩和石英岩的石器也存在同样的问题,这类问题也存在于上述所有遗址的考古报告中,反映出现阶段韩国旧石器学术界缺乏整体分析的方法论。

破庐湖退水地区的这些旧石器遗址并不是同一时期形成的,通过堆积层的相对关系和石器组合等,应该可以大致将这些遗址点分为两个时期,但目前为止还未得到与这些遗址点有关的绝对年代数据。硅岩和石英岩是任何时期都存在的石器加工材质,所以对遗址时期的判断没有太大的作用,但是从黑曜岩加工而成的细石器形态特征来看,这些遗址年代可能不会太早,应该是属于旧石器时代晚期或是后冰期初期以后的遗址。

尽管存在各种问题,破庐湖退水地区发现的这些遗址点位于朝鲜半岛内陆深处的山岳地带,很可能是该地区存在大规模遗址群的一个信号,如果这些遗址确实处于更新世结束期的话,那么说明朝鲜半岛所有地方都可能曾有人类活动的迹象,从这点来讲,破庐湖退水地区的旧石器时代遗址的发现很有意义。

六、其他遗址

1973 年在忠北堤原郡的龙窟(音译为珍玛尔洞穴)中发现了旧石器时代中

期的骨器和艺术品[7],1977年和1978年,在清原郡加德面庐岘里秃鲁峰洞穴中也有类似发现[8]。在秃鲁峰的一个洞穴中发现了人类化石和石器,人类化石在忠北大学博物馆展出,目前尚未发表考古报告。此外,在丹阳郡梅浦邑上诗里的一处岩棚中也发现大量动物化石、数件石器和人类化石,甚至可能还有房址[9],可是该遗址至今未得到学术界的认可。如果公布所有的材料,即使报告中内容相对较少或个人主观性过强,我们也可以给予一定的评判,但是很遗憾,由于目前尚未公布第三次的发掘材料,学术界对此无法予以认证。从现在的材料来看,只展示了数件骨器或是骨质艺术品。这些洞穴遗址发现的动物化石无疑均属新生代第四纪更新世时期,但是否就像报告者指出的那样,这里曾经有过人类活动则是另外一个问题。

除了这些洞穴地点外,还发现有几处旧石器时代露天遗址[10]。由于只是在地表采集的打制石器,无法准确判断是否存在文化堆积层,也无法判断是否为原生遗址。同时,鉴于地表采集的遗物中石器类型单一且数量较少,我们无法准确地判断遗址的年代和性质。

此外,1991年江原大学博物馆在洪川邑附近中部高速公路建设规划范围内进行考古调查时,发掘了所谓“中石器时代”的遗址。这个遗址出土了大量的大型石器、小型石器和细石器。但是考虑到细石器的出土,而将该遗址判断为中石器时代是没有根据的。不过对于这个遗址,要等到所有材料整理后,我们根据公开的考古报告才能得出最终的结论。笔者认为从遗物的形态特征和发掘的堆积层来看,遗址的年代很可能比上舞龙里遗址晚一些,属于更新世最晚期之后。同时,这个遗址的发现说明汉江上游地区存在发现更多新石器时代之前遗址的可能性。

第三节 展 望

人类最初进入汉江流域生活的年代,还需要更多新的材料和不断的调查分析去研究。不仅是汉江流域,目前包括整个朝鲜半岛在内,还未确定数十万年前人类生活的遗迹。朝鲜半岛的旧石器时代遗址中,除了极少数年代判断相对准确的遗址外,超过十万年以上的遗址都很难提供令人信服的证据,最令人遗憾的是现在学术界存在不考虑遗址和遗物特征等重要信息,而一味追求遗址年代久远的学术倾向。但另一方面,韩国旧石器时代考古尚处于初始阶段,20世纪60年代中期以来,取得了巨大的收获与成就。今后,旧石器时代考古学需要更多的新发现和研究,同时需要树立严谨求实的研究态度,这样才能把握正确的前进方向。与其他时代的考古学相比,人们期待值最低的旧石器时代考古学最近在破庐湖地区又发现了相当数量的遗址,以后汉江流域还可能发现更多的遗址,对于整个韩国旧石器考古学研究而言,有着极其重要的意义与作用。

注释:

[1] 李鲜馥,《旧石器时代》,《韩国考古学报》18,1988,第 1~12 页。

[2] 孙宝基,《丹阳岛潭里地区遗址发掘调查报告(1983~1984 年度)》,《忠州堤坝水没地区文化遗址发掘调查综合报告书(考古、古坟分野Ⅰ)》,忠北大学校博物馆,1984,第 15~99 页;孙宝基,《丹阳岛潭里金窟遗址发掘调查报告(1985 年度)》,《忠州堤坝水没地区文化遗址现场发掘调查报告书》,忠北大学校博物馆,1985,第 5~100 页。

[3] 崔茂藏,《堤原鸣梧里 B 地点遗址发掘调查报告》,《忠州堤坝水没地区文化遗址发掘调查综合报告书(考古、古坟分野Ⅱ)》,忠北大学校博物馆,1984,第 3~112 页。

[4] 李隆助,《丹阳垂杨介旧石器遗址发掘调查报告》,《忠州堤坝水没地区文化遗址发掘调查综合报告书(考古、古坟分野Ⅰ)》,忠北大学校博物馆,1984,第 101~186 页;李隆助,《丹阳垂杨介旧石器遗址发掘调查报告》,《忠州堤坝水没地区文化遗址现场发掘调查报告书》,忠北大学校博物馆,1985,第 101~252 页。

[5] 朴喜显,《堤原沙器里后期旧石器遗址发掘调查报告》,《忠州堤坝水没地区文化遗址发掘调查综合报告书(考古、古坟分野Ⅱ)》,忠北大学校博物馆,1984,第 187~269 页。

[6] 江原大学博物馆、江原道,《上舞龙里》,江源大学校博物馆,1989。

[7] 孙宝基,《堤原珍玛尔洞窟发掘中间报告》,《韩国史研究》11,1975,第 9~51 页;孙宝基等,《(珍玛尔)龙窟发掘》,延世大学博物馆,1980。

[8] 李隆助,《清原秃鲁峰第二洞穴旧石器文化中间报告》,忠北大学校博物馆,1981;李隆助,《清原秃鲁峰第二洞穴旧石器文化的研究》,延世大学校大学院博士学位论文,1983;孙宝基,《秃鲁峰第九洞穴生活遗迹》,延世大学校博物馆,1983。

[9] 孙宝基,《丹阳上诗遗址发掘中间报告》,《韩国古代史的照明》,忠北大学校文化财研究会编,1981,第 3~8 页;孙宝基,《人种与住居址》,《韩国史论》12,国史编撰委员会编,1983,第 187~211 页;孙宝基,《上诗Ⅰ岩棚生活遗迹》,延世大学校博物馆,1984。

[10] 黄龙浑,《首尔面牧洞遗址发掘旧石器的形态学性调查》,《庆熙史学》2,1979,第 187~211 页;李隆助,《清原泉谷遗址》,《大青堤坝水没地区遗址发掘报告书》,忠北大学校博物馆,1979,第 7~40 页。

第二章 汉江流域的新石器文化

第一节 自然环境

距今 10000 年左右,冰河时代结束,全新世开始,气候逐渐变暖且海平面上升。特别是在公元前 6000 年到前 3000 年左右,全世界进入全新世气候最适宜期(climatic optimum),其气温和海平面都比现在要高。

依据对京畿道始兴郡君子里、平泽市、江原道束草郡永郎湖等韩国 20 多个湖泊、湿地的孢粉分析结果[1],可以得知在距今 10000～6700 年主要生长着枠栎等栎树亚属,另外有较多柳树、胡桃树、铁树、榆树、桦树等落叶阔叶树木,其气候与之前时代相比急速温暖湿润化。在距今 6700～4500 年,松树属显著增加,且落叶阔叶树也增多,由此可知气候继续变暖。松树的孢粉与大量的炭粒被一同检测出来,反映出当时因干燥的气候而不断引发山火。而到了距今 4500～1400 年,松树减少,而栎树、铁树、榛树等落叶阔叶树增加,气候冷凉化。根据对永郎湖堆积物的地球化学方法研究的古气候变迁[2],可知在距今 7000 年和距今 5500～5000 年间气温最高,而在距今 6000 年和 4000 年呈现出比较寒冷的气候特征,特别是在 4000 年前出现了一次比较明显的冷凉化气候事件。

由此可知,新石器时代的气候,除了后期外,大部分时间都比现在温暖,但有部分的气温波动。除了孢粉分析之外,根据属于新石器时代中期遗址的弓山贝塚中出土的水牛骨和东三洞贝塚中出土的盘大鲍可知当时的气温比现在最少高出 2～3℃[3]。

对于全新世西海岸的海岸线变化有两种相反的观点。朴龙安根据在新坪川沼泽地区的调查,认为西海岸在距今 6500 年到距今 4000 年以每年 1.4 毫米,其后为每年 0.462 毫米的速度上升[4],李燦重新认为海平面在距今大约 8000 年比现在低 7.3 米[5],距今 4000 年比现在低 1.7 米。由这一研究结果可知,新石器时代的西海岸的海平面比现在低,从而可以推测部分遗址已被淹没。但在西海岸地区的古海岸线比现在的高2~3米[6],而东海岸的方鱼津和浦项地区也出现了比现在海岸线高3~7米的海岸断丘[7]。另外,金海水佳里贝塚碳十四绝对年代测定为距今4380±100年,在距今4165±85年的文化层中发现了因海水入侵而埋没的贝壳,比现在海岸线高5.8~7米[8],因此出现了海水比现在更多地侵入内陆的观点。两种见解都需要对海岸进行更多的地质学调查和对贝塚位置的选择、贝壳的更多研究才能证明其正确性[9]。

这种气候变化是有地域差异的,但作为全世界性的共同现象,在与朝鲜半岛相近的辽东半岛南端的全新世沉积物研究中也有明显的体现[10]。根据研究,全新世分为初期的普兰店期、中期的大弧山期和后期的庄河期。普兰店期为距今10000~8000年,其气候比现在低2~4℃,比现在略干燥,主要生长桦树,海岸线逐渐隆起,但海平面比现在低。大弧山期是主要生长落叶阔叶树的比较好的温暖化时期,分为距今8000~5000年的前期和距今5000~2500年的后期。大弧山期前期是温暖湿润的全新世气候最适宜期(climatic optimum),气温比现在高3~5℃,与现在山东半岛的气候相似。海平面比现在高。而到了距今5500年前后,当时比现在的海平面或低或高的大部分海岸都浸于水下。在大弧山期后期,主要仍是生长落叶阔叶树,针叶林比例增加,气候比目前高2~4℃,但气候恢复为干燥。海平面开始下降,到了距今4200年下降了7~10米,到了距今3400年下降了4~5米,但仍比现在高。在庄河期针叶林和落叶阔叶林形成混合林,其气候和海平面与现在相似。

第二节 新石器文化的发展及地域性

朝鲜半岛的新石器文化层是由适应了全新世初期温暖环境,并开始了以渔猎和狩猎采集为主的定居生活的居民所创造的。这时开始了陶器及磨制石器的制作,并且部分出现了基于原始农耕的粮食生产。通过目前的发掘结果可知,新石器时代的上限与全新世气候最适宜期基本相同,约为公元前5000年[11],持续了约4000年,直到公元前1000年青铜器时代开始[12]。

根据出土的陶器可以将朝鲜半岛的新石器时代大体分为几个阶段,即使用隆起纹、压印纹陶器的先栉纹①陶器文化阶段和以栉纹陶器为主的栉纹陶器文

---

① 栉纹,中国学者多称其为箆纹。本书页下注为译者所加,特此说明。

化阶段。

隆起纹①陶器是在陶器表面挤压出平行线或几何状纹样为装饰的陶器,多是平底钵形器。釜山的东三洞和统营的上老大岛的贝塚遗址等地的栉纹陶器层下层出土了隆起纹陶器,说明其产生应早于栉纹陶器。隆起纹陶器主要分布于朝鲜半岛东南地区的海岸,在日本的绳纹早期和前期,黑龙江中游以及中国黑龙江省一带也有发现。

关于隆起纹陶器的起源,从碳十四年代看,日本比韩国及西伯利亚更早,可以说是从日本经韩国传播到西伯利亚。但也出现了正相反的观点,关于这个问题还需要更多的证据[13]。但韩国和日本的九州地区,隆起纹陶器在形态、纹饰等方面有许多相似之处,且两地间的交流在新石器时代早期阶段就已开始,因此,隆起纹陶器很可能是基于两地共同的陶器传统而产生的。

压印纹陶器[14]是指在口沿以按捺、压印、刺突的方法施以爪纹、竹管纹、短斜线纹及由此构成的复合纹饰的陶器。压印纹陶器与隆起纹陶器的分布范围相似,并且在韩国东南地区主要流行圆底或尖底的 V 字形压印纹陶器,在江原道及朝鲜半岛东北地区主要流行平底器和钵形器。压印纹陶器在日本九州地区的绳纹早期也有出现,在西伯利亚贝加尔湖、安加拉河等地也有出现。通过以上内容,我们可以确定在东北亚地区形成了以狩猎和渔猎为主要生业模式的古亚细亚族的压印纹陶器文化圈[15]。

除了隆起纹陶器和压印纹陶器之外还有所谓的原始素面陶器,也是先栉纹期的代表性陶器[16],但其在器形和制作工艺上与其他陶器无太多差异,并且之后一阶段的栉纹陶器文化时期也有素面陶器,只是数量上有所差别。因此可以说在新石器时代素面陶器并不是特殊的形制,而只是在隆起纹、压印纹、栉纹等陶器中省略了纹饰的一种陶器。

栉纹陶器是由单齿具和多齿具在陶器表面按压或在其上施以各种几何形纹样的陶器,也称作篦纹陶器、几何纹陶器、有纹陶器等。其使用时期大约从公元前 4000 年到公元前 1000 年左右,是代表韩国新石器文化的特征性遗物。栉纹陶器与上述隆起纹、压印纹陶器相比其地域性更强,大体上可分为朝鲜半岛中西部地区、南部地区的尖底陶器文化圈和东北地区、西北地区的平底陶器文化圈[17]。

在中西部地区,以陶器直立口沿和尖底或圜底以及其后的半卵形栉纹陶器

① 韩国学者认为中国昂昂溪文化中有隆起纹,昂昂溪报告中称该种纹饰为附加堆纹,但也有学者认为昂昂溪文化的这种纹饰应该叫凸带纹。

为特征,其前期流行在口沿部施以短斜线纹、点列纹①,腹部施以鱼骨纹,底部施以短斜线纹等各部位分别施以不同纹饰的所谓的三段纹样陶器。中期出现在器物表面交替施以平行线带纹、三角集线纹②、鱼骨纹的陶器,后期流行在陶器通体或腹部施以鱼骨纹等单一纹饰的陶器,而三段纹样陶器只在口沿部留下短斜线纹。

朝鲜半岛南部的栉纹陶器是受中西部地区栉纹陶器的影响而产生的,其器形也以圜底的半卵形为主流。前期流行三段纹样陶器,还出现了全身施有鱼骨纹的陶器。中期在口沿部施有三角、梯形、集线纹,后期出现省略腹部以下纹饰,而只在口沿部留有短斜线纹、集线纹、斜格纹。另一方面,末期纹饰的退化明显,只在口沿部有一两列斜点列纹,绝大多数都是素面并且出现了二重口沿③。

南部地区的栉纹陶器与中西部地区栉纹陶器相比,为线条较深且粗的太线纹(即:粗线纹),比起在中西部地区多出现的短斜线纹,更多地流行着出现于日本九州地区绳纹文化中的集线纹。另外,丹涂陶器④、二重口沿陶器等也是中西部地区没有发现的要素。

朝鲜半岛东北地区的栉纹陶器主要是平底的深钵形器。初期由栉状施纹工具以压印、刺突等方式只在口沿部施以点列纹,强烈地反映出之前时期的压印纹陶器传统。前期在口沿部施以短斜线纹、点列纹,腹部施以鱼骨纹。中期在口沿中部到腹部间施以鱼骨纹、短斜线纹、条带纹。后期纹饰逐渐杂乱,同时流行雷纹陶器。后期素面化明显,并且出现了凸带纹、孔列纹⑤。

朝鲜半岛西北地区与东部地区相同,都流行平底陶器。该地区最古老的陶器是出现于美松里下层、细竹里等遗址中的连续弧线纹陶器,但只是些零星的资料,与之相关的前期遗迹也不明确。对应中期和后期的遗迹有三种类型。细竹里I层文化层中出土了与中西部地区中期金滩里I层文化层相同的平行线带纹、W带纹和通体施以鱼骨纹的平底陶器。堂山贝塚中出土了东北系的深钵雷纹陶器和圜底鱼骨纹陶器,呈现出后期的文化面貌。新岩里I层文化层出现了东部的施有雷纹、鱼骨纹、三角纹的有领壶和圈足碗、钵等,呈现出与中国东北辽宁地区新石器时代后期文化相同的文化面貌[18]。

---

① 中国有学者称其为刻划连点纹。
② 指由短斜线组成的封闭三角形图案。
③ 中国学者多称其为叠唇。
④ 中国学者多称其为红衣。
⑤ 中国有学者称其为珍珠纹。

第三节 汉江流域的新石器时代遗址

目前为止,发现的新石器时代遗址共有 200 多处,多数分布在大的河流沿岸或海边。其中,仅在汉江流域就分布着近 70 处遗址,未来还应该会有更多的遗址被发现(图 2.1)。

对这些遗址的性质进行分析,可以发现在首尔岩寺洞遗址、春城(现江原道春川市,下略)内坪遗址、江华郡三巨里遗址为居住遗址,江原道春川市校洞遗址,忠清北道丹阳郡上诗遗址、金窟遗址与堤原(现忠清北道堤川市,下略)珍玛尔洞窟是洞穴遗址,位于海边及岛屿一带的遗址多为贝塚,其余位于内陆地区的遗址大部分为遗物散布地①。

汉江流域的新石器时代遗址密集分布于以下地区:京畿湾一带,汉江下游的海岸地区,以首尔、京畿道广州市、扬州市为中心的汉江中游地区,以江原道春川为中心的北汉江上游地区,忠清北道堤原郡、丹阳郡、中原郡等南汉江上游地区(表 2.1~2.4)。

以下将分析不同地区的主要遗址。

一、京畿湾一带

(一) 矢岛贝塚

矢岛贝塚位于京畿道瓮津郡(现仁川广域市瓮津郡,下同)北道面矢道里,1916 年鸟居龙藏曾提及在该遗址出土有纹陶器[19],后由国立博物馆和首尔大学进行了简单的试掘,国立中央博物馆于 1970 年正式发掘了其中的 3 处栉纹陶器贝塚和 1 处金海式陶器贝塚,还有 1 座积石遗迹[20]。贝塚分为 1、2 和 3 地点,第 1 和第 2 地点的贝塚在矢岛的北端,与江华岛出土栉纹陶器的东幕里遗址隔海相对;积石遗迹位于第 2 地点西部小山坡的山脊上;第 3 地点位于该岛东南部海岸坡地的下方。除已发掘的 3 处贝塚之外,岛上还分布着 10 多座贝塚。

1. 第 1 地点贝塚

清理表土后露出了贝壳层,厚约 50 厘米,是不含土壤的纯贝壳层,其下露出厚约 10 厘米的黑色腐殖土层。在腐殖土层的底部发现了 1 处轴长约 60~80 厘

---

① 指地表散布有遗物但没有确认文化层和遗迹的存在。

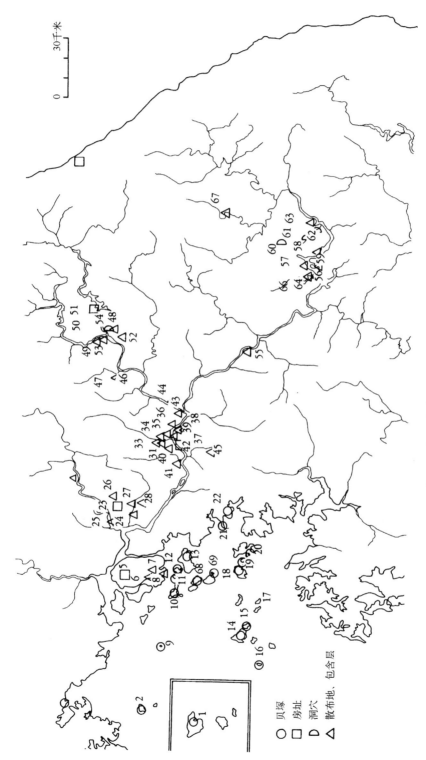

图 2.1　汉江流域新石器时代遗址分布图

米的椭圆形灶址。灶址中可见平铺的原石,部分石块上有因生火而形成的红黑色痕迹,与此相类似的灶址在贝壳层之间也有发现。

表 2.1 京畿湾一带的新石器遗址

No.	遗址所在地	性 质	主要参考文献
1	瓮津郡白翎岛	贝塚	崔梦龙,《白翎延坪岛的栉纹陶器遗迹》,《韩国文化》3,1982
2	瓮津郡延坪岛		
3	海州市龙塘铺		李元勤(音译,下同),《海州市龙塘铺贝塚遗迹调查报告》,《考古民俗》1963-1
4	延白郡鹤月里		李元勤,《黄海岛北部地区遗址调查报告》,《文化遗产》6,1961
5	江华郡三巨里	居住址	金载元、尹武炳,《韩国支石墓研究》,1967
6	江华郡道场里	散布地	金廷鹤,《韩国几何学纹陶器文化的研究》,《白山学报》4,1968
7	江华郡沙器里		和田雄治,《朝鲜の先史时代に就いて》,《考古学杂志》4~5,1914
8	江华郡东幕里		张明洙,《江华东幕里栉纹陶器遗迹及遗物》,《古文化》30,1987
9	江华郡牛岛	贝塚	孙宝基,《西海岸牛岛的先史文化》,《博物馆纪要》3,1987
10	瓮津郡长峰岛		任孝宰,《韩国西海中部岛屿的栉纹陶器文化》,《考古学》2,1969
11	瓮津郡矢岛		韩炳三,《矢岛贝塚》,1970
12	瓮津郡信岛	?	金元龙,《韩国史前遗迹遗物地名表》,1965
13	瓮津郡云南里	文化层	崔淑卿,《永宗岛云南里支石墓》,《金爱麻博士梨花勤续40周年纪念论文集》,1966
14	瓮津郡德积岛	贝塚	韩永熙、安承模,《西海岛屿地区的地表调查》(1),《中岛》Ⅳ,1983
15	瓮津郡苏爷岛		
16	瓮津郡掘业岛		
17	瓮津郡昇凤岛		金载元、尹武炳,《韩国西海岛屿》,1957
18	瓮津郡灵兴岛		池健吉、安承模,《西海岛屿地区地表调查》(2),《中岛》Ⅴ,1984

续　表

No.	遗址所在地	性　质	主要参考文献
19	瓮津郡仙才岛		
20	瓮津郡大阜岛		
21	始兴郡乌耳岛		尹武炳,《乌耳岛贝塚》,《考古美术》1~4,1960
22	始兴郡草芝里		金元龙,《草芝里(别望)贝塚发掘调查报告》,《韩国考古学报》7,1979
68	仁川市龙游岛		国立中央博物馆地表调查资料
69	仁川市小舞衣岛		

表 2.2　汉江中下游的新石器遗址

No.	遗址所在地	性　质	主要参考文献
23	坡州郡玉石里	散布地	金载元、尹武炳,《韩国支石墓研究》,1967
24	坡州郡交河里		
25	坡州郡读书里		金元龙,《韩国史前遗迹遗物地名表》,1965
26	坡州郡白石里		
27	坡州郡奉日天里		
28	高阳郡芝英里		
29	高阳郡加柴洞		
30	高阳郡五富子洞		
31	杨州郡四老里		
32	杨州郡九陵山		
33	杨州郡退溪院里		横山将三郎,《ソウル东郊外の史前遗迹》,《文学论丛》5~6,1960
34	杨州郡芝锦里		
35	杨州郡水石里	文化层	金元龙,《水石里先史时代聚落住居址调查报告》,《美术资料》11,1966
36	杨州郡东幕里		D.Chase, "A LImIted ArchaeologIcal Survey of the Han RIVer Valley", AsIan PerspectIVe 4-1·2, 1961.
37	广州郡船里		藤田亮策,《栉纹陶器の分布に就いて》,《青丘学丛》14,1961

No.	遗址所在地	性　质	主要参考文献
38	广州郡渼沙里	文化层	金元龙,《广州渼沙里栉纹陶器遗址》,《历史学报》14,1961
39	广州郡春宫里	散布地	横山将三郎,《ソウル东郊外の史前遗迹》,《文学论丛》5~6,1960
40	首尔东大门区忘尤洞		
41	首尔城东区鹰峰洞		金元龙,《韩国史前遗迹遗物地名表》,1965
42	首尔江东区首尔岩寺洞	居住址	任孝宰,《岩寺洞》,1985
43	杨州郡镇中里	散布地	文化财管理局,《八堂、昭阳堤坝水没地区遗址发掘综合调查报告》,1974
44	杨平郡汶湖里		
45	城南市三坪洞		忠北大博物馆,《板桥—九里、新葛—半月间高速道路文化遗址地表调查报告书》,1987
70	坡州郡鹤谷里		国立中央博物馆地表调查资料

表 2.3　北汉江的新石器遗址

No.	遗址所在地	性　质	主要参考文献
46	加平郡梨谷里	文化层	崔茂藏,《加平梨谷里铁器时代住居址发掘调查报告书》,《建国大人文科学论丛》12,1979
47	加平郡马场里	散布地	金元龙,《加平马场里冶铁住居址》,《历史学报》50~51,1971
48	春城郡鹤谷里		金元龙,《韩国史前遗迹遗物地名表》,1965
49	春城郡新梅里	文化层	池健吉、李荣勋,《中岛》V,1984.
50	春城郡泉田里	散布地	有光教 -,《朝鲜江原道の先史时代遗物》,《考古学杂志》38-1,1938
51	春城郡内坪	住居址	文化财管理局,《八堂、昭阳堤坝水没地区遗址发掘综合调查报告》,1974
52	春川市硕土洞	散布地	赵东杰,《北汉江流域的支石墓》,《春川教大论集》8,1970

续　表

No.	遗址所在地	性　质	主要参考文献
53	春川市中岛		崔福圭,《中岛遗址地表调查报告》,江原大学校博物馆,1984
54	春川市校洞	墓葬	金元龙,《春川校洞穴居遗址及遗物》,《历史学报》20,1963

表 2.4　南汉江的新石器遗址

No.	遗址所在地	性　质	主要参考文献
55	骊州郡欣岩里	散布地	金元龙等,《欣岩里住居址》1~4,1973~1978
56	堤原郡咸岩里		《忠州堤坝水没地区文化遗址现场发掘调查报告书》,1985
57	堤原郡黄石里		
58	堤原郡桃花里		
59	堤原郡阳坪里		
60	堤原郡浦田里	住居址	孙宝基,《堤原珍玛尔洞穴中间报告》,《韩国史研究》11,1975
61	丹阳郡上诗里		洪玄善(音译),《上诗 3 岩棚的文化研究》,1987
62	丹阳郡岛潭里		《忠州堤坝水没地区文化遗址现场发掘调查报告书》,1985
63	丹阳郡垂杨介		
64	中原郡荷川里	散布地	
65	中原郡纸洞里		
66	中原郡明西里		
67	平昌郡后平里		任世权,《平昌江流域素面陶器文化》,《岭南考古》1,1986

出土的遗物大部分为陶片,只有少数为石器,不见动物骨骼。遗物多发现在腐殖土层的上部,在贝壳层内只有少量出土(图2.2)。

陶器多夹粗沙砾,个别夹有云母或夹有滑石和石棉。夹有云母的陶器器壁相对较厚,是典型的大型栉纹陶器;夹有滑石和石棉的陶器器壁相对较薄,一般为小型陶器。器形大部分是直立口沿的 U 字形圜底,偶尔有口沿外翻的现象。根据陶器的大小可分为口径约50~60厘米的大型陶器和口径约为10厘米的小型陶器,大部分陶器为轮制。

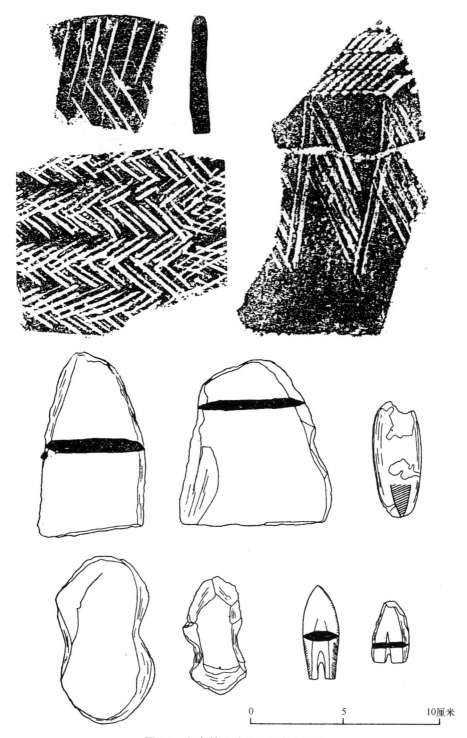

图 2.2　矢岛第 1 地区贝塚出土遗物

这种陶器的纹饰有两大类,一类是口沿部与器身施有不同纹饰的区分纹类陶器。另一类是口沿部与器身施有同样纹饰的同一纹类陶器。区分纹类陶器的口沿部施有短斜线纹或点列纹等,器身主要施有鱼骨纹,同时也有少量陶器在口沿部施有斜格子纹和爪纹,也有陶器在口沿与器身之间施有点列形成的重弧纹和波状纹。该遗址虽没有可复原的完整器,但可以看出大部分区分纹类陶器底部都省略了纹饰,有的陶器到器身以下就省略了纹饰,这类陶器基本上都是直沿,多是夹有滑石和石棉的胎质。

同一纹类陶器是从口沿部到器身中间施有横向的鱼骨纹陶器,其横向鱼骨纹的线条宽度多比较规整,但施纹杂乱且上下线重叠的退化的鱼骨纹占多数,也有部分陶器鱼骨纹分解为格子纹,此外还共出一些完全没有纹饰的素面陶器。

该遗址出土的石器有渔网坠 2 件、石斧 1 件、石刀 2 件、石镞 4 件、磨棒 2 件。网坠是以狭长的小石子打磨其腰部而制成的。石镞是无茎的倒刺式。石刀有将石头削去侧面而形成的锐利刃部。石斧主要是用长椭圆形的小石块磨制成正锋石斧。这类石斧是将石头的一端打磨成近圆弧的刃制作而成的。

2. 第 2 地点贝塚

位于距第 1 地点约 100 米的丘陵东侧坡地上,海拔为 7~8 米。在 30~60 厘米厚的纯贝壳层下有一层厚约 10~20 厘米的黑色腐殖土层。黑色腐殖土层的底部有用直径 10~15 厘米的原石围成的圆形灶址 1 处,灶址内部积满黑灰,直径为 60 厘米左右。

出土的遗物只有陶器,主要见于贝壳层和黑色腐殖土层之间,在黑色腐殖土层中也有少量发现。陶器胎土为沙质,夹有石棉和滑石,直沿,圜底。区分纹类陶器成为该遗址陶器的主流,但也有少量同一纹类陶器。这里没有发现在第 1 地点流行的变形鱼骨纹陶器。

区分纹类陶器的口沿是用贝齿施以点列纹,器身大多施以四齿具刮擦施纹的横向鱼骨纹,也有点列重弧纹。该地区的点列纹中留有贝齿痕迹,这是不见于其他地区的陶器特征。在第 2 地点内没有发现区分纹类陶器的底部,因此无法得知其是否有纹饰。

同一纹类陶器为圜底,是以粗长的刻划线从口沿到器身通体施以横向鱼骨纹,但在底部施有无序的刮擦纹饰。

3. 第 3 地点贝塚

该贝塚由贝壳的小碎片形成厚 30 厘米的含土贝壳层和厚 30 厘米的纯贝壳

层以及厚 60 厘米的黑色黏土层构成。在贝塚上层出土了金海式①陶片,在纯贝壳层和黑色黏土层的上部出土了栉纹陶器。

栉纹陶器较少,区分纹类陶器中只发现了部分陶器的器身,应该是和第 2 地点性质一样的贝塚。除了陶器外,还出土了黏板岩制成的倒刺式石镞 2 个和梯形的小单刃石斧 1 件。

纯贝壳层下部炭样的碳十四测年结果为距今 3040±59 年,比我们推测的遗址实际年代稍晚一些。

4. 积石遗迹

位于岛上最北端的丘陵上。用直径 10~15 厘米大小的碎石垒在中央,直径 25 厘米左右的大石垒在周边,在生土上形成高约 20 厘米,东西长约 165 厘米,南北宽约 145 厘米的椭圆形积石遗迹,积石遗迹的中央已有些下陷,且在积石中有大量黑色腐殖土和炭灰。同时,在积石底部形成长宽约为 150×120 厘米,深约 30 厘米的椭圆形坑,在坑外的生土层和周围的石头之间发现了大量炭灰,在坑底也铺有大量炭灰和含有有机质的黑色土。

出土遗物只有在积石间的 1 个施有爪纹的口沿部陶片。

5. 年代

第 1 地点贝塚主要流行变形横向鱼骨纹陶器,同时也出土有区分纹类陶器。不能确定这是同时期共存的还是由层位扰乱而导致的,但变形鱼骨纹陶器的存在说明该遗迹属于新石器时代后期。相反,在第 2 地点没有变形鱼骨纹,而出土底部没有施纹的区分纹类陶器。这类陶器在首尔岩寺洞遗址下层中有出土,但在第 2 地点没有发现岩寺洞遗址出土的通体施纹的区分纹类陶器,也几乎没有波状点线纹陶器,因此应属于岩寺洞下层中比较晚的时期,即新石器时代中期后段。

积石遗迹中几乎没有出土遗物,因此较难推定其年代。但碳十四测年结果为距今 2870±60 年、距今 3040±60 年,由此可以推测其与第 1 地点贝塚的时期相同。

(二)草芝里别望贝塚

位于京畿道始兴郡君子面草芝里海拔 48 米的山麓南斜坡。这一带曾是海岸线,但由于围海造田工程,在发掘时已是农田。1978 年由首尔大学组织发掘,但相对于贝塚的分布范围,发掘面积非常有限[21]。

该贝塚的表土下为黑褐色贝壳层,再往下按照不同的区域分别为红褐色或

---

① 汉江以南地区原三国时代的代表性陶器,多为黑灰色,施压印纹。

黄褐色的贝壳层。红褐色贝壳层下是混有原石的黏土层,黄褐色贝壳层下是灶址和沙石层。栉纹陶器集中出土在红褐色黏土层中且与金海式陶器共出。由此可知,栉纹陶器的使用者在当时地表上形成野外居住址以后,又在该地表形成贝塚,历史时期人类继续在此生活,形成了原三国时代的金海贝塚,其贝壳层包含的栉纹陶器是从旁边的丘陵坡地上滑下来或在原三国时代之后被扰乱所导致。

　　灶址是在沙质生土中下挖约60厘米深的土坑,口径约为160厘米,周围有大量炭灰,且散布着应该属于2个个体的陶片。在灶址内堆积有较厚的木炭灰,内部周边围着原石,但没有发现明显的居住痕迹。

　　从陶胎来看,除了几片为混有云母的沙质陶胎外,其余均为夹杂沙砾的黏土质陶胎。陶器的器形为直沿,底部是尖底或圜底的半卵形,口径约为20~30厘米。陶器制法有手制、轮修以及套接等,并且在陶器器表和口沿内部可见较多的木材或贝壳刮擦形成的条痕(图2.3)。

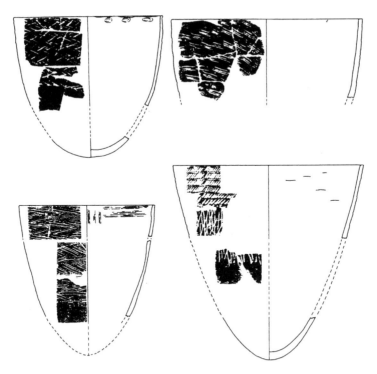

图 2.3　别望贝塚出土陶器

1. 贝壳层出土遗物

　　属于新石器时代的遗物只有陶器。陶器主要为口沿部和器身都施有同样纹饰的同一纹类陶器。这些单一的纹饰种类有以单齿具刻划出较深的斜向鱼骨纹和以多齿具刻划的上下重叠的横向鱼骨纹,横向鱼骨纹解体而成的"X"形纹饰只见于口沿部或口沿到器身之间。此外,还有口沿部施有短斜线纹、短斜点线纹的区分纹类陶器。

2. 底层出土遗物

除了 2 件石器外都是陶器。仍是以同一纹类陶器为主,但比起贝壳层出土了更多样的区分纹类陶器。在同一纹类陶器中,没有发现规整的横向鱼骨纹,多是由多齿具形成的杂乱的横向鱼骨纹,以及线较短且纹饰较宽的横向鱼骨纹,还出现了由三齿具刻划形成的平行短斜线纹。纹饰从器身中间延伸到器身以下部位。

区分纹类陶器在口沿部饰有 6 列短斜点线纹,器身饰重叠的尖角"∧"形纹饰,并在纹饰之间施有两行平行短斜线,器身下部为素面;或在口沿部饰有 12 列点列纹,在器身饰有横向鱼骨纹的陶器;或只在口沿部饰有短斜点线纹、短斜线纹、条纹陶器等。此外,还出土有几片通体素面的陶片。

石器有磨制石斧,磨盘各 1 件,其中石斧为通体磨制的正锋石斧,其中剖面呈椭圆形且刃部明显外撇。

3. 年代

在贝壳层中,口沿部或器身中部施有横向鱼骨纹的同一纹类陶器成为主流。在底层也出现在器身中间或器身下方施有横向鱼骨纹的同一纹类陶器,但与贝壳层不同,多齿具施纹更为常见,且有以平行短斜线纹形成的同一纹类陶器。另外,区分纹类陶器也比贝壳层更加多样,虽呈现一些不同的文化面貌,但由于两层共同具有的纹饰较多,在底部或器身都有省略纹饰的特点,两者都应该具有在时间上相差不远的较晚期的文化特点。

（三）三巨里遗迹

该遗址是国立中央博物馆在发掘支石墓时,在支石墓附近试掘时发现的一处遗址[22]。其表土下有 40~50 厘米厚的黑色土层,在黑色土层的西部铺有大小不一的石块,因扰动严重,限制了发掘面积。由于报告中没有遗迹图,因此无法了解该遗址的详细情况及性质,但很可能与在内坪和清湖里发现的石砌房址有关。

陶器出土于积石之间,为夹杂小沙砾的黏土质陶胎,口沿或趋于垂直,或略有外翻,没有完整陶器,推测底部为圜底。纹饰是从口沿部开始以单齿具刻划出较深的横向鱼骨纹。

（四）其他遗址

在京畿湾一带的海岸和岛屿上分布着以贝塚为主的众多遗址，但目前大部分只进行了地表采集或简单试掘工作，经过正式发掘的遗址只有前面介绍过的矢岛贝塚、乌耳岛贝塚和别望贝塚。遗址中出土的遗物大部分为栉纹陶器，几乎没有出土骨角器及石器等。贝塚都位于较低丘陵半山腰的东部或南部坡地上，可知都选择在了避风且阳光充足的阳面。另外，贝塚的规模都不大，大部分可能是短期内堆积而成的。出土的陶器主要是从口沿部开始施横向鱼骨纹的同一纹类陶器，部分遗址共出的区分纹类陶器的底部和器身省略纹饰者较多，由此可知大部分是新石器时代后期至末期形成的遗址。

在白翎岛的镇村和末等（音译）两处发现了贝塚[23]，在前者采集了带横向鱼骨纹的同一纹类陶器，在后者采集了带横向鱼骨纹和平行短斜线纹的同一纹类陶器及素面陶器、砾石制刮削器、打制及磨制石斧、石磨棒等。末等贝塚是厚度达到150厘米的大型贝塚。根据发掘结果报告，该遗址很可能存在房址。另外，在末等遗址还发现了2件圜底陶片，其中一个还施有羽状纹。这两处遗址出土的陶器都是以夹杂粗砂的黏土质胎制成的。

延坪岛是西海岛屿中新石器时代遗址分布最多的一个岛屿，共有16处贝塚被发现[24]，如果加上已经被破坏的就更多了。出土遗物主要是陶器，并且大部分为黏土陶胎，器身施有横向鱼骨纹或平行短斜线纹的同一纹类陶器。但在堂岛和Ⅰ地区出土了夹有滑石的施有集线点列纹组合的陶器，这与金滩里Ⅰ期相似，在E地区发现了夹有滑石的施有波状点线纹、短斜线纹的陶器，可能比其他地区的陶器更早一些。除了陶器之外还有硅岩质的旧石器文化传统的刮削器和石斧、网坠、磨棒等（图2.4）。

在江华岛发现了前面提到的三巨里遗址以及道场里[25]、沙器里[26]、东幕里[27]等新石器时代遗址。东幕里遗址位于海边沙丘，文化层中出土的陶器为夹砂黏土陶胎，大部分从口沿到器身施有横向鱼骨纹或平行短斜线纹，还有素面陶器。采集到的器底中，三个为圜底，其中两个是素面的，另一个施有放射状纹（图2.5-1）。

在牛岛[28]采集到了116件陶片，大部分为夹砂黏土陶胎，只有3件是夹有滑石和石棉的，都为同一纹类陶器，多是由多齿具施纹的粗线条横向鱼骨纹，也出现了平行短斜线纹。此外，在外翻口沿陶器和二重口沿的平底深腹形陶器上分别发现了稻粒和稻粒痕迹，引起了广泛的关注，但它在器形上与青铜器时代的素面陶器相似，这需要进一步的探讨（图2.5-2）。石器方面主要发现了硅岩质的石锤、石斧、刮削器、尖状器、石镞、磨制石斧和磨盘等。

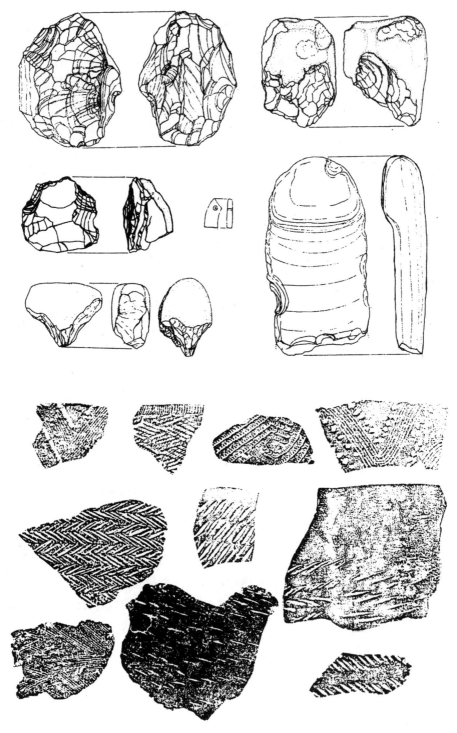

图 2.4　延坪岛贝塚出土石器、陶器

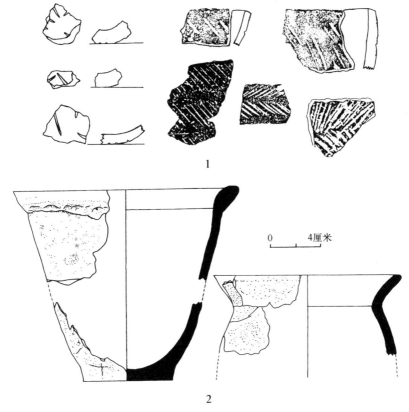

图2.5　江华岛及牛岛出土陶器

1. 江华岛东幕里出土陶器　2. 牛岛出土有稻谷印痕的陶器

在大阜岛和灵兴岛、仙才岛的贝塚[29]中有许多夹有用石英、长石的胎土制成的同一纹类陶器,在灵兴岛的素长谷(音译)贝塚中出土了施有许多鸟纹和短斜线纹的圜底器底,在仙才岛的博德老志(音译)贝塚中出土了夹杂有滑石的条带纹陶片。

德积岛、苏爷岛、掘业岛[30]、长峰岛[31]、永宗岛[32]、昇凤岛[33]的贝塚与上述遗址一样,都流行同一纹类陶器。苏爷岛出土陶器的口沿和器身施有鱼骨纹,经碳十四测年结果为距今3860±42年,在苏爷岛的第七贝塚中出现了口沿施有短斜点线纹、鸟纹以及在圜底施有上下交叉呈X形的纹饰,并以交叉线填满。

另外在乌耳岛贝塚中出土了在口沿和腹部施有条带纹、横纹、短斜线纹和鱼骨纹的陶器[34],其碳十四测年结果为距今4080±45年[35]。

二、汉江中下游地区

(一)岩寺洞

该遗址位于首尔特别市江东区岩寺洞,形成于汉江南岸的冲积沙质层中。

在江岸东西向狭长的平行台地形成了堤坝,在台地上以及江和延伸至内陆的两边倾斜面也有遗迹。

　　1. 发掘经过

　　岩寺洞遗址是 1925 年大洪水时,因遗址被破坏露出大量陶器和石器而被发现的。藤田亮策、横山将三郎等以此为契机对该遗址进行了踏查,采集了许多遗物。据横山介绍:“采集到的石器和陶器等多到已经可以被车运送几次的程度。”[36]对这些遗物的正式整理和考察始于 20 世纪 60 年代初有光教一和金元龙、金廷鹤等进行的工作。此后,在 1967 年,由高丽大学、崇田大学、庆熙大学、全南大学进行了联合发掘;1968 年,由首尔大学历史教育学系进行了发掘;1971～1975 年由国立中央博物馆组织了发掘工作;1983 年由首尔大学博物馆组织了发掘。其中进行大规模发掘的大学联合发掘团和国立中央博物馆的发掘结果并没能以报告书的形式发表出来,因此还不能对遗址的性质进行明确地界定,对于这一重要遗址来说是一件较遗憾的事了。笔者就目前发表的关于岩寺洞遗址的材料按年代进行简单介绍。

　　有光教一以朝鲜总督府博物馆和东京大学人类学教室所收藏的岩寺洞遗址出土陶器以及梅原考古学资料中有图片的资料,对岩寺洞出土的栉纹陶器进行了最初的探讨[37]。

　　陶器的器形为平沿,口径略大于通高,多数为尖底或圜底的橡子形状。器壁的厚度与陶器大小相关,一般纹饰规整的陶器器壁较薄。以轮制和套接的方法制作,胎土混有许多云母。一般在口沿、器身和底部都施以不同的纹饰。口沿的纹饰以短斜线为主,其亚型①有短斜点线纹、鸟纹,还有少数点列纹、斜格纹、鱼骨纹。小型且质量较好的陶器多施以点列纹。器身主要施纵向鱼骨纹,还有横向鱼骨纹、纵列斜线纹、条带纹等。在口沿和器身之间还有斜格、锯齿、波状、菱形、重弧纹等。底部有鱼骨纹和纵向斜线纹。

　　金元龙对以横山采集品为主的国立博物馆藏品以及首尔大学博物馆收藏的岩寺洞陶片进行了探讨[38]。通过对陶器的胎质、器形、制作工艺、纹饰等的分析,得出了以下结论:陶器属于在口沿和器身施纹的典型的西海岸形式,鱼骨纹以纵向鱼骨纹为特征;由点线构成的同心“U”形纹与蒙古地区出土的陶器有关;后期出现鱼骨纹扩大化或变形,在时间上与素面陶器并行;相对于砾石器等打制石器,半月形石刀等磨制石器增多。由此可知,岩寺洞遗址是从新石器时代延续到青铜器时代的时间跨度很长的遗址,后期及晚期与素面陶器时代并行。但后

────────────

　　①　指纹饰分类的下一级概念。

来的研究认为,这一观点是基于将栉纹陶器和青铜器时代出土物错误地归为同一文化层而得出的。

金廷鹤于1960~1964年在岩寺洞遗址进行了6次地面调查和1次为期一年的试掘工作[39],这一时期收集的栉纹陶器达到2 000多件。胎质为沙质,夹有云母、石棉、滑石。绝大多数是尖底的半卵形陶器,有少量圆底和抹角平底。纹饰一般为从口沿到底部的刻划纹(阴刻)、压捺纹,极少数陶器只在上部施纹。口沿和器身施有不同纹饰的陶器占绝大多数,口沿中74.6%是在头尾施力的短斜线纹,也出现爪纹、斜格纹、鱼骨纹、栉齿纹、尖刺纹等。器身中83.4%是鱼骨纹,也有少量的斜格纹、纵向斜线纹、重弧纹。底部大部分延续了器身的鱼骨纹,此外还有少量纵向斜线纹及无任何纹饰的器底。石器有砾石制的磨刃石斧、石镞、打制刮削器、网坠、磨盘等。

1967~1968年由大学联合发掘团进行了发掘调查,但对岩寺洞遗址中最早的正式发掘的相关内容并没有公开发表,只发表了首尔大学历史教育学系的调查内容[40]。由目前的资料来看,130平方米的范围内发掘了2座圆形竖穴房址,出土了一些栉纹陶器、打制石斧、石锤、正锋石斧、倒刺无茎三角形磨制石镞。栉纹陶器是大部分在口沿和器身分别施纹,口沿上施有4~6列的短斜线纹,器身施有鱼骨纹,也有通体施有斜格纹及4组平行斜线纹的陶器。

1971年到1975年,由国立中央博物馆进行了4次大规模的发掘。正式报告尚未发表,只有一些发掘结果的简报[41]。1975年的发掘从表土到生土共分为6层。第①层是耕土层,采集到了栉纹陶片和百济陶片;第②层为灰色沙质层,是含有瓮棺片及建筑址的百济时期文化层;第③层是灰褐色沙质层,其中栉纹陶器和素面陶器共出,为新石器时代后期文化层,栉纹陶器分为典型的区分纹类陶器和通体施有粗线组成的鱼骨纹同一纹类陶器;第④层为非文化层;第⑤层为亮褐色沙质层,只出土典型的栉纹陶器,并发现圆形及抹角方形竖穴房址20多处。

根据以上发掘结果,学术界逐渐认识到岩寺洞遗址的重要价值和意义,目前将岩寺洞遗址建成先史遗址公园,并且制定了建立野外展示馆的计划,由首尔大学博物馆在1983年、1984年以公园建设为目的又进行了2次发掘[42]。1983年的发掘是为了建立野外展示馆而在遭到破坏的地区进行抢救性发掘。在该次发掘中,揭露了部分1973年国立博物馆发掘过的区域,发现大型积石遗迹4处、灶址1处以及灰坑2处。灰坑分别为口径3.4、深1.74米的圆形灰坑和口径0.8~1.5、深0.82米的椭圆形灰坑,初步被推定为储藏坑。积石遗迹是以长10~20厘米的原石、块石垒两层,形成口径约1~3米的圆形或椭圆形遗迹。石头上有烧过的痕迹,石头下有烧过的土、炭、腐殖土,石头间隙有陶片,周围因没有柱洞,报告者认为相对于墓葬更有可能是大型野外活动地。出土的陶器中90%以上是口沿施有短斜线纹而器身施有鱼骨纹的炮弹形陶器。

1984年,为了复原野外的先史聚落,重新揭露了国立中央博物馆在1974年调查发掘的5处址,1972年调查发掘的7处房址,并发表了相关报告。虽然实际发掘单位和报告单位并非同一单位,但在没有发表正式报告的情况下,可以通过这些报告了解岩寺洞遗址的房址情况。

2. 层位

岩寺洞遗址中,除去表土层和生土层,共有3个文化层。第①文化层为黄色沙质层上形成的文化层,为亮褐色或红褐色沙质层,在该层中发现了典型的西海岸式栉纹陶器和房址、积石遗迹等。

第②文化层与第①文化层间隔着一个非文化层的灰褐色沙质层,在整个遗址内不连续分布。不同发掘者对该层的见解不同,有人认为(第②层)是出土了在通体以粗线施以鱼骨纹的陶器和素面陶器的新石器后期层位[43];还有人认为是出土了素面陶器、石斧、青铜镞的青铜器时代的文化层[44];另外有人认为由于该层共出两个时期的陶器,即应该是新石器时代末期和青铜器时代的大文化层[45]。综合以上观点,可以确认在第②文化层内出土了栉纹陶器后期阶段和青铜器时代的遗物,但不能认为两者从一开始就共存,如果说在第②文化层内有时间上的先后关系,并且在末期一定时间范围内有共存情况的话更为妥当。

第③文化层是在表土下形成的黑褐色腐殖土层的百济文化层。

因第②文化层的文化内涵并没有被揭露,以下将主要讨论第①文化层的遗迹和出土遗物。

3. 房址

在国立中央博物馆进行发掘调查时在最下(第①层)文化层中就发现了25处房址(图2.6)。

在1971年发现了8处房址,抹角方形和圆形两种形制的房址互相均存在叠压打破关系,从层位学角度无法判定两者的先后关系。抹角方形房址中间有4个柱洞,直径约为5~6米,圆形房址没有柱洞,直径大约3米,为小型房址。71-1号房址为5.3×5.2、深0.36米的抹角方形房址,共发现5个柱洞,在房址四角和中央各有1个。灶址基本位于房址的中央,但大部分已经被破坏。

72-2号房址的平面形态为抹角方形,大小为6.4×5.5米,大部分边线被破坏,并且无法确认其内部的居住设施。

71-3号房址在发现的时候是与4号、4′号房址三个相叠压的。4′号房址在最下面,平面呈抹角方形,大小为3.9×3.1、深约0.7米,中间为以碎石围成的圆

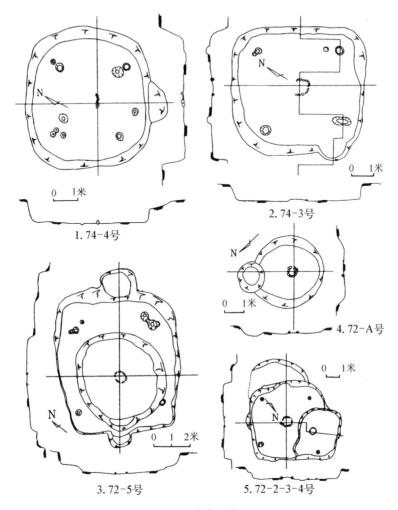

1. 74-4号

2. 74-3号

3. 72-5号

4. 72-A号

5. 72-2-3-4号

图 2.6　岩寺洞房址

形的灶址。4 号房址是在 4′号房址上 10 厘米左右处被发现的,平面呈抹角方形,大小为 6.3×5.9、深为 0.86 米,中间为以滑石围成的 0.77×0.85 米的灶址,四角各有 1 个柱洞。3 号房址叠压在 4 号房址的西南部,只保存下一部分。

71-5 号房址为长方形竖穴,大小为 7.9×6.6、深 0.87 米,两侧短壁中央各有 1 个突出部分,西南短壁为三层阶梯状,可能是出入口,柱洞在房址四角。71-5号房址被 71-5′打破。71-5′号房址为直径 4.9、深 0.52 米的圆形竖穴,无柱洞。灶址利用碎石和滑石垒砌而成,位于竖穴的中间,平面呈圆形。

71-4 号为直径 3.5、深 0.3 米的圆形房址,其东北角被一圆形灰坑壁破坏叠压,无柱洞。

1974 年发现了直径为 5~6 米的抹角方形和圆形房址共 5 处,其中 3 处是因火灾而被废弃的。

74-1 号房址的北部被 5 号房址打破,平面呈抹角方形,大小为 5.9×4.7、深约 0.71 米,中间为以砾石围成的 0.56×0.71 米的长方形灶址,房址四角各有 1 个柱洞。

74-5 号是将 1 号房址向下挖 22 厘米左右而形成大小为 4.4×4.1 米的抹角方形房址,中间为以砾石围成的长方形灶址,房址四角有柱洞。

74-2 号房址为近似圆形的房址,直径约为 5、深 0.42 米,中央是碎石和滑石围成的长方形灶址。房址四角有柱洞,南部有出入口。东壁比地面高出 20 厘米左右,相对突出,形成了阶梯,比较平坦,也可能是类似隔板的贮存设施。

74-3 号房址的平面形态为抹角方形,大小为 5.9×5.6、深约 0.76 米,房址内有方形的灶址及柱洞,出入口在南部一角,向外突出(图 2.6-2)。

74-4 号房址的平面形态也呈抹角方形,大小为 5.5×4.85 米,在东南壁的中间有类似于出入口的突出部。柱洞共 10 个,集中于四角(图 2.6-1)。

1975 年共发现了 11 处房址,其中 11 号房址在 5 号房址内,8、6、4、2 号房址相互叠压,可判断其先后关系,8 号房址最早,接下来应该是 6 号→4 号→2 号的顺序。

75-1 号房址的平面形态为抹角方形,大小为 4.4×5.2、深约为 1 米,中间是以砾石围成的 70×55 厘米大小的长方形灶址,房址四角各有一个柱洞。该房址中出土的陶器在口沿处多为短斜线纹和鸟纹,还有一些锯齿纹、点列纹、重弧纹、鱼骨纹等。

75-2 号房址的平面形态为抹角方形,大小为 4.2×4.5、深约为 0.62~0.67 米,在居住面中间有以砾石围成的 50×66 厘米的灶址,在灶址的南部发现一个器底脱落、倒扣在地面的陶器。在壁面发现一圈木炭,应是以原木捆绑而残留的。陶器的口沿纹饰与 1 号房址相似。碳十四年代测定结果为距今 5000±70 年。

75-4 号因与 2 号、6 号、8 号房址相叠压,无法明确其规模。在地面中间有大小为 66×57 厘米的椭圆形灶址。出土陶器的口沿纹饰有短斜线纹、鸟纹、点列纹、鱼骨纹、线纹、素面等,也有在短斜线下施有波状点线纹、锯齿纹。另外在器身施有鱼骨纹和菱形纹、线纹、草绳纹,底部施有短斜线纹、横向鱼骨纹、格子纹等。与陶器共出的还有石犁。碳十四年代测定结果为距今 4730±200 年。

75-5 号房址的平面形态为抹角方形,大小为 5×4.2、深 0.64~0.81 米,房址中央为以石块垒砌的直径约为 35 厘米的灶址,与 75-11 号房址的灶址相叠压。出土的陶器口沿上不见点列纹而主要是短斜线纹和鸟纹,还有鱼骨纹及素面陶器。另外施有波状纹的外翻口沿陶片、有领陶器残片、通体施有横线纹的陶器等。碳十四年代为距今4610±200年。

75－10号房址为圆形竖穴,大小为4.2×3.9、深0.48～0.67米,在房内地面中央用河卵石围成50×54厘米左右的圆形灶址。出土的陶器主要在口沿部施有短斜线纹,另有点列纹、鸟纹、线纹、锯齿纹,另外出土了在口沿施有7列点列纹,并在其下施有波状点列纹的平底小碗。

此外,1968年,首尔大学历史教育学系还发掘了2座房址。1座房址的平面形态是近似方形的不规则圆形,地面直径为5～6、深约0.90米,内部有以砾石围成的方形灶址。另外1座房址平面呈椭圆形,大小约为5×3.5、深0.50米左右。灶址平面形态呈长方形,以片磨岩片和砾石围成,大小约为50×46厘米。

4. 陶器

（1）器形与制法

陶器的胎土大部分为含有云母的沙质土,部分陶器的胎土较为复杂,含有石棉、滑石,此外还有角闪石、辉石等[46]。

陶器主要以轮制为主,大部分陶器呈红褐色,局部因烧制不均而呈现灰色或灰褐色。

陶器的器形基本为直沿尖底的半卵形或炮弹形,还有圆底或抹角平底,后者大部分为小型碗类陶器。半卵形的尖底陶器的口径和通高几乎相同,高度多为20～40厘米,也有直径60厘米左右的大型陶器。75－5号房址中出土了素面的有领陶器以及外翻口沿的红色磨研陶器、有曲线纹的陶器等[47]。

（2）纹饰

在口沿、器身、器底这三个部位分别施有不同纹饰的所谓的通体施纹的区分纹类陶器为主流,还有器身通体施纹的同一纹类陶器,以及通体素面或施有粗糙斜格纹的小型平底陶器。区分纹类陶器一般在口沿施有3～7列的短斜线纹,器身为纵向鱼骨纹,底部为横向鱼骨纹、放射线纹。根据施纹部位看,口沿部90%以上为短斜线纹,此外还有鸟纹、点列纹、斜格纹、横向鱼骨纹,器身施纹最普遍的为纵向鱼骨纹,其次为横向鱼骨纹、格纹、菱形纹、刮擦纹等。也有在口沿和器身之间施有波状点线纹、重弧纹、格子纹、锯齿纹、菱形纹的陶器。底部以横向鱼骨纹为主,另有格子纹、短斜线纹、刮擦纹。另外在区分纹类陶器的底部或底部下方也有素面的情况,同一纹类陶器中有施鱼骨纹的陶器,但无完整陶器,因此无法确定准确的纹饰组合。

5. 石器

石器中以对剥片二次加工而形成的刮削器和尖状器、石斧等打制石器为主。

也出土有许多用较扁的椭圆形砾石凿成的网坠。磨制石器有石斧、石镞、石锹、石耜、石阡、磨棒、磨盘等。石器中有三角形倒刺式或长三角形的石耜或以背面为磨盘的大型石器。石斧有只在刃部进行磨制和通体磨制两种形制。

6. 年代

岩寺洞新石器时代遗址可分为两层,下层文化主要为典型的区分纹类陶器,上层文化主要为同一纹类陶器。下层文化是西部朝鲜的栉纹陶器文化中时代最早的,可能与大同江流域智塔里遗址、弓山遗址的年代大致相同。遗址中采集的碳十四测年结果如下(表2.5),除去最早的距今6230年与距今6050年,大体在距今4600~5500年,经树轮校正应在公元前4500~前3500年。

上层文化中几乎不见共出的遗物,没有碳十四年代。但参照以同一纹类陶器为主的朝鲜半岛西海岸其他遗址的年代,认为其大体年代为可能是新石器后期的公元前两千纪左右,下限可能达到一千纪前半期。

表2.5　岩寺洞遗址标本测年表

标本采集位置	碳十四年代(距今)	树轮校正年代(公元前)
1975年发掘	6230±110	5280~5050
1975年发掘	6050±105	5100~4900
1975年10号房址	5510±110	4490~4330
1975年2号房址	5000±70	3880~3730
1974年发掘	4950±200	3980~3570
1975年4号房址	4730±200	3740~3270
1975年5号房址	4610±200	3650~3160
1967年崇实大学发掘	3430±250	2160~1510

(二)渼沙里

该遗址距岩寺洞遗址约6千米,位于汉江上游南岸的宽阔的冲积沙质台地上。根据目前水道的变化,渼沙里为汉江干流与支流围成的岛,而渼沙里遗址位于该岛的西南端。由于江水的侵蚀和近年来的土沙挖掘工程以及渼沙里赛艇竞技场的建设,岛上的许多遗址遭到破坏。

渼沙里遗址于1961年首次被报导后[48],在20世纪60年代曾组织过几次地面调查并发表了相关调查内容[49]。1980年冬,由首尔大学、崇实大学、高丽大学等大学组成联合发掘团进行了首次大规模的发掘调查[50]。但这次发掘并不是正规的考古发掘,而是抢救性发掘,其报告也没有正式发表[51]。

1. 层位

根据1980年由首尔大学组织的考古发掘,渼沙里遗址在其生土层上有6层。1、2层为黄褐色沙土层,是原三国时期到近代的扰乱层。3层为亮褐色沙土层,是非文化层,而且只是局部分布。4层为厚20~40厘米的黑褐色腐殖土层,出土素面陶器和栉纹陶器。5层又是亮褐色沙土层,是间隔层。6层为厚约30厘米的黑褐色沙土层,出土有典型的区分纹类栉纹陶器。

2. 上层文化

在首尔大学组织的考古发掘中,出土200多片陶片,这些陶片为夹杂粗砂粒的黏土质陶胎,红褐色素面。此外,还出土了40多片在口沿和器身施有鱼骨纹的尖底半卵形陶器片。栉纹陶器的胎质与素面陶器的胎质一样为黏土质地,并含有粗沙粒(图2.7)。石器有打制石斧和石镞。在同一层位中高丽大学的发掘区域内并没有发现栉纹陶器,但发现有出土孔列纹陶器的方形房址[52]。

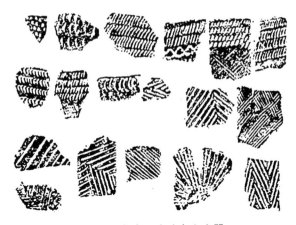

图2.7 渼沙里遗址出土陶器

另一方面,在1966年首尔大学组织的地面调查中,采集有涡纹和雷纹陶器片[53],这些陶片的陶胎多为含有云母的沙质土,推测其应属于下层文化时期。

3. 下层文化

在1980年首尔大学的发掘区域中,距地表140~170厘米的第6层属于下层文化,发现了400多片打制石斧、磨棒、磨盘,并确认有直径2.5米的椭圆形灰坑。陶器以尖底和直沿的半卵形陶器为主,也有圜底和抹角方形的碗类陶器。陶器的胎土大部分为含有云母的沙质胎土,部分陶器胎土中也含有滑石或石棉。制法上多以轮制法或套接法为主,风格上多属于口沿部施有短斜线纹,器身施有鱼骨纹的通体施纹的区分纹类陶器。口沿的短斜线纹中,具有4列纹饰的最多,其次是 3~4 列,再次是 2 列及 6 列。除了短斜线纹,口沿部一般还有鸟纹、点列纹、鱼骨纹。器身绝大多数是纵向和横向的鱼骨纹,也有斜格纹。在口沿和器身之间有的施有以竹管形成的连弧纹和重弧纹。底部出现鱼骨纹和斜线纹(参图 2.7)。

石器中流行对打击砾石侧面产生的剥片进行双面二次加工形成刃部的刮削器和石斧。渼沙里石器的特征是经大力打击形成锐利的刃部[54]。此外还采集到了网坠、软石、磨棒和编网具。编网具是前部较尖的尖头圭形石器,一端有孔,在左右两侧置刻线,防止绳子滑落[55]。

4. 年代

渼沙里遗址的新石器时代上、下文化层与岩寺洞遗址上、下文化层在陶器的陶胎、器形、纹饰等方面有许多共同点,应属同一时期的考古学文化。下层文化的碳十四年代为距今 5100±140 年,与岩寺洞遗址类似[56]。上层文化层中同一纹类的栉纹陶器和素面陶器共出,应是新石器时代后期到青铜器时代初期形成的文化层。

(三)其他遗址

20 世纪 60 年代,京畿道杨州市(旧杨州郡)东幕里遗址由首尔大学和美国人 Chase 进行了首次地面调查,70 年代初,Sarah Nelson 对该地区进行了地表踏查和简单的试掘[57]。采集的陶器多为残片,大部分为含有云母的沙质陶胎,也有夹杂少量滑石的陶片。其中,部分陶器为在口沿施有短斜线纹、鸟纹,在器身施有鱼骨纹的区分纹类陶器。出土石器有砾石质地的打制石斧、刮削器、网坠。推测其应该是与岩寺洞遗址及渼沙里遗址下层文化同一时期的遗址。

其他都是依据地表采集或只发现有文化层而没有确认遗迹的遗址。在京畿道杨州郡镇中里遗址发现有典型的区分纹类陶器和施有粗线鱼骨纹的陶器共出的现象[58]。杨州郡之锦里遗址[59]、城南市三坪洞遗址[60]等地发现的施有鱼骨纹的同一纹类陶器和素面陶器共出,应与渼沙里遗址上层文化具有相同性质。在汉江流域下游也发现了几处新石器时代后期的遗址。

在京畿道坡州郡月笼面德隐里的玉石村遗址中发现了 A 号北方式支石墓下的风化夹心岩围成 20~40 厘米“L”形的竖穴状遗迹[61]。该遗迹的北壁长 4.5 米,底面不平,几乎没有柱洞等与居住相关的设施。共出土陶器 150 多片,大部分陶器施有横向鱼骨纹,另有少量鸟纹、斜格纹、点列纹、条带纹(图 2.8)。这些陶器的胎土中大多夹有细砂,也有陶片的胎土中夹杂有滑石。出土石器为 1 件倒刺式三角形磨制石镞。

图 2.8　德隐里玉石村遗址出土陶器

三、北汉江流域

（一）校洞洞穴遗址

该遗址位于江原道春川市凤仪山东部的倾斜地带,洞口开口于较长山脊北部的倾斜面,山的北部和西部为昭阳江和北汉江的汇流处。该洞穴于 1962 年在原圣心女子大学(现翰林大学)建筑施工中被发现[62]。

洞穴海拔 105 米,是人工将风化的花岗岩盘开凿而成,入口朝向为北偏西。洞穴平面呈直径 4 米左右的圆形,顶部呈半圆形,顶部最高处距洞底约 2.1 米,西部底面逐渐抬升,并且呈向上趋势的突出部,可能是贮藏库(图 2.9 – 1)。洞穴的地面铺土,并且经过了人工修整,在近入口处的顶部还留有烟炱痕迹。

当时发现 3 具人骨的脚都朝向洞穴中央,为直肢葬,在洞口入口处附近的 2 具人骨的头朝向入口。清除位于东部的人骨下的细土,发现有石器。陶器发现

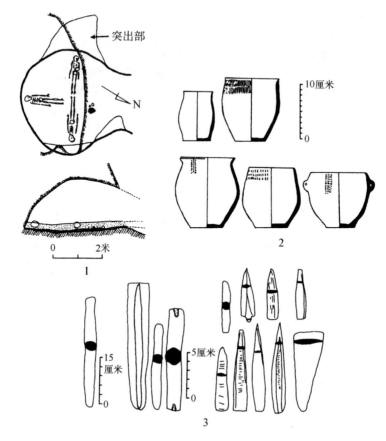

图 2.9　春川校洞洞穴遗址

1. 洞穴内部　2. 陶器　3. 石器

于近入口处。推测该洞穴最初可能是被用作居住遗址,废弃后被用作墓葬。

1. 陶器

出土有高 9~13 厘米的小型平底壶 5 个(图 2.9－2)。陶器胎土中除了 1 片含有少量云母之外其他都是夹砂黏土质陶胎。底部和器身为分别制作后结合在一起,或将 2~3 个黏土条连接而成,外部进行了细致的修整。口沿有直立和略外翻两种,其中尖唇较多。另外还有 1 件带有 1 对横向穿孔的柄状把手。

5 件陶器的纹饰中有 4 件是在口沿部施纹,分别为 8 列和 12 列点列纹,刺突的,3 列鸟纹的,短线两行并且各线下为刺点纹的。

2. 石器

出土的石器有石斧、石凿、石锤、石镞、钓针、石刀等,此外,还有玉管和水晶片、白玛瑙片等(图 2.9－3)。

石斧的长度为 40.8、刃宽 7.6 厘米。扁平细长的大型石斧，是将通体琢制整形后磨出刃部而形成正锋。这类大型石斧多出现于朝鲜半岛东部地区，最近在蔚珍郡厚浦里遗址也有大量出土[63]。

石凿共出土 5 件，长度在 9.4~12 厘米，是将砾石剥片并制成扁平细长的单刃，器身呈略鼓的长方形。

石镞由黑色黏板岩制成，其中 5 件是长三角形或船型，1 件是有茎镞。船型的剖面呈扁平六角形，石镞周缘也有开刃。有茎镞为长身短茎型，剖面呈菱形。

石锤为长圆筒形的杵状，一端打磨平整，共有 2 件。钓针为组合式渔具，一端略呈弯曲的形态，在朝鲜半岛东海岸鳌山里遗址中频繁出现[64]。石刀的平面形态呈三角形或梯形，在较宽的一端磨制石刃。玉管是白玉质地，两端有直径大约为 0.5 厘米的穿孔，这些孔只有 1 厘米深，并没有完全穿透。

3. 年代

校洞遗址的陶器和大型石斧表现出朝鲜半岛东北地区的地方性因素，而石凿、石镞等则表现出强烈的朝鲜半岛西北地区的地方性因素，由此为依据可以认为该遗址很可能是两地区的新石器文化交融而形成的。甚至可以进一步从陶器的黏土质陶胎、施纹部位的缩小等现象，说明该遗址可能受到素面陶器文化的影响，推测其为新石器时代晚期的遗址[65]。

与目前最新调查的鳌山里遗址下层出土的陶器进行比较可以发现，二者出土陶器的纹饰组合和口沿部施纹技法大体一致，在器形和修整方面上都是将陶器外部磨光的手法，口沿及唇部末梢和钻孔的手柄夹杂有细石粒的黏土质胎土等也有相似之处。另外，校洞遗址还出土有鳌山里遗址代表性的渔具——组合式钓针，更加证明了两者的联系。因此可以说校洞遗址可能比鳌山里遗址的年代更晚，但还可能属于新石器时代前期[66]。

（二）内坪敷石房址

该遗址位于江原道春城郡北山面内坪里昭阳江江岸的断崖上，1971 年对昭阳堤坝淹没地区进行考古调查时发现，随后进行了发掘工作[67]。发掘区已遭到破坏，残留的遗址区域东西长约 12.3 米，南北长约 4 米，江岸断崖处西端因洪水等原因被破坏，推测其原来的规模可能更大。遗址西半部分被扰动，参考基本为原状残留的遗址东半部分，该遗址整体以直径 25~30 厘米大小的小石块铺在黄褐色沙质生土上，将碎石或打碎的石块填充在石块与石块之间，以增强其稳固性。在东部敷石下还发现有以直径 10~15 厘米的碎石构成的遗迹，该遗迹东西长约 1.5 米,南北宽约 1.3 米,推测应该是椭圆形的灶址。在灶址内部填充有黑色腐殖土,揭开黑色土发现中间有圆形遗迹,用直径 15 厘米左右的碎石铺垫,深约 18 厘米。

此外,在距敷石遗迹东北部 3~4 米的地方发现有 8 处灶址,这些灶址是以直径 15~20 厘米的石块铺成圆形或椭圆形而形成的。其中小的有 48×40 厘米,大的达到 160×160 厘米,其中有 1 处灶址南部相连,形成南北长约 1.1 米,东西宽约 0.6 米,深约 25 厘米的竖穴坑,其内部的土被烧成了黑色,出土有施有 8 条横向三线纹的陶器。

内坪里的大型敷石遗迹与三巨里遗址、清湖里遗址都为具有相似性质的椭圆形的敷石房址,灶址为与该房址有关的野外灶址。但敷石遗迹的东部形成直径约 6.6 米的椭圆形,西部的石块可能因扰乱而改变了其原有位置,但大体上仍排列成椭圆形,因此东部和西部可能是两处相独立的遗迹。另外,没有发现柱洞等架构设施,因此也有可能是被用作居住以外的其他用途。

1. 陶器

在覆盖敷石遗迹的黑褐色表土层和其下的黄褐色生土层之间有陶器出土,但在敷石内部并没有发现陶器(图 2.10)。

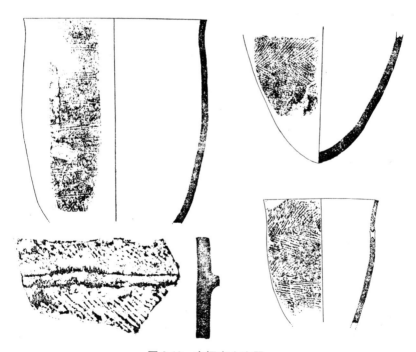

图 2.10　内坪出土陶器

陶器的胎质为夹砂沙质土和夹砂黏土,部分陶胎含有少量粗沙粒和滑石、石棉等。器形为半卵形,口沿直立或略外翻,底部为圜底或尖底。陶器为轮制,一般陶器口径约10~30厘米,也有个别直径超过38厘米的大型陶器。

纹饰以口沿至器身施同样纹饰的同一纹类陶器为主。使用多齿具从口沿由上往下向左刻划横向鱼骨纹的陶器约占全部陶器的93%,纹饰中,线与线之间间隔很密,越接近器身纹饰越繁乱。此外,还出土有从口沿到器身施以横向平行的8条横向线纹的陶器和施有平行短斜集线纹的陶器,其中前者为夹有粗砂粒的黏土质胎土。除了上述纹饰,还有竹管纹、菱形纹、斜格纹、纵向鱼骨纹等陶片,其中只有1片陶片出土于遗迹内,该陶片是可复原口径达30厘米的大型陶器,胎土为沙质,在唇部下方有直径3毫米左右的镂空装饰。凸带纹陶器是在口沿施有一圈剖面呈梯形的凸带,在其上下刻划1行短斜集线纹的陶器。

2. 石器

出土的石器只有12件,包括石斧、砾石、石棒、刮削器和尖状器等。石斧分磨制和打制两种,有一种是直接打击河卵石侧面而形成的打制石斧。砾石中有1件可能兼用作打火石。刮削器和尖状器是石英岩质地,与京畿道一带贝塚中常出现的石英岩石器有很多相似性。

3. 年代

内坪遗址中出土的横向鱼骨纹陶器是岩寺洞上层文化、矢岛Ⅰ地区等岛屿地区的贝塚遗址中流行的陶器,并且贝塚遗址中还发现有横向鱼骨纹分解的平行短斜线纹。另外大同江流域的金滩里遗址Ⅱ文化层中也主要流行横向鱼骨纹和凸带纹,因此大体可以推断内坪遗址的年代为新石器时代后期。但横线纹中保留了金滩里Ⅰ文化层的部分要素,因其中并没有混杂孔列纹陶器,而是出土与敷石遗迹相关的遗物,因此可以认为内坪遗址的下限可以达到新石器时代最末期[68]。

总而言之,内坪遗址的发现可体现朝鲜半岛西海岸后期栉纹陶器文化沿着汉江北上的过程,并且暗示了在朝鲜半岛东海岸发现的西海岸式后期的栉纹陶器的传播路线。

（三）其他遗址

除了上述两处遗址之外,再没有经过正规考古调查的遗址,大部分都是遗物散布地或是遗物文化层等遗迹。像内坪遗址一样属于新石器时代后期至末期的遗址还有江原道春川市中岛遗址[69],春城郡新梅里遗址[70]、泉田里遗址[71],京畿道加平郡马场里遗址[72]等。在中岛西部江岸采集的陶器为沙质胎土及夹砂或云母的圜底陶器，多为横向鱼骨纹陶器，也有格子纹、凸带纹等。在加平梨谷里出土了底部施有斜线纹的尖底陶器[73]，在东海岸出土了区分纹类陶器[74]，因此，我们推测今后有可能发现比岩寺洞下层文化时期更早的遗址。

四、南汉江流域

（一）丹阳上诗遗址

上诗遗址位于忠清北道丹阳郡梅浦面上诗里前流过的南汉江支流——梅普川边上，是依岩壁而形成的岩棚遗址。1981 年，由延世大学孙宝基教授主持发掘，该遗址由三部分组成[75]。

第 1 处岩棚遗址中发现了旧石器时代的直立人和智人人骨，第 2 处岩棚遗址隔着间隔层的下层中出土了栉纹陶器、石镞、半月形石刀，上层出土了红陶、黑陶，显示出由栉纹陶器文化向素面陶器转变的过程。但关于第 2 岩棚遗址的报告还没有正式发表，因此以下将对文化内涵较清晰的第 3 处岩棚遗址进行探讨[76]。

第 3 处岩棚遗址为 14 平方米的小遗迹，入口宽 4 米，岩棚内的长度为 9 米，越往里越窄。共 6 个地层，第 6 层为后冰期以前的文化层；第 5 层为红色黏土层，出土了由粗大贝壳制成的臂环；第 4 层为红色沙质黏土层，出土有隆起纹陶器；第 3 层为褐色细沙层，出土有栉纹陶器和石器；第 1、2 层被扰乱，出土了栉纹陶器、石器、骨器和人骨等。

1. 陶器

陶器出土于第 1 层至第 4 层，但主要发现在第 1 层，有隆起纹陶器和栉纹陶器两大类，第 4 层中只出土 1 件可复原的隆起纹陶片（图 2.11）。

在隆起纹陶器口沿下 4 厘米左右开始，以 2 厘米左右为间隔施有 4 行平行的黏土带。黏土带的厚度约为 3~4 毫米，宽约 4~6 毫米，间隔压制出圆形的刻目形状①，器表用石子精细打磨，相对平整。部分陶器口径达到 30 厘米，底部没有被保留下来，但推测为口径大并且向下逐渐变窄的平底钵形陶器。陶器内部残留有灰烬痕迹，可能被用作火炉。

其他栉纹陶器大部分是以夹杂有石英或云母的黏土为胎，根据对陶片的胎质分析，显示出其包含有石英、长石、黑云母、花岗岩、片麻岩、滑石等。这些陶器

---

① 按照文字说明，应为凸带压印纹形式。

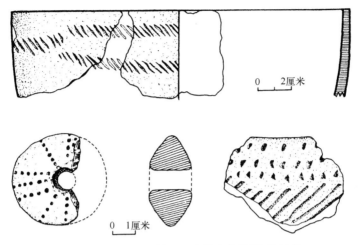

0 2厘米

0 1厘米

图 2.11 上诗遗址第 3 处岩棚出土陶器、陶纺轮

口径在 14~35 厘米,其中口径在 15~25 厘米的陶器达到 2/3。除了 2 个外翻的口沿之外,其余均是直沿,底部为尖底的半卵形器形。纹饰中主要是在口沿施有 1~2 列短斜线纹,另有同时在口沿和器身施有横向鱼骨纹和平行短斜线纹和在点列纹下施有横向鱼骨纹。出土的陶器底部有 3 件,都是素面的。还出土了 1 件以夹有粗石英的胎土制成的纺轮,为算盘珠状,中间有孔,以该孔为中心戳印有放射状的 1~3 行的点。这种类型的纺轮常见于中国东北地区新石器时代后期的遗址。

2. 石器

石器发现于洞穴内部,有页岩制的石镞、石刃,沙岩质的砺石和磨盘等,以及其他尖状器、刮削器、切割器、钻器、杵、石镐等。石镞有打制和磨制两种,打制的是将三角形石片的两端刃部进行了小的修整而制成的。磨制石镞有船型和柳叶形倒刺式,都是无茎的形式。石镐是石灰岩制成的,在圆滑的刃上有柳肩,出土于第 1 层。同样出土于第 1 层的有磨盘,该磨盘有孔,可能兼用作打火石。

各层都出土有切割器、石镞、砺石、磨盘,但在第 4 层另出土有刮削器、刨刃,在第 1 层另出土有刮削器、杵、石镐等。

3. 骨器

骨器在所有层位中都有出土,有的直接使用了骨头的自然面,有的进行了细微的修整。另外还有在骨头末端以一定长度磨成尖锐的刃部。骨器大部分都是利用尖锐的末端用作尖状器。

4. 贝器

在第1层出土了贝壳制成的臂环和装饰品,第5层出土了以粗大贝壳制成的臂环,在各层出现短沟蜷、蜗牛、田螺、黄口鹑螺、红蛤、蚬子、石贝、青蛤等的贝壳类动物遗骸。特别是在第1层出现的鲍鱼和粗大贝壳,第5层的粗大贝壳都是海产,因此可以说明当时可能有远距离交换。

5. 其他

在各层均发现有鹿、狍子、牛、野猪、獾、山獭、兔子等动物的骨骼,第1层还有牙獐和马、貉、狐狸的骨骼。对第1层的鹿下颌骨进行了年龄鉴定,其都是在4~9个月死亡的。

在第4层还出土有朴树的果实。

6. 年代

在第4层出土的隆起纹陶器的纹饰是平行隆起带纹的一种,在东三洞遗址、上老大岛遗址、鳌山里遗址、Novopertrovka 遗址[①]等都有发现[77]。平行隆起纹在隆起纹中属于较早阶段的纹饰,第4层的年代也应在新石器时代早期或前期。根据当时在遗址中发现年代较早的隆起纹陶器,可以知道以南海岸海岸线为中心而传播至江原道东海岸的襄阳郡鳌山里遗址的隆起纹陶器文化圈也影响到了南汉江流域的内陆地区。一方面,第1~3层的出土遗物较少,无法了解层位间的变化,陶器的底部纹饰或器身的纹饰都被省略掉了,纹饰以1~2行的短斜线纹、横向鱼骨纹、平行短斜线纹等较晚时期的纹饰为主,认为是在新石器时代后期形成的文化层。另外成为主要纹饰的施于口沿部的雨滴状的1~2列短斜线纹常出现于新石器时代晚期遗迹中,因此可以推测第1~3层的年代下限为新石器时代晚期。

第4层出土的隆起纹陶器,第1~3层发现的雨滴状短斜线纹和第1、5层出土的东南海岸粗大贝壳都说明了上诗遗址与南海岸的新石器时代文化有很大的关联。

(二)丹阳金窟遗址

金窟遗址位于忠清北道丹阳郡梅浦面岛潭里,是在南汉江江岸丘陵上形成的洞穴遗址,该洞穴比江面高5.4米,穴口高8米,深8.5米,最宽的地方达到7~10米。层位堆积可分为8层,其中第Ⅷ~Ⅲ层属于旧石器文化层,第Ⅱ层可分为第①~④小层,其中Ⅱ②层为新石器时代文化层,Ⅱ①为青铜器时代文化层[78]。

———————

① 俄罗斯的一处遗址。

1. 陶器

共出土口沿部陶片 30 件、器身 97 件、底部 4 件(图 2.12)。均为夹砂黏土质胎土,有轮制及套接两种制法,部分陶片也夹杂有云母。口沿部除了有 1 片是外翻之外,其余均为直沿,底部陶片中有 3 件为圜底,1 件为抹角平底,陶器器形大部分是半卵形。

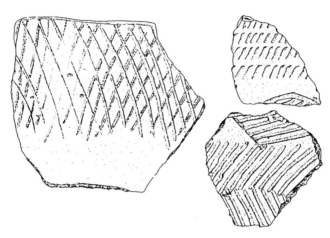

图 2.12　金窟遗址出土陶片

因为没有完整陶器,无法得知整体的纹饰排列情况,但根据保留下来的陶片可知,这些陶器的主要纹饰是以单齿具在口沿部刮擦形成纹饰。有纹饰的陶片为 30 件口沿部残片中的 27 件,97 件器身中只有 20 件残留有纹饰。这些纹饰中,施有斜格纹和雨滴形状的短斜线纹最多,也有粗线式的横向鱼骨纹,只有 2 件陶片为复合施纹,在其口沿部施有 10 行短斜线纹并在其下施有条带纹。

2. 其他遗物

石器均为打制石器,有将扁平小石块的两端加工而制成的网坠和同样利用小石块制成的尖状器、石锤等,没有出土磨制石器。

出土了骨锥、骨针和贝壳制成的臂环,将海螺的下部削去制成的装饰品,另外还发现了鹿、野猪、貉、马、甲鱼等动物骨骼和海螺、短沟蜷、贝壳等贝类。同时,在Ⅱ②层还发现了烤制这些食物的烧火痕迹和大岩棚遗迹。

3. 年代

只在口沿施有刮擦的斜格纹、短斜线纹的制作方法,流行于朝鲜半岛南海岸新石器时代后期水佳里遗址Ⅱ期之后,由此可以认为金窟遗址为新石器时代后期的遗址。相反,短斜线纹和条带纹复合施纹的陶器、粗线式鱼骨纹等应是新石器时代中期水佳里遗址Ⅰ期所遗留的影响。

（三）其他遗址

一直到20世纪70年代,南汉江流域的新石器时代遗址还没有被广为人知,经过了1982年和1983年忠州堤坝淹没地区遗址的发掘调查,发现并确认了许多遗址,学术界才开始了解南汉江流域的新石器时代文化。

从发掘调查遗址的性质上看,这些遗址密集分布于忠清北道丹阳郡、中原郡、堤原郡等南汉江江岸地区。

堤原郡(现忠清北道堤川市)黄石里城隍地区第Ⅱ层出土有素面陶器和半月形石刀,第Ⅲ层出土有栉纹陶器和用山间落石制成的打制石器[79]。栉纹陶器的胎土夹有大量细砂。纹饰与岩寺洞遗址出土的陶器一样,都有许多短斜点线纹,此外还有鱼骨纹以及相当数量的素面(图2.13)。根据保留下来的陶片来看,纹饰的构成主要是口沿部施有短斜线纹,器身为纵向鱼骨纹或由栉纹构成的三角形纹饰带。除了栉纹陶器之外还有凸带纹陶器,出土于素面陶器层的最下方,非常引人注目。

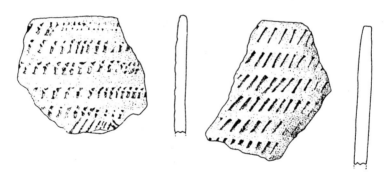

图2.13　黄石里遗址出土陶器

堤原郡阳坪里青铜器时代房址内部文化层周围的发掘区域中也发现有栉纹陶器[80]。胎土夹有粗或细的沙粒,部分陶片口沿部以下施有短斜点线纹和纵向鱼骨纹组成的复合施纹,部分器身施有横向鱼骨纹。

堤原郡真木里遗址、桃花里遗址、成岩里遗址,中原郡荷川里遗址、纸洞里遗址等出土的陶器大部分为夹砂或云母的黏土质胎土,以施有横向鱼骨纹为主,但在堤原桃花里遗址出土了夹杂有滑石并施有短斜线纹的口沿陶片,在中原郡明西里遗址出土了1件陶器的圜底[81]。

南汉江上游的平昌江流域也有出土栉纹陶器片的例子[82],但没有详细报导的资料。

综合上述遗址中出土的陶器,由在堤原黄石里遗址和阳坪里遗址出土了区分纹类的陶器可知,这种陶器从汉江中游的岩寺洞遗址下层文化开始流入,后期继续影响汉江流域的陶器文化,在口沿部、器身施有鱼骨纹或在口沿部施有短斜线纹。另一方面也出现了粗线纹、条带纹、雨滴式短斜线纹等朝鲜半岛南海岸新石器时代考古学文化中陶器的因素,由此可以推测在南汉江地区的新石器时代考古学文化,受到朝鲜半岛西海岸与南海岸地区栉纹陶器文化的交叉影响。

第四节　房址和墓葬

一、房址

在汉江流域发现的房址大部分为竖穴式房址,其他还有部分洞穴式房址、敷石式房址等。

（一）竖穴式房址

除了在京畿道坡州郡玉石里遗址发现了1处方形竖穴式房址外,在岩寺洞遗址发现了20多处房址（表2.6）。

岩寺洞房址的竖穴形态中大部分为一面壁稍长的抹角方形,圆形的房址很少。竖穴大多为边长5~6米,也有边长为3.5米左右的小型房址,圆形竖穴的多为小型房址。竖穴的面积多为20~30平方米,最多可容纳4~6人,可能当时以小家族为单位居住。竖穴深40~80厘米左右,也有超过1米的房址。

地面没有任何加工痕迹,直接露出了沙质土层,推测当时应该是在沙土上铺着草或动物毛皮生活的。

在每个房址中间各有1个灶址,用碎石或滑石围成。一般边长在50~70厘米左右,平面形态呈方形、长方形、圆形,大体上与灶坑形态一致。在这些灶址残留的底部发现有炭灰,或是没有炭灰,只残留沙质地面,或在其周围石块上没有发现特别明显的火烧痕迹,因此,考虑到火灾的危险性等,我们推测这些房址内的灶址可能并不是完全用于炊煮而是像火炉一样储藏火种之用,或起到内部照明的作用。实际上,在岩寺洞房址外有长10~20厘米的以滑石或江石垒砌成2层左右的积石遗迹[83],很可能为野外炊煮的设施,特别是烹煮大型动物时可能会用到这类野外灶址。

表 2.6 岩寺洞遗址房址统计表

编号	竖穴				灶				柱洞		储藏设施	出入口		首尔大学编号
	形态	大小(米)	深度(米)	面积(平方米)	大小	形态	位置	材质	数量	位置		位置	形态	
68－A	不规则	5.0~6.0	0.9	23	0.5×0.5	正方形	中央			四角				
68－B	椭圆形	3.5~5.0	0.5	15	0.5×0.5	正方形	中央		0					
71－1	抹角方形	5.3×5.2	0.36	25			中央	块石	5	中央、四角				11号
71－2	抹角方形	6.4×5.5		35										12号
71－3	圆形?		0.4											10号
71－4	抹角方形	6.3×5.9	0.86	34	0.77×0.85	方形	中央	块石	4	四角				9号
71－4'	抹角方形	3.9×3.1	0.7	12	0.6×0.6	圆形	中央	卵石	1	四角				8号
71－5	外长方形	7.9×6.6	0.87	52			中央		6	四角	短壁中突出部	西南短壁中央	台阶	6号
71－5'	内部圆形	4.9×4.9	0.52	18	0.65×0.6	圆形	中央	块石、卵石	0			西南短壁中央	台阶	6号
74－A	圆形	3.5×3.5	0.3	24	0.55×0.55	圆形	中央	卵石	0					7号
74－1	抹角方形	5.9×4.7	0.71	25	0.56×0.71	长方形	中央	卵石	7	四角				2号

续　表

编号	竖穴				灶				柱洞		储藏设施	出入口		首尔大学编号
	形态	大小(米)	深度(米)	面积(平方米)	形态	大小	位置	材质	数量	位置		位置	形态	
74－2	圆形	5.0×5.0	0.42	18	长方形	0.55×0.72	中央	块石、卵石	7	四角	东壁	南壁角	突出	3号
74－3	抹角方形	5.9×5.6	0.76	32	方形	0.85×?	中央	卵石	5	四角		南壁角	突出	4号
74－4	抹角方形	5.5×4.85	1.01	24	方形		中央	卵石	10	四角		东南壁中央		5号
74－5	抹角方形	4.4×4.1	0.37	16	长方形	0.72×0.58	中央	卵石	7	四角				1号
75－1	抹角长方形	5.2×4.4	1.0	23	长方形	0.70×0.55	中央	卵石	4	四角				
75－2	抹角方形	4.5×4.2	0.62~0.67	19	长方形	0.66×0.5	中央	石	10	底面				
75－4			0.67		椭圆形	0.66×0.57	中央	石						
75－5	抹角方形	5×4.2	0.64~0.81		圆形?	0.35×0.35	中央	石						
75－10	圆形	4.2×3.9	0.48~0.67	15	圆形	0.54×0.5	中央	卵石						
83	圆形	3.4×3.4	1.74	9			中央						台阶	

① 号数前面的数字是发掘年度;② 首尔大学编号是1984年首尔大学揭露作业时的编号;③ 75－6,7,8,9,11号的信息不充分,省略。

在岩寺洞遗址的 25 座房址中有 5 座发现有门道,基本是在房址的竖穴角落或是某一段墙壁的中间向外形成小的方形突出部分。其中 2 座房址设有阶梯设施,其余的都是与竖穴的开口线持平,可能当时设置有木制阶梯或倾斜路面。没有发现门道的房址可能采用木制阶梯或倾斜路面。门道大多朝南。

贮藏设施有贮藏窖穴、陶器以及其他房屋内部设施等。贮藏窖穴一般位于房址的外缘,圆形居多,口径 90 厘米,深 30~40 厘米,也有口径在 2.3 米的大型贮藏窖穴。较大的陶器也可能是贮藏设备,在 75-2 号房址的灶址旁就发现有底部脱落并且倒扣着的陶器。这种倒扣底部脱落的陶器的情况在智塔里遗址[84]、弓山遗址[85]等的大同江流域较早的新石器时代房址中都有发现。此外,在 71-5 房址的一段墙壁中间形成了突出的设施,推测可能也与贮藏有关,在 74-2 号房址中在东壁还有隔板设施。

柱洞主要位于竖穴内部角落,一般为 4~10 个。一座房址内一般有 4 个柱洞,其他的是在主柱子的旁边起到支撑或使用新的柱子而产生的孔洞。实际上,埋于地下的木柱经过 20 年其底部就会腐烂而无法再起到支撑作用,因此有许多房址都有起辅助作用的柱子,进一步加强了房址的稳定性[86]。

根据这些柱洞的位置,可知房屋的框架是由分布在四个角落的柱洞立起的 4 根柱子支撑的,在其上安置水平的衡,这样可以不需要其他墙体设施,直接就在柱子之间垒砌泥墙,并在泥墙顶部搭建屋顶,柱子之间可以填充一些小树枝以增强其稳固性,并在屋顶覆盖鸟类的羽毛或芦苇等。采用这种方法搭建的房屋,屋顶形状为圆锥形或四角锥形。

相反,像 71-5 号这类大型长方形房址很可能存在较长的屋脊,并有可能是两座房址,此外还有一种没有柱子,直接形成圆锥形屋顶的房址。

(二) 敷石类房址

这类房址见于内坪遗址与三巨里遗址。

内坪遗址的房址规模为东西 12.3、南北 4 米。它是以长 25~30 厘米的石块铺成的,目前只残留东半部。在东半部敷石的中央下方发现有用 10~15 厘米大小的石子围成的 1.3~1.5 米的椭圆形灶址。

在三巨里遗址也发现了用大小石块铺成的敷石遗迹,但因扰动严重,无法确定其整体规模。

敷石类房址在与内坪遗址出土陶器性质相似的大同江流域的清湖里遗址中也有发现,其中央也有用石块围成的 1 座灶址。在日本绳纹时代中期也出现圆形或椭圆形的敷石类房址,房址中央也有灶址[87]。敷石类房址被认为是竖穴居住形式向地上居住形式转变的过渡性房址类型。

但内坪遗址和三巨里遗址都不是完整的遗址,也没有明确的居住设施,因此如果要将其看作是居住类遗址的话,还需要更多材料的积累。

（三）洞穴类房址

将人工或自然形成的洞穴或岩棚当作居住场所的例子有江原道春川市校洞遗址,忠清北道丹阳郡上诗遗址、金窟遗址,堤原郡珍玛尔洞穴遗址等。洞穴类房址主要集中在南汉江中、上游地区,这是因为该地区为石灰岩地带,形成了许多洞穴,自旧石器时代以来经常被人类当作居住场所。

（四）定居与迁徙

岩寺洞遗址在有限的面积内集中分布着数十座竖穴式房址。一般竖穴式房址与农耕和定居有着密切的联系。以岩寺洞为例,江岸及岸边森林地区有丰富的动植物资源可以利用,可以为粮食不足的冬季储备资源。岩寺洞遗址的灰坑和灶址证明这些房址在冬季也是被使用过的[88]。

朝鲜半岛西海岛屿和海岸的贝塚规模大部分较小,散布在一个或几个地区,出土的遗物数量也很少。另外岛上小的鱼贝类之外的动植物资源贫瘠,因此贝塚的规模也很小,不能在这里长期居住。贝塚中偶尔发现灶址,但没有发现房址。因此,形成贝塚的居民可能不断迁徙,有可能是通过与内陆的交流而维持他们的生活。如果这个假设成立,可以推测这些遗址是季节性的,当时的人们以食盐或鱼贝类与内陆交换动植物资源。但目前尚无这些方面的相关研究,特别是对贝塚内出土的自然遗物的分析非常不足,无法得知其可以供给的人数、捕猎的季节以及生计时间的长短等信息[89]。

二、墓葬

一般被看作是墓葬遗址的有江原道春川校洞洞穴遗址和仁川广域市矢岛积石塚这两处。

校洞洞穴房址在废弃后被用作墓葬。在墓葬中发现有 3 具人骨,脚都朝向洞穴中央,为直肢葬。出土的陶器和石器摆放整齐,不见半成品,因此可以认为是随葬品。

矢岛积石塚为椭圆形石堆,大小为 1.65×1.45 米,在积石下方为 1.5×1.2 米,深 0.3 米的椭圆形坑。坑里及坑与积石之间有许多炭灰和腐殖土。由此可知该墓葬是挖好坑后,放置尸体,在坑口搭起木头,并在其上垒砌石头而形成墓葬的。

但也有学者认为矢岛积石塚并非墓葬,而是与岩寺洞遗址发现的大型积石遗迹相同的野外炊事设施[90]。

不仅是在汉江流域,在其他地区也几乎没有发现新石器时代的墓葬,因此我们只能认为,在新石器时代很可能只使用最简单的土葬方式[91]。

第五节　生业、工具和技术

一、生业模式

（一）狩猎

虽然相对于旧石器时代,狩猎的比重略有下降,但它在新石器时代的生业中仍占有重要的地位。随着旧石器时代猛犸象等大型动物的消失,狩猎对象变为中小型动物或鸟类,由此狩猎工具也改变为弓箭等。弓和箭在中石器时代就已经出现,到了新石器时代,弓箭的种类和数量都有增加。弓箭可以在不靠近动物的情况下进行远距离的狩猎,并且可以捕获鸟或一些运动速度较快的动物,可以扩大狩猎对象的种类和数量。不仅可以集体围猎,个人也可以进行狩猎活动。

在汉江流域发现新石器时代动物骨骼的遗存只有南汉江流域的洞穴遗址,在忠清北道丹阳郡上诗岩棚遗址出土有鹿、狍子、牛、野猪、獐、山獭、兔子、野鸡等的骨骼,在丹阳金窟遗址出土有鹿和野猪的骨骼。

鹿、狍子、野猪在新石器时代的其他地区的遗址中也多有出现,在大同江流域的弓山贝塚出土了个体数在100以上的鹿、狍子、野猪的骨骼[92],这些应该是新石器时代居民的主要肉食来源。

在岩寺洞遗址出土陶器纹饰中出现以鸟骨施印的所谓的鸟骨纹,并且在汉江边栖息着大量鸭类,由此可知,当时狩猎的主要对象应该是鸭子,而且也应该采集了许多鸭蛋。

新石器时代遗址中出土的捕猎这些动物或鸟类的工具有石镞、石枪头等。石镞发现于较早时期的遗址,如春川校洞遗址、首尔岩寺洞遗址、广州渼沙里遗址等地,可知它很早就被使用了。除了上述遗址外,在其他新石器时代遗址中也均有分布。石镞的大小和种类根据狩猎对象的差异而有不同,东北朝鲜的西浦项遗址1期中层发现插有石镞的野猪腿骨,可知石镞的杀伤力[93]。但与全部的石器数量相比,石镞和石枪的出土量并不多,当时应该还有木枪、绳套、捕兽器、陷阱等其他辅助狩猎设施。另外在新石器时代遗址中多有狗骨的出土,因此可以推测,很可能狗也参与了当时的狩猎活动。另一方面,各遗址中都出土有许多石制的边刃刮削器,可能用来剥取动物皮毛或切割肉类。

（二）渔猎

汉江流域的新石器时代遗址大部分位于水源附近,在海岸和岛屿上多分布着贝塚,由此可知鱼类和贝类是当时重要的食物供给源。

虽然在遗址中没有直接发现鱼类的骨骼,但根据朝鲜时代的史书可知在汉江有很多热目鱼、重唇鱼、桂鱼,还有鲶鱼、鲫鱼、凤尾鱼、鲻鱼等,现在还栖息着100多种鱼类[94]。

捕鱼可以利用鱼叉和掷枪,或利用渔网和垂钓等方法。在新石器时代遗址中几乎没有发现鱼叉或掷枪,但很可能采用了石镞或骨、木枪。渔网用于个人或集体共同作业,可以大规模渔猎,是具有划时代意义的渔猎技术。网坠在岩寺洞遗址、渼沙里遗址中均有出土,在石器中占有很大比例,在其他遗址中也有许多发现。尽管不同地区有所差异,但在大同江流域的金滩里遗址第②文化层的10号房址中出土有200件,9号房址中有600多件,这些网坠都成堆出现,在南京遗址31号房址也出土了3 000多件[95]。当时可根据渔猎对象而制成不同种类的网坠,主要有采用扁平的砾石削去两侧而形成的长2~4厘米的小型网坠和5~7厘米的较大型网坠。另一方面,在渼沙里遗址还出土了1件石制的编网具[96]。

利用上述网坠进行渔猎是朝鲜半岛西海岸新石器时代,特别是在江岸遗址的主要渔猎方式,而在朝鲜半岛东南海岸新石器时代遗址中则多见组合式渔具。在江原道东海岸的襄阳郡鳌山里遗址下层文化层中平底陶器和组合式渔具共出,在上层文化层中,西海岸式尖底陶器与网坠共出。在春川校洞遗址出土的组合式渔具受到了新石器时代鳌山里遗址下层文化的影响,这与汉江流域其他新石器时代遗址多少是存在一些差异的。

贝类在江中也可以采集,但大部分还是在海里捕获的。京畿湾一带的贝塚大部分以大的牡蛎壳堆积形成,可以说牡蛎是贝壳类中采集最多的种类,其他贝类有鲍鱼、田螺、等边浅蛤、海螺、镜蛤、蛤仔、丽文蛤、扇贝、赤贝、青蛤、蝾螺等[97]。在贝塚出土的尖状器和刮削器可能是用来食用这些贝类的工具。

（三）采集

植物采集是获取食物最基本的活动。在狩猎采集经济中,大多数情况下采集到的植物比捕获到的动物比例更高。我们推测,在新石器时代应该采集目前生长在汉江流域的大部分可食用植物。尽管这些植物性资源已经腐烂不复存在,但在岩寺洞遗址和渼沙里遗址还是出土有橡栎。

橡子是大部分生长在落叶阔叶林中的栓皮栎、枹栎、麻栎等橡栎树的果实,易采集,单位面积的收获量和人均供给能力比其他野生动植物都高。橡子富含丹宁酸,口感略涩,为了消除其涩味,将剥皮的果实泡在炭灰或草内,或埋在沙下或水下,后一种方法在韩国的农村仍在使用。在新石器时代遗址中常出土的磨盘和磨棒,很可能是用于加工橡子的工具。橡子也是日本绳文时代最主要的食物资源,也是加利福尼亚印第安人的主食[98]。因此在新石器时代的汉江流域,橡子作为主食的可能性很大。

另一方面石制的刮削器和石斧在遗址中大量出现,由石器的大小和材质推测,当时可能也采集除橡子之外的其他植物资源[99]。

（四）农耕

农耕以及由此产生的粮食生产是新石器时代最大的特征,被称作农业革命,对人类文化发展起着很大的作用。但在北欧和西伯利亚等所谓的环北极文化圈存在没有农耕而只依赖狩猎和渔捞的新石器文化。对于朝鲜半岛的新石器时代文化属于粮食生产阶段还是属于依赖狩猎和渔捞的阶段过去曾有讨论,但对于新石器时代是否存在农耕的问题却无须讨论,学术界只是对农耕开始的时间有不同的见解[100]。

为了从考古学角度证明农耕的存在,要有开垦、耕种、收割、加工等生产工具或是栽培植物的发现。在大同江流域,上述条件全部符合。在黄海北道凤山郡智塔里遗址Ⅱ地区中发现炭化的粟类与石犁、石镰等共出,在平安南道温泉郡弓山贝塚出土了镐头与挖掘工具、用野猪牙齿制作的镰刀等,说明在大同江流域较早的时期就开始了农耕活动。但在汉江流域,特别是汉江中游较早时期的遗址中出土的陶器在器形、纹饰上与大同江流域的十分相似,例如在首尔岩寺洞遗址75－4号房址出土了石犁和石镰,75－10号房址出土了石镐头,而且大同江流域和汉江流域的自然环境并没有太大的差异,因此我们可以推测,汉江流域在与大同江流域大体相同的时期,即最晚到公元前4千纪前半就很有可能出现了农耕活动[101]。

当时的农业应是基于火田①的小规模旱田耕作,在耕作时使用了挖掘工具、石犁和石锄等。石犁的存在说明新石器时代农耕有石锄耕作和石犁耕作两个阶

① 处女地或休耕地在种植之前,火烧野草杂物后进行耕作,这种农田在韩国称为火田。

段[102]，对于石犁的具体用途有犁、锹、锄、铲等多种解释，但这些解释却不能明确犁耕的具体阶段，认为石犁是由挖掘工具发展的一种单刃踏锄工具的可能性很大，很有说服力[103]。另外由于汉江流域出土的石犁数量极少，所以当时应仍然没有摆脱锄耕的阶段。出土的谷物的收获工具为镰，但仍需要考虑实际生产中存在直接用手收割的可能性。

由于汉江流域出土的遗物中农耕工具所占比重很小，所以从整体看，农作物在食物中所占的比重也不会太大。

在汉江流域新石器时代的生业基本上是广谱经济，各地域存在差异，即在海岸地区和岛屿中以渔捞经济为主，在属于内陆地区的南汉江流域狩猎经济占有更大比重，而在汉江中游则可能同时存在狩猎和渔捞、采集和农耕经济等，以避免因季节因素造成食物资源的不均衡。

二、陶器

汉江流域新石器时代的代表遗物为尖、圜底的栉纹陶器。以下将探讨栉纹陶器的成型和纹饰组合。

（一）胎土

胎土为制作陶器而使用的土，一般采用附近地区易获取的土，但为了使制作的陶器更加光滑并调节其吸水性，应适当对其干燥并使用补强剂（主要指混合、研磨一些羼和料）。

对岩寺洞遗址中采集到的陶片进行分析，作为陶器补强剂的有混合在胎土中的白云母或黑云母、辉石，以及石棉、滑石、角闪石等，也有将陶片碾碎再次混合到新的胎土中的情况[104]。

胎土中掺入云母的情况在其他地区很少见，是汉江流域新石器时代居民的创造，虽然有学者认为云母为胎土中自然存在的物质，但在掺入滑石和石棉的陶器中不见云母，混合在胎土中的云母比自然存在的云母大且多，应视为人为掺入的。在岩寺洞遗址附近分布着许多云母片岩，虽时代不同，但在青铜器时代的坡州食岘里遗址，原三国时代的春川中岛遗址内均发现有作为陶器补强剂的云母块[105]。

滑石和石棉多混合在器壁较薄，纹饰为波状纹、重弧纹等曲线纹或其他复杂纹饰的陶器中。除岩寺洞遗址等汉江中游的遗址之外，在朝鲜半岛西海岛屿一带的贝塚遗址中出土的陶器中也是夹杂石棉或滑石的，并且陶器的纹饰大部分是早期的纹饰图案。也就是说，在胎土掺入滑石或石棉的陶器制法在朝鲜半岛北部大同江流域的弓山遗址、智塔里遗址等较早时期的遗址中非常流行,并且,在汉江流域出现的夹杂有石棉或滑石的陶器的纹饰大部分在大同江流域也非常盛行。

与云母和石棉、滑石同样普遍被用作补强剂的还有沙子。沙子是在周边最容易获取的,因此被广泛使用,按其颗粒大小可分细沙和粗沙。粗沙或沙石粒特别多地出现于较晚时期的栉纹陶器中,在岩寺洞遗址和渼沙里遗址等新石器时代后期文化层中出土的陶器纹饰主要为横向鱼骨纹等同一纹类陶器。在大同江流域中夹砂的陶器也属于较晚时期,同样也是同一纹类的陶器。

此外,在贝塚出土的陶器中还有在胎土中掺有贝壳粉末的情况。

(二)制作方法

从口沿部和器身陶片主要为横向平行破碎的情况较多,以及这些陶片上留下的断茬来看,当时陶器的制作是泥圈套接法。即首先手制陶器的圆形底部,再在其上一圈一圈盘筑泥圈形成器身和口沿,利用倾斜面将泥圈的下、上部分轻松连接在一起。泥圈套接法主要用于大型陶器的制作,观察岩寺洞遗址75-5号房址出土的高38.5厘米的陶器,应该是首先制作了该陶器的底部,然后盘筑直径在12、9、9厘米的3个土圈,并且抹平土圈的连接部分[106]。另外在岩寺洞遗址出土的陶器中,底部的圈上有凹的圆线或呈阶梯状,推测可能是在制作过程中,为了立起圆底而支垫以后留下的痕迹[107]。

除了泥圈套接法,小型陶器多是直接用手制作的,中型陶器中出现从底部将泥条以螺旋式盘筑的方法。

陶器器壁的厚度在5~12毫米左右,其中7~9毫米的最多,器身比口沿稍厚一些,底部最厚,部分陶器底部接近20毫米。另外,混杂有滑石或石棉的陶器相对较薄一些,大约厚5~6毫米。

在陶器成型后,用修整器对内外厚度不均的地方或连接部分进行刮抹修整。这时会在陶器表面产生刮到胎土中混合的颗粒脱落而形成凹坑的痕迹[108]。最后修整口沿部,可能会留下用湿布①或是树枝进行精细修整的条痕,在岛屿地区还出土用贝壳进行器表修整的陶器。

(三)器形

尖底或圜底和直立口沿是炮弹形陶器的特征。尖底陶器在汉江中游地

——————————

① 或为布类物品。

区、圜底陶器在朝鲜半岛西海岛屿地区中多有出现,在岩寺洞遗址也出土有平底陶器,但还是基本保留有圜底传统的抹角平底器,与中国东北地区的平底陶器发展脉络不同,这种抹角平底的陶器大部分为小型碗。相反,在春川校洞遗址及丹阳上诗遗址发现的平底陶器是与汉江流域典型栉纹陶器为不同系统的陶器。

口沿大部分是直立口沿,但在矢岛贝塚和内坪遗址出现部分陶器口沿外翻的情况,在岩寺洞遗址 75 - 5 号房址中与外翻口沿共出有领陶器。我们认为外翻口沿陶器相对于直立口沿陶器出现年代较晚。

炮弹形陶器的高度一般为 20~50 厘米,也有高度超过 60 厘米的大型陶器。口径比通高略小,一般口径与通高的比例在 0.7~1 之间。

（四）烧造

因为是在露天窑中烧成,陶器的颜色基本为红褐色、黄褐色等,因为烧制时火候不均,也有呈现较暗颜色的陶器。推测烧成温度在 600~800℃,但缺乏更为可靠的证据,同时胎土和羼和料的不同,导致烧成温度与陶色也略有差异。

在岩寺洞遗址发掘到的椭圆形积石遗迹中因为完全没有出现动物骨骼,也被认为可能是陶窑[109]。即在地表铺上石块,放置陶器和柴火,最后盖上碎陶片,形成露天陶窑。根据这一观点,在底部垫着的石头是为了防止向下散热,同时在烧成的状态下可以持久保温。

虽然不能否定积石遗迹用作陶窑的观点,但该积石遗迹可能用作烤石使用而发挥其长处,并且在积石的下部发现有比上部更多的炭灰,周围没有丢弃碎陶片或堆放制作陶器原料的地方,目前学术界对这种观点还是存疑的,这个问题的解决需要更多的民族志资料。

（五）纹饰

汉江流域传统的栉纹陶器的纹饰,根据时代的差异在纹饰的种类和组合、施纹方式和部位等有差异,大体上可分为区分纹类和同一纹类两个系统。

1. 区分纹类陶器

区分纹类陶器是在口沿和器身、底部分别施有不同纹饰的陶器,流行于岩寺洞遗址、渼沙里遗址等早期遗址中。

以下将分别探讨纹饰。

在口沿部最常见的纹饰为短斜线纹,是采用爪形、锯齿形或棒状施纹工具反复施有横向密集的短斜线纹,纹样带的数量在 2~8 列,以 3~5 列的居多。另外各种纹样带的始发点和终点间留有小部分空白,避免了单调。在同样为短斜线纹系的朝鲜半岛西海岛屿中也多发现短斜点线纹,这应该是用贝壳作为施纹工具而形成的纹饰。短斜线纹占岩寺洞遗址、渼沙里遗址出土陶器口沿纹饰的80%以上。

除了短斜线纹之外,在口沿出现的纹饰还有点列纹、横线纹、格子纹等。点列纹是点列横向排列的纹饰,其纹样带的构成和纹样带内的空白与上述短斜线纹相同。在汉江流域几乎没有发现这种纹饰,它主要流行于大同江流域。横线纹是将直线横向排列数圈而形成的纹饰,有在其下施有整齐的竖向线纹的。横线纹的陶片大多掺入了滑石或石棉,器壁相对较薄。

另一方面,在区分纹类陶器中有在口沿和腹部纹样带之间插入个别纹饰的,被称作从属口沿部纹样带[110],这些纹样带有波状点线纹、重弧纹、锯齿纹、条带纹、格子纹等。重弧纹为3~8列的半圆形同心点线纹,也有在各重弧纹圈之间再以弧形的曲线纹连接的形式。

器身纹饰主要有横向鱼骨纹、纵向鱼骨纹、纵列斜线纹、菱形纹、三角带纹、格子纹、弦纹、绳纹等。

横向鱼骨纹和纵向鱼骨纹是区分纹类陶器器身的主要纹饰形式。它们是将斜线上下或左右交叉而形成的纹饰,分为连续以"Z"字形施纹的方法和断续施纹的方法。横向鱼骨纹主要是以多齿具施纹的,而纵向鱼骨纹主要是以单齿具施纹的。也有在纵向鱼骨纹中在交叉的斜线间插入长线而形成羽状纹的情况。

纵列斜线纹是在口沿纹饰下方,采用斜线上下而施纹形成纹样带的纹饰。菱形纹是以平行的斜线形成菱形并且将上下菱形纹圈交叉排列的纹饰。三角带纹是在下方开口的三角形内填满平行斜线的纹饰。格子纹是将长线互相交叉形成的纹饰。绳纹是将3~5列的点列纹连续相交叉形成的绳索形状纹饰。

器底纹饰为短斜线纹、横向鱼骨纹、放射状纹等。放射状纹是向底部末端纵向施有短斜线的纹饰。

上述纹饰中,最基础的纹饰排列组合为在口沿施有几排短斜线纹带,腹部施有鱼骨纹,底部施有横向鱼骨纹或放射状纹的形式。但在区分纹类陶器中有一种从器身到底部纹饰连续分布而无法区分的陶器,随着时代推移,底部纹饰逐渐消失,只在口沿和器身施纹甚至器身纹饰也消失,只留下口沿部纹饰的情况逐渐增多。上述的纹饰排列主要是半卵形陶器中常见的情况,小型的平底碗从一开始就没有器底纹饰。

2. 同一纹类陶器

还有一种陶器是通体施有同一种纹饰。

同一纹类的陶器一般通体施有区分纹类陶器器身部分的纹饰,即横向鱼骨纹,与区分纹类陶器相同,在较晚时期多只在器表的 2/3、2/1 部分。横向鱼骨纹的纹饰有间隔整齐的,也有像矢岛遗址第 1 地点贝塚中 2 群陶器上纹饰上下线重叠呈退化的状况,后者多以多齿具施纹。另外,在同一纹类陶器中随着横向鱼骨纹的退化,纹饰变得分散而出现重叠的斜线纹、格子纹等。

3. 其他纹饰

虽然上述区分纹类陶器和同一纹类陶器在汉江流域新石器时代陶器中为主流,但除此之外还有一些不同形式的陶器。

有与同一纹陶器一样在器表通体施有施纹圈的陶器,但其纹饰不是单一种类,而是顺序施有条带纹、彩虹纹、条带纹、横向鱼骨纹,其口沿多为条带纹,器底多为横向鱼骨纹。该类陶器被称作金滩里 I 式陶器[111],主要出现于大同江流域,在汉江流域的岩寺洞遗址、延坪岛遗址[112]、内坪遗址等也有出土。但延坪岛的位置邻近大同江流域,岩寺洞遗址只出现了条带纹,内坪遗址只出现了缩略的条带纹,因此我们认为,该纹饰还没有正式出现在汉江流域。

还有其他诸如东北系压印纹、雷纹、凸带纹,东南系的隆起纹、粗线纹等纹饰沿着北汉江以及南汉江流域传播过来,这些陶器虽然胎土与栉纹陶器相同,但同时也出现完全不施纹的素面陶器。

（六）功能

任孝宰和 Nelson 根据口径对汉江流域的岩寺洞遗址、渼沙里遗址、东幕里遗址出土的陶器的容量进行了估算。其陶器容量大体分为约 4 升、17 升、56 升三群,由此认为分别反映了食物的准备、加工、储藏的功能[113]。另外,在陶器表面没有发现炭灰等火烧痕迹,因此认为不是直接将陶器放在火上加热,推测应该是采用了以小石子进行加热的石沸的方法。

三、石器

石器大体上可以分为打制石器和磨制石器。打制石器是选择河卵石或砾石作为石核,或是从上而下剥制石片进行加工,分别制成尖状器、刮削器、石斧类等工具。这些石器是包括汉江流域在内的整个朝鲜半岛西海岸地区新石器时代的传统石器。特别是在制作石器时,较多地使用打击砾石侧面而进行剥片的方法。这一类的打制石器在汉江流域遗址出土的石器中占有绝大多数。另一方面,在打制石器中,岛屿地区仍然保留着旧石器时代的传统,较多使用硅岩制的尖状器、刮削器等。

　　磨制石器的出现与陶器的出现都是新石器时代文化的重要特征。在朝鲜半岛的新石器时代早期就出现了磨制技术,但在石器的种类上长时间保留了打制传统,直到新石器时代中、后期,磨制技术才普遍流行[114]。以石斧为例,在新石器时代初期,粗略地打击石核后只磨制加工刃部的情况较多,而到了新石器时代后期,磨制加工的部分越来越多,也出土有通体精细磨制并有光泽感的石斧。

　　石器的功能主要是用于狩猎和渔捞的镞、枪、渔网坠和用于采集或农耕活动的耜、锹、镰、磨盘,以及作为工具的斧、磨棒、砥石和其他打火石等。其中出现较多的石器是镞、斧、磨盘、磨棒、网坠以及砾石制的刮削器和尖状器等(表2.7)。

　　(一)石镞

　　石镞大体有打制和磨制两种,后者根据形态还可以分成等腰三角形、倒刺式、船形、有茎式等。等腰三角形石镞是基部与镞身相比更宽的平面呈等腰三角形的形式,出土于岩寺洞遗址和上诗遗址。倒刺式石镞是基部中间向上凹两边向下形成类似翅膀的形式,是汉江流域及大同江流域出土石镞的主要形式。船形石镞的平面像船只,其基部渐窄并形成直线,出现于大同江流域的金滩里遗址Ⅰ文化层中,在汉江流域只出现在校洞洞穴内。有茎式石镞只出土于春川校洞遗址,与青铜器时代的有茎式石镞不同,其茎部和器身区别不甚明显。

　　(二)石斧

　　石斧分打制和磨制两种。打制石斧是利用天然石料打制而成,磨制石斧中有通体磨制的,但大部分为只磨制刃部的。刃部大部分为正锋,剖面为长椭圆形或抹角长方形。在汉江中游发现的石斧中多为剖面呈椭圆形且厚度较薄,只打制刃部的打制石斧。长度约9~13厘米,厚约1.2~3.3厘米左右,一端窄而细,易于手持。这类石斧不适宜砍伐,可能是用于获取葛藤根茎等植物性资源,或用于掘挖房址灰坑等[115]。

　　(三)渔网坠

　　大部分渔网坠是利用河卵石或片岩的较长侧面制成的。网坠大小有超过10厘米的,但大多为3~4厘米的小型渔网坠。

表 2.7　汉江流域出土石器统计表

种类＼遗址名	石镞 三角形	石镞 倒刺式	石镞 船形	石镞 有茎式	石镞 打制	石斧 打制	石斧 磨制	石枪	石矛	石耜	石锹	石镰	磨盘	磨棒	砥石	石制渔网坠	组合式渔具	石刀	刮削器	尖状器	打火石	垂饰	硅岩制石器
矢岛Ⅰ地区		○					○						○			○		○					
矢岛Ⅱ地区		○																					
白翎岛						○	○						○										
延坪岛									○				○							○			
牛岛	○	○				○								○		○				○			○
岩寺洞						○	○	○	○	○	○			○	○	○				○	○	○	○
渼沙里						○			○		○					○							
东幕里			○	○												○							
玉石里		○				○																	
内坪							○		○					○	○					○	○		
校洞		○									○		○				○	○					
上岛	○				○															○	○		
岛潭	○													○						○			

（四）打火石

没有发现采用弓钻将发火石钻孔穿透来专门取火的相关遗物,而发现类似像在岩寺洞遗址、上诗遗址那样利用磨盘的背面或像内坪遗址那样与砥石的一面等组合使用的取火方式。

（五）磨盘

磨盘是用来加工粟等栽培谷物或橡子等植物性资源而使用的石器,它是与其上放置的磨棒配套使用的。磨盘有长椭圆形、长方形,正面因长期使用而形成马鞍形的凹陷。

四、交换

进入新石器时代之后,基本上还是自给自足的生存方式,但部分物品可能存在交换,而且其范围要比预想的更广。

我们推测在汉江流域新石器时代可能存在几种物品的交换。首先,在丹阳上诗岩棚遗址发现的鲍鱼和粗大贝壳[116]为海生,特别是粗大贝壳只生长在朝鲜半岛东海岸南部水深在 5~20 米的沙地上,由此可以看出深入内陆的该遗址点与东南海岸存在着交换。

其次,在岩寺洞等汉江中游的遗址发现的波状点线纹的陶器中有器壁薄且胎土为掺入滑石或石棉的黏土质胎。这类陶器与掺入云母的沙质胎土的其他陶器相比数量很少,应该是其他文化的传统,对其制作有以下两种推测,即交换或交流的可能性和直接在本地制作的可能性。如果是前一种情况,含有滑石或石棉的规整的陶器是大同江流域栉纹陶器的特征,因此汉江流域的新石器时代文化可能与大同江流域的新石器时代文化存在交换或交流。如是后一种情况,目前滑石的产地在京畿道广州郡的广州矿山、杨平郡的杨平矿山、加平郡加龙(音译)矿山,而石棉的产地在加平郡位谷里和清隐里(音译),忠清南道洪城郡碧溪里、华封里、麻温里等[117]。这些产地与岩寺洞距离最近的石棉产地相距约 60 多千米,距离最近的滑石产地约 5 千米。由此可知虽然可以比较容易获得滑石,但石棉可能需要运输几天时间。目前无法得知滑石和石棉是直接获取还是通过交换手段获取的。另外在渼沙里遗址出土的雷纹陶片表现出与中国东北地区存在文化交流的可能性。

此外,在岩寺洞遗址不仅有淡水海鲜,而且还同时发现了海产的贝壳,由此可以推测岩寺洞遗址的先民与海边居民可能存在接触[118]。

　　除上述物品之外,也还可能存在着特殊石材或骨角器,以及贝壳、鱼类、树木果实、盐等的交换。

第六节　编　　年

　　建立流域新石器时代编年的标尺主要是圜底炮弹形陶器。学术界一般是将汉江流域和大同江流域看作同一文化圈进行编年,但近年来部分学者开始尝试对汉江流域进行独立的编年。两地的编年根据都是层位关系、施纹方式和施纹部分的变化、纹饰的变化以及碳十四年代等,但因目前还缺乏更为丰富的资料,两地暂时都没得到普遍认同的编年体系。

一、研究史

　　首先,我们简要介绍一下目前为止各位学者对新石器时代编年的各种见解。

　　韩永熙最早尝试对清川江到汉江的中西部地区的新石器时代进行编年[119]。他以栉纹陶器纹饰的排列、施纹部分为标准,将其分为以下四种。

　　Ⅰ式:口沿部、器身、器底三部分施有不同纹饰。

　　Ⅱ式:将陶器视为同一施纹圈而通体施纹。

　　Ⅱa——不同种类的纹饰组合施纹。

　　Ⅱb——通体施横向鱼骨纹。

　　Ⅲ式:栉纹系素面陶器。

　　Ⅳ式:在陶器外表施有一圈黏土带纹饰或1~2列不规则的简单的爪纹;仅在口沿施纹的。

　　将按照上述分类方案区分的纹饰和共出的石器进行比较,并且考虑智塔里遗址和金滩里遗址的层位关系,将中西部地区的新石器时代按照以Ⅰ式为代表的Ⅰ期,以Ⅱa式为代表的Ⅱ期,以Ⅱb式、Ⅲ式、Ⅳ式为代表的Ⅲ期编年。在Ⅰ期出土有石犁、石镰等农耕工具,并且以流行重弧纹等曲线纹饰的智塔里Ⅱ地区文化为界,将其分为Ⅰa期和Ⅰb期。

　　韩永熙的编年颠覆了以往Ⅱ式比Ⅰ式先进的观点,为此后的中西部地区新石器编年研究奠定了重要基础。

　　任孝宰在分析了汉江流域中游及岛屿地区出土陶器及纹饰后,以各部位施纹情况和施纹面积为基准,得出了以下分类方案[120](图2.14)。

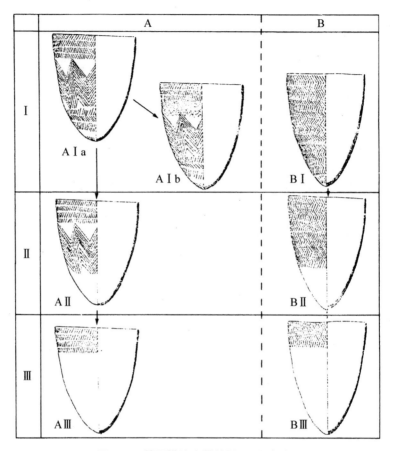

图 2.14 韩国栉纹陶器的展开(任孝宰)

A 系(区分纹系):口沿和器身分别施有不同的纹饰。

A I——全面施纹(其中 A I a 为在口沿和器身之间没有其他纹饰的形式,A I b 为在口沿和器身之间还有其他所谓从属口沿部纹饰的形式)。

A II——器底无纹饰。

A III——器底与器身无纹饰。

B 系(同一纹系):口沿和器身施有同一纹饰。

B I——通体施纹。

B II——器底无纹饰。

B III——器底与器身无纹饰。

任孝宰将以上分类方案与碳十四年代测定结果进行比较,提出 A I a、A I b→A II、B II→A III、B III 顺序的变迁过程,并将各阶段推定为前期(公元前5000 年~前 3500 年),中期(公元前 3500 年~前 2000 年),后期(公元前 2000

年~前1000年)。这一编年是将施纹面积的缩小化与碳十四年代结果进行了比较分析而得出的,这对证明其编年具有重要意义。但该方案缺乏AⅡ、BⅡ流行的中期时期的资料,并且BI的年代也不明确。另外,这种方案只强调了施纹部位而忽略了纹饰方面的变化。

韩炳三以矢岛贝塚和岩寺洞遗址的发掘结果以及弓山贝塚的编年为依据,得出岩寺洞遗址Ⅰ层(75-5、75-10号房址除外)→岩寺洞遗址Ⅰ层(75-5、75-10号房址:波状点线纹陶器)→矢岛Ⅱ、Ⅲ地区→矢岛Ⅰ地区、岩寺洞遗址Ⅱ层的编年顺序,并且推测其存续时间为公元前3000~公元前1000年[121]。

宫本一夫将纹饰的种类与构成看作时代特征的属性,并在演变过程中具有共时性,以此为标准,对汉江流域(宫本一夫文章中的"中朝鲜")的新石器时代分为如下6期[122]。Ⅰ期是岩寺洞遗址的最下层,短斜线纹和纵向鱼骨纹相结合的时期;Ⅱ期是口沿部出现从属纹波状点线纹的时期;Ⅲ期是在口沿部的从属纹中使用首次出现在大同江金滩里Ⅰ文化层的三角集线纹、斜格子纹的时期;Ⅳ期出现了与矢岛第2地区相同的以多齿具形成的斜格子纹或横向鱼骨纹的阶段,并且在这一时期口沿部的从属纹消失,开始出现通体施有横向鱼骨纹的陶器;Ⅴ期时底部纹饰逐步简化,且变得杂乱;Ⅵ期时,只在口沿留有杂乱的短斜线纹带或施横向鱼骨纹至器身中间(图2.15)。

宫本一夫的分类基本上是以大同江流域弓山文化的编年和前面所提及的任孝宰的编年为基础,仍缺乏层位关系的证据,对Ⅴ、Ⅵ期分类对象相关遗址的性质判断也属于推测,因此只是一种假说。

最后提一下,小原哲兼顾纹饰构成和器形演变而将朝鲜半岛中部地区栉纹陶器编年为岩寺洞遗址Ⅰ期→Ⅱ期→矢岛期的顺序[123]。Ⅰ期是以严格遵守三段纹样的直立口沿式尖底炮弹形陶器为主的时期,同时也包括波状点线纹等从属口沿纹饰。岩寺洞遗址Ⅱ期的陶器与Ⅰ期陶器器形类似,但纹饰则出现相对于Ⅰ期衰退的迹象,该期主要的纹饰有在口沿部施的短斜线纹,在器身和器底上部施的横向鱼骨纹,在器底施的放射状纹等。矢岛期是出现圜底器和外翻口沿的陶器,纹饰的区划逐步消失,鱼骨纹开始从口沿部施纹,并且施纹手法相对疏略的时期(图2.16)。另一方面,是比岩寺洞遗址Ⅰ期更早的阶段,将隆起纹陶器定在新石器时代早期,将在矢岛出现的施有突刺点列纹的陶器定在新石器时代前期,但目前后者缺乏证据。另外,小原哲将只在口沿施纹的炮弹形陶器归在岩寺洞遗址Ⅱ期,但这一陶器如在第1地点所显示的那样,与矢岛期陶器共出。

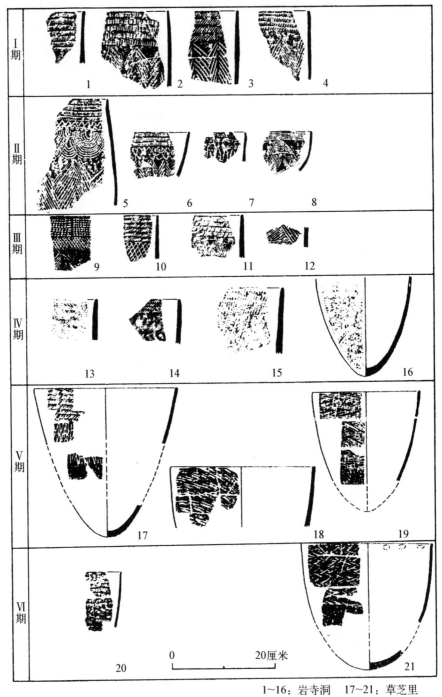

1~16：岩寺洞　17~21：草芝里

图 2.15　朝鲜有纹陶器的编年与地区面貌（宫本一夫）

据目前的研究成果,大部分研究者都认为汉江流域的尖底或圜底栉纹陶器是从通体施纹变为部分施纹,由三段施纹变为单一纹饰。但由于汉江流域经正式发掘且发表报告的遗址数量很少,且反应层位关系的遗址更少,现在对这些遗址的详细编年研究还存在许多争议。

对新石器时代陶器中隆起纹、压印纹和栉纹的先后顺序,朝鲜半岛东海岸的鳌山里遗址和南海岸的东三洞遗址、上老大岛的贝塚层位可以说明。而在汉江流域的岩寺洞遗址、渼沙里遗址的下层中出土了区分纹类的栉纹陶器,在上层出土了同一纹类的栉纹陶器。由此可以将新石器时代分为出现隆起纹、压印纹的平底陶器的新石器时代前期,流行区分纹类的尖底或圜底陶器的新石器时代中期,以同一纹类的尖底或圜底陶器为主流的新石器时代后期。

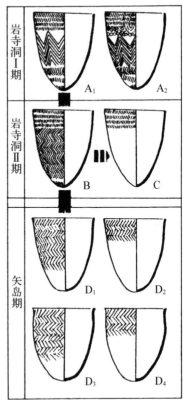

图2.16　新石器时代陶器变迁

二、前期

隆起纹陶器出土于丹阳上诗遗址第3岩棚的第4层;施有圆形刻目平行隆起纹的钵形陶器出土于东三洞遗址、上老大岛以及鳌山里遗址,这可能与在岩棚出土的东南海岸山的粗大贝壳(5层)和南海岸式雨滴纹饰(1~3层)等具有相似的性质,由此可以推测,相对于朝鲜半岛东海岸,这些因素是朝鲜半岛南海岸沿着洛东江而传播的。

压印纹陶器出现于江原道春川校洞洞穴遗址中,共5件。校洞遗址出土1件基本上为平底深钵形陶器,在胎质、口沿、唇缘、口沿部纹饰、纹饰主题和施纹方法、陶器表面的抹光、环耳等特点都与鳌山里遗址出土的平底压印纹陶器有很多共同性。由此可以推测,校洞遗址的陶器文化是从朝鲜半岛东海岸经北汉江上游而传入的。

总而言之,汉江流域新石器时代前期是朝鲜半岛东海岸的压印纹陶器传播至北汉江流域,朝鲜半岛南海岸的隆起纹陶器文化传播至南汉江流域而形成的,但因发现的遗址还不多,无法获得更为翔尽的传播路径与内容。

汉江流域新石器时代前期的年代可参考鳌山里遗址和东三洞贝塚下层碳十四年代数据,其年代集中于公元前 5000~前 4500 年[124],报告者认为大约应在公元前 4000 年左右。

三、中期

岩寺洞遗址下层的陶器大体可以分为 3 种类型:第 1 类型是在口沿施有短斜线纹、器身施有纵向鱼骨纹、底部施有横向鱼骨纹和放射线式短线纹的典型的三段区分纹类陶器;第 2 类型是在口沿和器身之间施有波状点线纹、斜格纹、三角集线纹等所谓的从属口沿纹的陶器;第 3 类型为口沿部纹饰一致,但器身施有横向鱼骨纹且延续至底部的上半部,底部的下半部施有放射线纹或没有纹饰的陶器。

通过大同江流域弓山文化 1、2 期可以看出第 1 类型和第 2 类型的先后关系。在弓山文化 1 期的智塔里遗址 1 号房址中出现了第 1 类型的陶器[125],而在智塔里遗址 2 地区流行第 2 类型的陶器。另外在岩寺洞遗址也发现了第 2 类型中器身施有横向鱼骨纹的陶器,因此,有学者主张在岩寺洞遗址中第 2 类型的波状点线纹陶器可能出土于包含第 1 类型的陶器的上层地层中[126]。

下面讨论第 1、2 类型与第 3 类型的先后关系。首先,典型的三段纹陶器的情况,器底纹饰大部分为横向鱼骨纹。为了与此相区分,器身部应该是先施纵向鱼骨纹,这一推论是成立的。在西部地区,器身没有横向鱼骨纹,横向鱼骨纹主要见于智塔里遗址第 2 地点和金滩里遗址第 1 文化层中出土陶器的底部上方。相反,在汉江流域,器身同时出现横向、纵向鱼骨纹。而在朝鲜半岛南海岸只有横向鱼骨纹。因此,学术界一般认为,朝鲜半岛南海岸的尖底栉纹陶器是受到中西部地区栉纹陶器的影响而产生的[127],并且纵向鱼骨纹比横向鱼骨纹年代更早。另外,在矢岛 2 地区没有发现纵向鱼骨纹 1 类型和 2 类型,只出现了 3 类型的横向鱼骨纹。这一点与 1 类型→2 类型→3 类型的演变过程相吻合。

但实际上,根据岩寺洞遗址下层发表的文章,大部分认为以上三种类型的陶器混合出土,并且在属于后期的遗址矢岛 1 地区也还存在 1、2 类型的陶器。由于目前缺乏层位根据,比较合理的推断是这三种类型陶器的产生虽存在先后关系,但这三类陶器在相当长的期间内也是共存的。

另一方面,大同江流域以金滩里遗址 I 文化层为代表的弓山文化 3 期,虽然在岩寺洞遗址中也出现了具有金滩里 I 文化层特征的纹饰带,彩虹纹饰也在延坪岛出现,但是汉江流域这两类纹饰数量极少,因此我们认为金滩里遗址 I 文化层的陶器纹饰还只流行于大同江流域[128]。

由此可以推测,岩寺洞遗址下层的时间大体与弓山文化1~3层相吻合,而没有出现纵向鱼骨纹和从属口沿部纹饰的矢岛2地区的时间应与岩寺洞遗址下层文化后期相吻合。属于新石器时代中期的遗址碳十四年代如下[129]。

表2.8　汉江流域主要新石器时代遗址测年表

标本采集位置	碳十四年代(距今)	树轮校正年代(公元前)
岩寺洞(75年)	6230±110	5280~5050(5175)
岩寺洞(75年)	6050±105	5100~4900(5000)
岩寺洞(75-10号房址)	5510±110	4490~4350(4420)
岩寺洞(75-2号房址)	5000±70	3880~3730(3805)
岩寺洞(75-4号房址)	4370±200	3750~3350(3550)
岩寺洞(75-5号房址)	4610±200	3650~3160(3450)
岩寺洞(74年)	4950±200	3980~3570(3775)
渼沙里(80年代)	5100±140	4160~3740(3770)

从(表2.8)上述年代中可以看出,大部分集中于公元前3千纪前半期,现阶段很难认定到公元前5千纪,因此认为栉纹陶器出现时期为公元前4千纪左右是比较妥当的[130]。但根据上述调查结果存在上限更早的可能。

最后讨论与周边地区的关系。

尖底、圜底的区分纹类栉纹陶器分布于除东北地区的朝鲜半岛大部分地区,特别流行于中西部和南部地区。在中、西部地区出现了典型的炮弹形栉纹陶器,可能是在前期压印纹陶器中施鱼骨纹而产生的[131]。但对其产生过程的研究还不充分,并且目前对东亚地区新石器时代压印纹陶器的范围也并不明确。

虽然在施纹方法上不同,但在陶器上分段施纹在属于较早时期的新石器文化(中国东北地区的兴隆洼文化[132]、小珠山下层文化、新乐文化[133]等)中就出现了,这时流行在器身以压印纹形成的横向“之”字纹。有认为朝鲜半岛的鱼骨纹由“之”字纹发展而来[134],且横向“之”字纹凹线化形成纵向鱼骨纹。另外,中西部地区的重弧纹、石耜等在中国辽西地区新石器时代中期阶段也有出现[135],因此我们可以推测两地区之间存在密切的文化联系。由此认为朝鲜半岛西海岸式典型栉纹陶器的产生可能受到了中国辽宁地区新石器时代文化的影响。相反,辽宁地区不见尖底陶器,尖底陶器却见于较远的西伯利亚地区,因此,朝鲜半岛与西伯利亚地区新石器文化的关联性在目前仍是一大问题[136]。即使承认朝鲜半岛的栉纹陶器是受到了中国东北地区或西伯利亚的影响,但不能否认其在器形、纹饰、胎质等文化因素综合的整体面貌中有其独创性特征[137]。

在朝鲜半岛中西部地区，大同江流域和汉江流域的区分纹类陶器略有差异。即，大同江流域的陶器口沿主要为以压印、刺突而形成的点列纹，器身施有纵向鱼骨纹，而在汉江流域的陶器的口沿主要为以压印、阴刻而形成的短线纹，器身为纵向鱼骨纹和横向鱼骨纹。可见在施纹手法和鱼骨纹的种类上，大同江流域呈现出较早的面貌，因此，有学者认为中、西部地区的栉纹陶器是在大同江流域首先产生而传入汉江流域的[138]。

在朝鲜半岛南海岸的头岛期或水佳里Ⅰ期前段出现了炮弹形栉纹陶器，由此可以看出是受到中西部地区的影响，但从其口沿部纹饰主要以粗线式的集线纹为主，在器身只出现横向鱼骨纹，胎土中没有云母、石棉、滑石等情况来看，又具有朝鲜半岛南海岸式的特征。因此我们推测，从中部地区向南海岸的交流路线有海岸路线和内陆路线(南汉江→洛东江)两条路线，但对海岸路线的交流因缺乏对朝鲜半岛西南地区的考古调查而暂时无法确定。

在通过南汉江流域传播到朝鲜半岛南部地区的同时，还有通过北汉江流域向东海岸传播的可能性。目前在北汉江流域还没发现新石器时代中期的遗址，但在东海岸的鳌山里遗址上层中出土了西海岸式的区分类尖底陶器和渔网坠，且在江原道江原市领津里遗址及加屯地遗址等地也有分布[139]。

综上，具有中期特征的区分纹类栉纹陶器在公元前4千纪左右在大同江流域产生，传播到汉江流域后新出现了在口沿部施短斜线纹、器身施横向鱼骨纹、胎土掺入云母等变化，并且由此分别经南汉江和北汉江传播到朝鲜半岛南海岸及东海岸地区，这一时期为汉江流域新石器时代文化的全盛时期。

四、后期

新石器时代后期以通体施横向鱼骨纹为特征。鱼骨纹陶器出土于岩寺洞遗址和渼沙里遗址上层，从层位上可以证明这种同一纹类陶器属于晚于区分纹类陶器的新石器时代后期。对于岩寺洞遗址和渼沙里遗址出土的陶器目前还没有详细的报告发表，但有简报称，出土的陶器主要是从口沿到器身下部施有横向鱼骨纹的类型。

在矢岛Ⅰ地区和别望贝塚中，与施有横向鱼骨纹陶器共出的还有在口沿和器身间隔较宽的短斜线纹之间施有类似分解的横向鱼骨纹陶器，同时，还出现了横向鱼骨纹陶器上下重叠等制造粗劣、退化的现象。另外，仍然出土了新石器时代中期器身或底部没有纹饰的区分纹类陶器，但比起上述同一纹类陶器，数量非常少。

横向鱼骨纹陶器在大同江流域的弓山文化Ⅳ期和金滩里Ⅱ文化层中首次出现,呈现出与汉江流域相似的文化面貌,有通体施纹的陶器,也有许多器底下端没有纹饰的陶器。但在朝鲜半岛南海岸,鱼骨纹陶器出现在庆尚南道金海市水佳里遗址Ⅰ期前段,中段以后就不再出现,呈现出与朝鲜半岛中西部地区不同的文化面貌。这其中有两个可能的原因,一是水佳里遗址Ⅰ层前段的年代与金滩里遗址Ⅱ文化层或汉江流域出土鱼骨纹陶器的遗址相同[140],二是水佳里遗址的年代更早,因此,横向鱼骨纹陶器可能在新石器时代中期首先出现在朝鲜半岛南海岸,但在大同江流域正式发掘的新石器时代中期遗址中暂时还没有发现横向鱼骨纹,并且目前缺乏在汉江流域的横向鱼骨纹陶器出现在岩寺洞遗址或渼沙里遗址下层的直接证据。

这样,就产生了横向鱼骨纹的起源和出现的问题。首先,横向鱼骨纹出现于朝鲜半岛南海岸的压印纹陶器口沿部,因此,凹线化后产生通体施横向鱼骨纹的情况是可能的。第二,在区分纹类陶器底部施纹的横向鱼骨纹经器身移至口沿,从而又产生通体施横向鱼骨纹的可能。如果这种假设成立,在汉江流域可能产生器身施横向鱼骨纹的陶器。第三,在大同江流域独立产生的可能,大同江流域出土数量较多而且规整的通体施纹陶器,汉江流域出土的陶器相对粗劣,而且器身下部或底部多没有纹饰,胎质和区分类陶器也不同。但从中国辽西地区新石器时代的陶器来看,通体施有与横向鱼骨纹类似的纵向"之"字纹的陶器首次出现于富河文化中,在辽东半岛的小珠山中层文化中也首次出现横向鱼骨纹,因此可以推测,很可能是富河文化的"之"字纹凹线化而产生横向鱼骨纹陶器。另一方面,如果认为是在大同江流域首先出现横向鱼骨纹陶器的话,那么目前还无法说明汉江流域中期器身施鱼骨纹的陶器是受横向鱼骨纹陶器的影响而产生的。

虽然到目前为止,对横向鱼骨纹的产生等相关问题进行了探讨,但仍然无法得到可信的结论。目前只能确定横向鱼骨纹陶器即同一纹类陶器和区分纹类陶器属于不同文化传统的可能性较大,且主要出现在汉江流域属于新石器时代后期的遗址中。

横向鱼骨纹主要密集分布于海岸和岛屿地区,可能是沿着朝鲜半岛西海岸线而传播的,在汉江中游和南汉江、北汉江流域也有出土;在新石器时代后期的遗址中,仅在口沿部和仅在器身留有纹饰的这两种区分纹类陶器共生;在忠清北道丹阳上诗遗址、岛潭金窟遗址等南汉江岸的遗址,出土有朝鲜半岛南海岸地区属于新石器时代后期的栉纹陶器,因此似乎可以认为,这种现象体现了栉纹陶器文化的反向传播。

最后了解一下新石器时代后期遗址的年代[141]。

表2.9　新石器时代后期遗址测年表

标本采集位置	碳十四年代（距今）	树轮校正年代（公元前）
乌耳岛	4080±45	2860~2620（2740）
苏爷岛	3860±42	2540~2190（2225）
矢岛（3地区）	3040±55	1480~1270（1370）
矢岛（石塚）	3100±60	1540~1320（1430）
矢岛（石塚）	3040±60	1480~1110（1375）
矢岛（石塚）	2870±60	1260~1020（1140）
石壮里	2990±130	1490~1110（1300）

其中，乌耳岛和苏爷岛的贝塚中主要是口沿和器身施有横向鱼骨纹的陶器，在矢岛石塚出土的陶器很少且无法得知陶器的具体种类。忠清南道公州市石壮里遗址出土了与扶余郡罗福里遗址相似的有纹饰陶器。

根据碳十四年代，新石器时代后期的年代在公元前2千年纪中期到前1千纪，这与其他地区的编年也基本相符。只是我们期待同一纹类的横向鱼骨纹陶器可能随着今后考古调查的增多，其出现年代似乎可以更早一些。

第七节　结　　语

公元前5000年左右，在相对于现在更温暖的气候条件下，朝鲜半岛的新石器时代文化开始出现了。新石器时代早期的居民在朝鲜半岛东北地区和东南地区的海岸一带，以渔捞和狩猎为主要生业而生存，这时的文化大致有隆起纹陶器文化和压印纹陶器文化两种。

也就是在公元前5000年左右，生活在上述地区的部分居民开始向汉江流域移动。压印纹陶器文化是从东海岸向北汉江流域传播的，在江原道春川校洞洞窟遗址中出土了与东海岸襄阳鳌山里遗址相似的平底压印纹陶器与组合式渔具。另一方面，隆起纹陶器文化从南海岸地区开始传入，在忠清北道丹阳郡上诗岩棚遗址中，平底隆起纹陶器和东南海岸产的粗大贝壳共出。但汉江流域属于这两个陶器文化的遗址目前都各只有一个，并且还是洞穴或岩棚类遗址，因此，暂时还不能说汉江流域开始了定居文化。

在公元前4000年左右，大同江流域产生了以在口沿部、器身、器底分别施有不同纹饰的炮弹形陶器为主的区分纹类的压印纹陶器文化。大同江流域的这一文化逐步传播到汉江流域,并且扎根到岩寺洞、渼沙里等汉江中游地区。汉江流域的栉纹陶器口沿部主要施有短斜线纹,器身施有不见于大同江流域的横向鱼骨纹,并且产生了在胎土中掺有云母等属于汉江流域的新特点。这一时期为汉江流域新石器文化的全盛时期,区分纹类的栉纹陶器经北汉江流域向东海岸地区,经南汉江和西海岸向南海岸地区传播。特别是朝鲜半岛东南海岸地区,因汉江流域陶器文化的影响产生了粗线式的栉纹陶器文化,其一直影响到日本北九州的曾畑式陶器。这一时期居民筑造圆锥或四角锥形的简易房屋,开始定居生活,除狩猎、渔捞、采集等经济活动之外,还开始了栽培粟类、稗子等植物的原始农耕。但农业在整体生业中所占比重应该较小。

在公元前2千纪中半期,包括大同江流域和汉江流域的西海岸地区新出现了以横向鱼骨纹为代表的同一纹类陶器。不区分口沿和器身,而统一施横向鱼骨纹,并且与以往不同的是这些陶器的胎土是掺有沙粒的黏土。这一时期,大同江流域的区分纹类陶器几乎消失,但在汉江流域继续存在着器底或器身没有纹饰的区分纹类陶器,但比起属于同一纹类陶器的鱼骨纹陶器,数量非常少。

遗址虽多集中于海岸和岛屿地区,但在汉江流域的内陆地区也有发现,多为遗物散布地或是遗物文化层,鲜有遗迹。在内坪遗址和三巨里遗址以及玉石里遗址发现了部分遗迹,但都不完整。可能与海岸地区和岛屿地区在公元前2千纪出现的气温冷凉化或海平面下降有关。另一方面,在内陆许多地区栉纹陶器和素面陶器共出,被认为是两种陶器文化并行的证据,但到目前为止,还没有在出土素面陶器的房址中出土完整栉纹陶器的例子,而且也有可能是栉纹陶器混入其中(所以其中的栉纹陶片可能是混入的),目前无法确定。但仍然无法排除栉纹陶器文化在素面陶器文化之后在个别地区仍然存在的可能性。

同一纹类的横向鱼骨纹陶器也出现于北汉江流域和江原道东海岸地区,但几乎不见于朝鲜半岛南海岸地区,因此我们推测,这种陶器不如区分纹类陶器分布范围广。相反,在南汉江流域出现了许多南海岸地区新石器时代后期及末期的栉纹陶器的因素,因此,可以认为南海岸地区的栉纹陶器文化再一次经洛东江流域传播到了南汉江流域。

以上,对汉江流域的新石器文化进行了探讨。因经过正式发掘的遗址比较少,很遗憾只能进行比较浅的研究,期望今后有更多的考古调查与发现。

附记：

本文提交于 1988 年初,是以 1987 年前的研究成果为基础而完成的,但直到 1992 年才出版这本书。重新回顾了这篇文章,但因时间仓促,无法将这期间急剧发展的考古学成果补充进去,甚为遗憾。现在,一些看法逐渐发生了改变,需要进行重新解释的地方也有几处。例如在文中将新石器时代编年大体分为先栉纹陶器期和栉纹陶器期,大的脉络没有变化,但从最近发掘的欲知岛、松岛、烟台岛等南海岸贝塚遗址来看,虽然先栉纹陶器期的隆起纹陶器和压印纹陶器数量较少,但显示出在南海岸地区仍保留有栉纹陶器。另一方面,虽然认为所谓的西海岸式的尖底栉纹陶器是由压印纹或口沿部纹陶器中开始出现鱼骨纹而形成的,但实际上,在朝鲜半岛西海岸地区没有发现能够表现其变化过程的遗址或压印纹陶器,因此,这种观点还处于假设阶段。同时,也应该考虑到,与平底、尖底陶器一样,可能隆起纹和压印纹陶器从最初的起源就有不同。包括这些问题,本文有必要进行大量的补充,但在这里就以注释的形式进行补充,并且为了今后的研究将 1988 年以后发表的新石器相关文献目录列举出来,以供参考。

1992 年 4 月 30 日

在因京畿道高阳郡日山地区新城市开发而进行的抢救性考古发掘过程中,针对高阳郡城底里、注叶里一带形成的泥炭层,1991 年,由韩国先史文化研究所的孙宝基博士主持进行发掘,最近发表了相关结果(韩国先史文化研究所、京畿道,《日山新城市开发地区学术调查报告 1——遗迹发掘成果》1992)。本次对泥炭层的发掘过程中,将自然科学与考古学结合,由此获得了汉江渔区大范围的更新世自然环境的资料。与新石器时代考古相关的新的资料为,同一纹类的鱼骨纹陶器出土于注叶里新村的褐色泥炭层以及其下的沙质层中。并且报告称在被推定为公元前 3 千纪的城底里和加瓦地(音译)的泥炭层中还发现了稻谷。但针对汉江流域的稻作栽培开始于新石器时代后期的主张,作者持保留意见。

1992 年 9 月 30 日

注释:

[1] 安田喜宪等,《韩国における环境变迁史と农耕の起源》,《韩国における环境变迁史》(《韩国文部省海外学术调查中间报告》),1980,第 1~19 页。

[2] 中井信之、洪思澳,《韩国永郎湖堆积物の地球化学手段によゐ古气候变迁の研究》,

《韩国における环境变迁史》,1980,第 57~61 页。

[3] 朴英哲,《韩国先史时代自然环境研究》,《韩国史研究》14,1976,第 3~30 页。

[4] Park, Y. A., "Submergence of the Yellow Sea Coast of Korea and Stratigraphy of the Sinpyeongcheon Marsh, Kimje, Korea", The Journal of the Geological Society of Korea, Vol.5, No.1, 1969, pp. 57~66.

[5] 李燦,《自然环境》,《韩国史Ⅰ》,国史编纂委员会,第 58~60 页。

[6] 韩相俊等,《韩半岛后冰期海面变化的地形学证据》,《地质学会志》13 - 1,1977,第 15~22 页。

[7] 金瑞云,《关于韩国东南端部海岸发达的断丘的研究》,《地质学会志》9 - 2,1973,第 88~121 页。

[8] 郑澄元等,《金海水佳里贝塚Ⅰ》,釜山大学校博物馆,1981,第 22~28 页。

[9] 最近关于洛东江河口的环境研究比较活跃,详见:吴建焕、郭钟喆,《对金海平野的考古学研究(1)》,《古代研究》2,1989;潘镛夫、郭钟喆,《洛东江河口金海地域的环境与渔猎文化》,《伽倻文化研究》2,1991;吴建焕,《全新世后半期洛东江三角洲及其周边海岸的古环境》,《韩国古代史论丛》2,1991。

[10] 中国科学院贵阳地球化学研究所第四纪孢粉组、C14 组,"Development of Natural Environment in the Southern Part of Liaoning Province during the Last 10,000 Years," Scientia Sinica, Vol.21, No.4, 1978, pp. 516~532.

[11] 金元龙,《韩国考古学概说》第三版,一志社,1986,第 23~24 页。

[12] 关于韩国新石器时代考古发展的基本情况可参考以下论文:安承模,《新石器时代》,《韩国考古学报》21,1988,第 35~62 页;李盛周,《新石器时代》,《国史馆论丛》16,1990,第 1~66 页。

[13] 关于隆起纹陶器的论文如下:郑澄元,《关于南海岸地方隆起纹陶器的研究》,《釜大史学》9,1985;郑澄元,《中国东北地方的隆起纹陶器》,《韩国考古学报》26,1991;小原哲,《韩国隆起纹陶器的研究》,《伽倻通信》13~14,1985;广濑雄一,《韩国隆起纹陶器的谱系年代》,《异貌》12,1986。

[14] 压纹陶器也被称为口沿部纹陶器(《韩国考古学概说》,第 28 页),但在栉纹陶器中也有只在口沿部施纹的陶器,因此在本文中只根据施纹手法称其为压纹陶器。

[15]《韩国考古学概说》,第 39~40 页。此外,关于西伯利亚和中国东北地区原始陶器的论文如下:大贯静夫,《远东的先史文化》,《季刊考古学》38,1991,第 17~20 页;李陈奇,《中国东北的新石器文化》,《季刊考古学》38,1991,第 21~24 页;户田哲也,《东シベリアの土器》,《季刊考古学》38,1991,第 62~65 页;木村英明,《北海道の石刃镞文化と东北シベリアの文化》,《季刊考古学》38,1991,第 43~47 页。

[16] W. Kim, "Emergence of Pottery in Korea," Korea Studies International 1, 1986.

[17] 韩永熙,《地区的比较》,《韩国史论》12,国史编纂委员会,第 484~489 页。

[18] 关于栉纹陶器的编年和演变的代表性论文如下:宫本一夫,《朝鲜有纹饰陶器的编年と

地域性》,《朝鲜学报》121,1986,第 1~48 页;小原哲,《朝鲜栉纹土器の变迁》,《东シベリアの考古と历史》上,1987,第 325~372 页。

[19] 鸟居龙藏,《平安南道、黄海道古迹调查报告》,《大正五年度古迹调查报告》,1917。

[20] 韩炳三,《矢岛贝塚》,国立博物馆,1970。

[21] 金元龙,《草芝里(别望)贝塚发掘调查报告》,《韩国考古学报》7,1979。

[22] 金载元、尹武炳,《韩国支石墓研究》,国立博物馆,1967。

[23] 崔梦龙等,《白翎、延坪岛的蓖纹陶器文化》,《考古学》2,1968。

[24] 崔梦龙等,《白翎、延坪岛的蓖纹陶器文化》,《考古学》2,1968;任孝宰,《韩国西海中部岛屿的栉纹陶器文化》,《考古学》2,1969。

[25] 金廷鹤,《韩国几何学纹陶器文化的研究》,《白山学报》4,1968。

[26] 和田雄治,《朝鲜の先史时代い就いて》,《考古学杂志》4~5,1914。

[27] 张明洙,《江华东幕里栉纹陶器的遗迹和遗物》,《古文化》30,1987。

[28] 孙宝基等,《西海岸牛岛的先史文化》,《博物馆纪要》3,檀国大学校,1987。

[29] 池健吉、安承模,《西海岛屿地区的地表调查(2)》,《中岛》V,国立中央博物馆,1984。

[30] 韩永熙、安承模,《西海岛屿地区的地表调查(1)》,《中岛》IV,国立中央博物馆,1983。

[31] 任孝宰,《韩国西海中部岛屿的栉纹陶器文化》,《考古学》2,1969。

[32] 崔淑卿,《永宗岛云南里支石墓》,《金爱麻博士梨花勤续 40 周年纪念论文集》,1966。

[33] 金载元、尹武炳,《韩国西海岛屿》,国立博物馆,1957。

[34] 尹武炳,《乌耳岛贝塚》,《考古美术》1~4,1960;任孝宰,《韩国西海中部岛屿的栉纹陶器文化》,《考古学》2,1969;任孝宰、朴淳发,《乌耳岛贝塚》,首尔大学博物馆,1988。

[35] 任孝宰,《陶器的时代演变过程》,《韩国史论》12,1983,第 625 页;任孝宰、朴淳发的前书中将检测年代结果为距今 4080±45 年的乌耳岛北部贝塚群和同一岛上的新浦洞、C 贝塚一同编年为新石器时代中后期,将新浦洞东部的 B 贝塚和西南部的贝塚编年为新石器时代后期前半段,并推定其绝对年代为公元前 2000~前 1500 年。

[36] 横山将三郎,《ソウル东郊外の史前遗迹》,《文学论丛》5~6,1953。

[37] 有光教一,《朝鲜栉纹陶器の研究》,京都大学校,1962。

[38] 金元龙,《岩寺里遗址的陶器、石器》,《历史学报》17~18,1962。

[39] 金廷鹤,《韩国几何纹陶器文化的研究》,《白山学报》4,1968。

[40] 金光洙,《岩寺洞江岸遗址发掘报告》,《历史教育》13,1970。

[41] 金钟彻,《首尔城东区岩寺洞先史时代遗址发掘》,《博物馆新闻》18,1971;金钟彻,《首尔岩寺洞先史聚落址》,《韩国考古学年报》2,1975;李白圭,《岩寺洞新石器时代住居址调查》,《韩国考古学年报》3,1976;韩永熙,《韩半岛中、西部地方的新石器文化》,《韩国考古学报》5,1978。

[42] 任孝宰,《岩寺洞》,首尔大学校博物馆,1985。

[43] 李白圭,《岩寺洞新石器时代住居址调查》,《韩国考古学年报》3,1976。

[44] 任孝宰,《岩寺洞》,首尔大学校博物馆,1985。

[45] 韩炳三,《栉纹陶器》,《世界陶瓷全集》17,小学馆,1979,第149页。

[46] 李起吉、黄圣玉,《岩寺洞遗址新石器时代尖底带纹饰陶器研究》,《孙宝基博士停年纪念考古人类学论丛》,知识产业社,1988,第298页。

[47] 韩永熙,《韩半岛中、西部地方的新石器文化》,《韩国考古学报》5,1978,第73页。

[48] 金元龙,《广州渼沙里栉纹陶器遗址》,《历史学报》14,1961。

[49] 金钟彻,《对于广州渼沙里栉纹陶器遗址的小考》,《韩国考古》1,1967;金廷鹤,《韩国几何纹陶器文化的研究》,《白山学报》4,1968。

[50] 任孝宰,《渼沙里遗址紧急发掘调查》,《韩国考古学年报》8,1981。

[51] 渼沙里遗址在1988~1992年,由崇实大学主管,庆熙大学、高丽大学、首尔大学、成均馆大学、汉阳大学等联合进行大规模的发掘,目前报告书暂未刊布。

[52] 尹世英,《渼沙里住居址》,《史丛》25,1981。

[53] 金钟彻,《对于广州渼沙里栉纹陶器遗址的小考》,《韩国考古》1,1967。

[54] 金元龙,《广州渼沙里栉纹陶器遗址》,《历史学报》14,1961。

[55] 崔淑卿,《渼沙里遗址的一(种)磨(制)石器》,《考古美术》4~6,1963。

[56] 任孝宰,《陶器的时代演变过程》,《韩国史论》12,1983,第625页。

[57] D. Chase, "A Limited Archaeological Survey of the Han River Valley", Asian Perspective 4-1-2, 1961; S.M. Nelson, Han River Chulmuntogi, 1975, Western Washington State College.

[58] 林炳泰,《杨州郡镇中里先史遗址发掘报告》,《八堂、昭阳堤坝水没地区遗址发掘综合调查报告》,文化财管理局,1974。

[59] 李白圭,《杨州郡之锦里遗址》,《考古学》4,1977。

[60] 忠北大博物馆,《板桥—九里、新葛—半月间高速道路文化遗址地表调查报告书》,1987。

[61] 金载元、尹武炳,《韩国支石墓研究》,国立博物馆,1967。

[62] 金元龙,《春川校洞穴居遗址及遗物》,《历史学报》20,1963。

[63] 国立庆州博物馆,《蔚珍厚浦里遗址》,1991。

[64] 任孝宰、权鹤洙,《鳌山里遗址》,首尔大学校博物馆,1984;校洞遗址的原报告中错将组合式渔具分类为石钻。

[65] 金元龙,《春川校洞穴居遗址及遗物》,《历史学报》20,1963,第64~65页。

[66] 小原哲也将校洞遗址看作是新石器时代前期以前的遗址。详见:小原哲,《朝鲜栉纹土器の变迁》,《东シベリアの考古と历史》上,1987,第347页。

[67] 韩炳三等,《昭阳江水没地区遗址发掘调查》,《八堂、昭阳堤坝水没地区遗址发掘综合调查报告》,文化财管理局,1974。

[68] 韩永熙,《韩半岛中、西部地方的新石器文化》,《韩国考古学报》5,1978,第74~75页。

[69] 李健茂等,《中岛》Ⅰ,国立中央博物馆,1980;崔福圭,《中岛遗址地表调查报告》,江原大学校博物馆,1984。

[70] 池健吉、李荣勋,《中岛》Ⅴ,国立中央博物馆,1984。

［71］有光教一,《朝鲜江原道の先史时代遗物》,《考古学杂志》38－1,1938。

［72］金元龙,《加平马场里冶铁住居址》,《历史学报》50~51,1971。

［73］崔茂藏,《加平梨谷里铁器时代住居址发掘调查报告书》12,《建国大人文科学论丛》,1979。

［74］小原哲,《朝鲜栉纹土器の变迁》,《东シベリアの考古と历史》上,1987,第348~349页。

［75］孙宝基,《丹阳上诗遗址发掘中间报告》,《韩国古代史的照明》,忠北大学校,1981。

［76］洪玄善(音译),《上诗3岩棚的文化研究》,延世大学校硕士学位论文,1987。

［77］郑澄元,《关于南海岸地方隆起纹陶器的研究》,《釜大史学》9,1985。

［78］孙宝基,《丹阳岛潭里地区遗址发掘调查报告(1983~1984年度)》,《忠州堤坝水没地区文化遗址发掘调查综合报告书(考古、古坟分野Ⅰ)》,忠北大学校博物馆,1984。

［79］李隆助,《堤原黄石里B地区发掘调查略报告书》,《忠州堤坝水没地区文化遗址发掘调查略报告书》,1982。

［80］崔梦龙、林永珍,《堤原阳平里B地区发掘调查报告》,《忠州堤坝水没地区文化遗址发掘调查略报告书》,1982。

［81］忠清北道,《忠州堤坝水没地区文化遗址发掘调查综合报告书》,1984;李隆助、申淑静,《中原地方的栉纹陶器考察》,《孙宝基博士停年纪念考古人类学论丛》,知识产业社,1988。

［82］任世权,《平昌江流域素面陶器文化》,《岭南考古学》1,1986。

［83］任孝宰,《岩寺洞》,首尔大学校博物馆,1985。

［84］都宥浩,《智塔里原始遗址发掘报告》,朝鲜考古学研究所,1961。

［85］都宥浩、黄基德,《弓山原始遗址发掘报告》,朝鲜考古学研究所,1957。

［86］金鸿植,《岩寺洞房址复原考》,《文化财》18,1985,第44页。

［87］韩炳三等,《昭阳江水没地区遗址发掘调查》,《八堂、昭阳堤坝水没地区遗址发掘综合调查报告》,文化财管理局,1974。

［88］S. M. Nelson, Han River Chulmuntogi, 1975, Western Washington State College.

［89］在西海岸贝塚中对贝壳类和动物遗体进行了仔细分析的有安眠岛古南里贝塚。① 金秉模、沈关注,《安眠岛古南里贝塚》,汉阳大学校博物馆,1990;② 金秉模、安德任,《安眠岛古南里贝塚》,汉阳大学校博物馆,1991。

［90］金元龙,《韩国考古学概说》第三版,一志社,1986,第44~45页。

［91］最近在庆尚北道蔚珍郡厚浦里遗址,庆尚南道统营市烟台岛莲谷里贝塚等地发现有与人骨共伴的集团埋葬遗迹,前者为洗骨葬集团土葬墓,后者为在尸身的上面积石的土葬墓。

［92］都宥浩、黄基德,《弓山原始遗址发掘报告》,朝鲜考古学研究所,1957。

［93］徐国泰,《朝鲜的新石器时代》,社会科学出版社,1986,第108页。

［94］首尔特别市编撰委员会,《汉江史》,1985,第74~80页。

［95］徐国泰,《朝鲜的新石器时代》,社会科学出版社,1986,第108页。

［96］崔淑卿，《渼沙里遗址的一（种）磨（制）石器》，《考古美术》4~6，1963。

［97］关于西海岸中部地区捕获的各种贝壳和海鲜的种类，在对安眠岛贝塚的分析中有很好的体现。参见：汉阳大学校博物馆，《安眠岛古南里贝塚》，1990~1991。

［98］Shuzo Koyama・D. H. Thomas，"Affluent Foragers," Senri Ethnological Studies No. 9, National Museum of Ethnology，1979；迂棱三，《东アシアの坚果实——日韩先史时代におろドンゲリ食の共通性》，《朝鲜学报》132，1989，第145~190页。

［99］S. M. Nelson, Han River Chulmuntogi, 1975, Western Washington State College.

［100］李贤惠，《韩半岛青铜器文化的经济背景》，《韩国史研究》，56，1987，第10页。

［101］池健吉、安承模，《韩半岛先史时代出土骨类和农具》，《韩国的农耕文化》，京畿大学校，1983，第53~75页。

［102］徐国泰，《朝鲜的新石器时代》，社会科学出版社，1986，第108页；金庚泽，《韩国先史时代的农耕和农具发展的相关研究》，《古文化》27，1985。

［103］安承模，《辽西地方的先史时代石制耕具》，《三佛金元龙教授停年退任纪念论丛》Ⅰ，1987，第721页。

［104］李起吉、黄圣玉，《岩寺洞遗址新石器时代尖底带纹饰陶器研究》，《孙宝基博士停年纪念考古人类学论丛》，知识产业社，1988，第298页。

［105］李起吉、黄圣玉，《岩寺洞遗址新石器时代尖底带纹饰陶器研究》，《孙宝基博士停年纪念考古人类学论丛》，知识产业社，1988，第302页。

［106］韩永熙，《韩半岛中、西部地方的新石器文化》，《韩国考古学报》5，1978，第53页。

［107］李起吉、黄圣玉，《岩寺洞遗址新石器时代尖底带纹饰陶器研究》，《孙宝基博士停年纪念考古人类学论丛》，知识产业社，1988，第301~302页。

［108］李起吉、黄圣玉，《岩寺洞遗址新石器时代尖底带纹饰陶器研究》，《孙宝基博士停年纪念考古人类学论丛》，知识产业社，1988，第304页。

［109］李起吉、黄圣玉，《岩寺洞遗址新石器时代尖底带纹饰陶器研究》，《孙宝基博士停年纪念考古人类学论丛》，知识产业社，1988，第319~321页。

［110］任孝宰，《韩国栉纹陶器的展开》，《末卢国》，1983，第89页。

［111］韩永熙，《地区的比较》，《韩国史》12，国史编纂委员会，第500页。

［112］任孝宰，《韩国西海中部岛屿的栉纹陶器文化》，《考古学》2，1969。

［113］任孝宰、S. M. Nelson，《汉江流域栉纹陶器的容量抽出及其文化意义》，《韩国考古学报》1，1976，第117~121页。

［114］黄龙浑，《石器、骨角器》，《韩国史论》12，1983，第576~580页。

［115］S. M. Nelson, Han River Chulmuntogi, 1975, Western Washington State College.

［116］洪玄善（音译），《上诗3岩棚的文化研究》，延世大学校硕士学位论文，1987，第62页。

［117］李起吉、黄圣玉，《岩寺洞遗址新石器时代尖底带纹饰陶器研究》，《孙宝基博士停年纪念考古人类学论丛》，知识产业社，1988，第319~321页。

［118］金元龙，《生业经济》，《韩国史Ⅰ》，1973，第99页。新石器时代活跃的交易以及文物

交流主要见于南海岸和日本的九州地方间。详见：岛津义昭，《日韩的文物交流》，《季刊考古学》38,1992,第54~58页。

[119] 韩永熙，《韩半岛中、西部地方的新石器文化》，《韩国考古学报》5,1978。

[120] 任孝宰，《韩国西海中部岛屿的栉纹陶器文化》，《考古学》2,1969；任孝宰，《韩国栉纹陶器的展开》，《末卢国》，1983,第89页；任孝宰，《基于放射性碳元素年代的韩国新石器时代文化编年研究》，《金哲后博士花甲纪念史学论丛》，1983,第11~38页。

[121] 韩炳三，《栉纹陶器》，《世界陶瓷全集》17,小学馆，1979,第149页。

[122] 宫本一夫，《朝鲜有纹饰陶器的编年と地域性》，《朝鲜学报》121,1986,第1~48页。

[123] 小原哲，《朝鲜栉纹土器の变迁》，《东シベリアの考古と历史》上，1987,第325~372页。

[124] 任孝宰，《编年》，《韩国史论》12,1983,第721~722页。

[125] 金勇男，《对弓山文化的研究》，《考古民俗论文集》8,1983,第2~57页。

[126] 韩炳三，《栉纹陶器》，《世界陶瓷全集》17,小学馆，1979,第150~151页。

[127] 金元龙，《韩国考古学概说》第三版，一志社，1986,第47页。

[128] 韩永熙，《地区的比较》，《韩国史论》12,国史编纂委员会，第484~489页。

[129] 任孝宰，《韩国栉纹陶器的展开》，《末卢国》，1983,第89页。

[130] 金元龙，《韩国考古学概说》第三版，一志社，1986,第32页。

[131] 金元龙，《韩国考古学概说》第三版，一志社，1986,第40页。

[132] 中国社会科学考古研究所内蒙古工作队，《内蒙古敖汉旗兴隆洼遗址发掘简报》，《考古》1985年10期，第865~874页。

[133] 中国社会科学院考古研究所，《新中国的考古发现与研究》，1984,第180~187页。

[134] 金廷鹤，《韩国新石器时代文化的研究》，《韩国史学》7,1986,第74页。

[135] 汪宇平，《内蒙古自治区发现的细石器文化遗址》，《考古学报》1957年第1期。

[136] 金廷鹤等继续主张栉纹陶器的西伯利亚起源说，但他所说的西伯利亚的范围可能还包括中国辽宁地区在内整个中国东北部地区。详见：金廷鹤，《韩国几何纹陶器文化的研究》，《白山学报》4,1968。

[137] 关于韩国和中国及西伯利亚新石器时代陶器的论文如下：Sample, L. L., "Tongsamdong: A Contribution to Korean Neolithic Culture," Artic Anthropology 11 − 2, 1974；李亨求，《渤海沿岸蓖纹陶器文化的研究》，《韩国史学》10,1989；姜仁求，《中国东北地方遗址的研究》，《韩国史学》11,1990；郑澄元，《中国东北地方的隆起纹陶器》，《韩国考古学报》26,1991。

[138] 韩永熙，《韩半岛中、西部地方的新石器文化》，《韩国考古学报》5,1978。

[139] 金壮锡在《鳌山里陶器研究》（首尔大学文学硕士学位论文，1991）中，因在鳌山里遗址和中西部地区之间没有能够直接说明两者关联性的遗址，且两地区在纹饰上存在较多差异，因此认为鳌山里遗址的尖底陶器相对于中西部地区来讲，与南海岸的凹线纹陶器关联性更大。如果要接受他的这一观点，首先需要对朝鲜半岛中西部、东海岸、南海

岸这三个地区陶器相互间的关系进行更深层次的综合研究。

[140] 宫本一夫,《朝鲜有纹饰陶器の编年と地域性》,《朝鲜学报》121,1986,第 1~48 页。

[141] 任孝宰,《韩国西海中部岛屿的栉纹陶器文化》,《考古学》2,1969;任孝宰,《韩国栉纹
陶器的展开》,《末卢国》,1983,第 89 页;任孝宰,《基于放射性碳元素年代的韩国新石
器时代文化编年研究》,《金哲后博士花甲纪念史学论丛》,1983,第 11~38 页;崔盛洛,
《放射性碳素测定年代问题的检讨》,《韩国考古学报》13,1982。

参考文献:

姜仁求,《中国东北地方遗址的研究——辽河流域地区的古文化》,《韩国史学》11,1990,第
  31~92 页。

庆熙大学校博物馆,《欲知岛》,1989。

国立庆州博物馆,《蔚珍厚浦里遗址》,1991。

国立光州博物馆,《突山松岛Ⅰ》,1989。

国立光州博物馆,《突山松岛Ⅱ》,1990。

国立晋州博物馆、统营郡,《欲知岛》,1989。

金秉模、沈光注,《安眠岛古南里贝塚——1 次发掘调查报告书》,汉阳大学校博物馆,1990。

金秉模、安德任,《安眠岛古南里贝塚——2 次发掘调查报告书》,汉阳大学校博物馆,1991。

金壮锡,《鳌山里陶器研究——相对编年以及其与其他地区间的关系》,首尔大学文学硕士学
  位论文,1991 年 8 月。

金壮锡、林尚泽、安承模,《朝鲜半岛新石器纹饰名称一览表》,《韩国考古学报》26,1991,第
  141~172 页。

金炳虎,《岩寺洞先史居址保存处理》,《文化财》21,1988,第 262~284 页。

东亚大学校博物馆,《陕川凤溪里遗址》,1989。

朴九秉,《上老大岛山登贝塚发掘调查》,《岭南考古学》5,1988。

白燦圭,《岩寺洞先史遗迹复原整理工事》,《文化财》21,1988,第 240~261 页。

边思盛(音译,下同),《韩国新石器时代土器材料的变迁》,《朝鲜考古研究》3,1988,第 7~
  10 页。

边思盛、高荣男,《关于马山里遗址中新石器时代居址》,《朝鲜考古研究》4,1989,第 15~
  20 页。

徐国泰,《关于江原道地区新石器时代的遗迹》,《朝鲜考古研究》4,1988,第 5~24 页。

徐国泰,《西伯利亚地区新石器时代文化特征》,《朝鲜考古研究》4,1989,第 8~14 页。

徐国泰,《通过土器看韩国新石器时代的文化类型》,《朝鲜考古研究》3,1990,第 2~6 页。

徐五善、赵现钟,《新岩里》1,国立中央博物馆,1988。

宋银淑,《对韩国南海岸地域新石器文化的考察》,首尔大学文学硕士学位论文,1991。

申淑静,《朝鲜考古学界对新石器文化的研究动向》,《博物馆纪要》6,1990,第 49~76 页。

申淑静,《韩国新石器时代的自然环境——以南海岸地方为中心》,《韩国上古史学报》10,

1992,第 17~82 页。

申钟焕,《蔚州新岩里遗址》,《岭南考古学》6,1989,第 127~171 页。

安承模,《新石器时代》,《韩国考古学报》21,1988,第 35~62 页。

安春培,《居昌壬佛里先史居住址调查概报(1)》,《岭南考古学》6,1989,第 73~125 页。

李起吉,《根据纹饰制作方式来研究新石器土器——以东三洞遗迹为中心》,《东方学志》64,
　　1989,第 51~74 页。

李起吉,《关于出土于东三洞遗址中的新石器时代隆起纹土器的研究(1)——以盛水器制作
　　为中心》,《古文化》34,1989,第 3~32 页。

李起吉、黄成玉,《岩寺洞遗址新石器时代尖底带纹饰陶器研究》,《孙宝基博士停年纪念考古
　　人类学论丛》,知识产业社,1988,第 275~340 页。

李盛周,《新石器时代》,《国史馆论丛》16,1990,第 1~66 页。

李隆助、申淑静,《中原地区栉纹土器考察》,《孙宝基博士停年纪念考古人类学论丛》,知识产
　　业社,1988,第 341~388 页。

李清圭,《北村里遗迹——新石器时代岩棚居址》,济州大学校博物馆,1988。

李清圭,《济州岛高山里遗址出土隆起纹土器》,《耽罗文化》9,1989,第 135~154 页。

李亨求,《渤海沿岸栉纹土器文化研究》,《韩国史学》10,1989,第 1~76 页。

任孝宰,《中部东海岸与东北地区新石器文化关联性研究》,《韩国考古学报》26.1991,第 37~
　　68 页。

任孝宰、朴淳发,《乌耳岛贝塚——新浦洞 A、B 贝塚发掘调查报告》,首尔大学校博物
　　馆,1988。

任孝宰、李俊贞,《鳌山里遗址》Ⅲ,首尔大学校博物馆,1988。

资料室,《关于鸭绿江流域、辽东半岛南端早期新石器时代遗址》,《朝鲜考古研究》3,1988,第
　　2~6 页。

张明洙,《蟾津江下流的贝塚文化——以河东牧岛里、钱岛里、光阳岛沙里贝塚为中心》,《古
　　文化》34,1989,第 33~78 页。

张明洙,《对镜湖江流域出土先史遗物新例的小考》,《博物馆纪要》5,1989,第 115~132 页。

张浩秀,《上老大岛遗址的石器》,《孙宝基博士停年纪念考古人类学论丛》,知识产业社,
　　1988,第 205~226 页。

张浩秀,《贝塚遗址的性质——以西海中部岛屿地区的新石器遗迹为中心》,《白山学报》
　　35,1988。

郑澄元,《中国南北地方的隆起纹土器》,《韩国考古学报》26,1991,第 5~36 页。

郑澄元,《南海岸地方初期栉纹土器的检讨》,《岭南考古学》7,1989,第 1~22 页。

郑澄元、郑汉德,《韩国岛屿地方的遗址》,《季刊考古学》38,1990,第 83~85 页。

郑澄元等,《新岩里》Ⅱ,国立中央博物馆,1989。

崔三龙,《上老大岛遗址中动物骨骼化石上的断痕》,《孙宝基博士停年纪念考古人类学论
　　丛》,知识产业社,1988,第 227~274 页。

崔盛洛,《黑山岛地域的先史遗址》,《岛屿文化》6,1988,第43~69页。

崔梦龙、姜炯台,《渼沙里出土土器的科学分析》,《龙岩车文燮教授花甲纪念史学论丛》, 1989,第805~816页。

韩永熙,《庆南统营郡烟谷里贝塚发掘调查概要》,《第32回全国历史学大会发表要旨》, 1989,第333~337页。

韩永熙,《韩半岛新石器时代的地域性》,《季刊考古学》38,1992,第30~34页。

韩永熙、任鹤种,《烟台岛贝塚断崖部Ⅱ》,《韩国考古学报》26,1991,第69~140页。

迁棱三,《东アシアの坚果实——日韩先史时代におろドンゲリ食の共通性》,《朝鲜学报》 132,1989,第145~190页。

小原哲,《朝鲜栉纹土器の变迁》,《东シベリアの考古と历史》上,1987,第348~349页。

广濑雄一,《韩国岭南地方栉目纹土器早期土器の演变》,《考古学の世界》,1989。

广濑雄一,《韩国南部地方栉目纹后期の演变》,《九州考古学》63,1989。

广濑雄一,《韩国栉纹陶器の编年》,《季刊考古学》38,1992,第71~74页。

岛津义昭,《日韩の文物交流》,《季刊考古学》38,1992,第54~58页。

金子浩昌,《朝鲜半岛の动物遗存体》,《季刊考古学》38,1992,第79~82页。

第三章　汉江流域的青铜—初期铁器文化

第一节　朝鲜半岛青铜器文化的演变
——以青铜器的分期与陶器文化为中心

学术界将青铜器时代作为与之前的新石器时代不同的概念来把握,现在来看,我们可以将青铜器时代社会面貌发生的变化概括为如下几方面:

第一,陶器面貌:出现与新石器时代的栉纹陶器不同的素面陶器;

第二,石器面貌:石斧、石镞等磨制石器普遍使用;

第三,生业形态:可以通过半月形石刀等农耕工具确认农耕的普遍化;

第四,出现支石墓、石棺墓等新的墓制(形制+葬制);

第五,铜剑、铜斧等青铜器的制作、使用。

但是,上述文化内容在不同地区会存在一些差异,有些地区出现了上述全部要素,也有一些地区只出现了部分要素。其中,最重要的是各地的陶器特点以及在青铜器制作、使用方面的差异。各地陶器面貌或特征存在差异,主要缘于青铜器时代的素面陶器受当地更早的栉纹陶器传统的影响。因此,有关朝鲜半岛青铜器时代各地陶器面貌的研究较早就成为重要的研究课题[1]。

根据素面陶器的地域特色,可以将朝鲜半岛青铜器时代陶器群区分为以红色、褐色磨研陶器①为代表的图们江流域陶器群,以角形陶器为代表的大同江流域及黄海道地区陶器群,以花盆形素面陶器为代表的汉江流域及其以南地区陶器群,如果还包括中国辽宁地区及鸭绿江流域的话,那还应有美松里形陶器文化。

不知各地区素面陶器之间的差异是否会导致地区间文化性质的不同,但素

---

① 中国学术界或称其为"磨光红陶"。

面陶器与之前新石器时代的栉纹陶器相比,各地之间素面陶器的共性要大于同一地区内素面陶器与栉纹陶器的共性。如下文所述,素面陶器文化在朝鲜半岛全境的普及应是受到新的青铜器文化的影响,在此不再赘述。

　　尽管如此,有关朝鲜半岛①青铜器时代的分期还是存在困难的,主要原因是青铜器的出现、制作、使用等在各地区并不是同时的[2]。即在朝鲜半岛内②,随着地区的不同,青铜器的出现、制作、使用等,在不同的地区存在时间的差异,如后文所述,包括中国辽宁地区在内的鸭绿江流域至迟在公元前 10 世纪左右已经出现了青铜器,这比汉江流域在公元前 300 年左右才出现青铜器的制作和使用要早很多。所以,如果讨论朝鲜半岛青铜器时代的话,首先要明确研究区域的范围,因为“朝鲜半岛”与“朝鲜半岛内”所指范围的不同,将直接关系青铜器时代开始与结束年代的不同。

　　本文将试图统一朝鲜半岛青铜器时代的概念,其中一个办法就是依据以朝鲜半岛青铜器文化中最具代表性的琵琶形铜剑与细形铜剑的出现、制作和使用来进行分期,而且研究的地域范围还包括出现了与朝鲜半岛青铜器文化要素全部相同的中国辽宁地区。

　　朝鲜半岛的青铜器时代将根据以下的陶器文化特征分区进行讨论,但我们先提出朝鲜半岛青铜器时代总的分期:

　　Ⅰ　先铜剑期;

　　Ⅱ　琵琶形铜剑期;

　　Ⅲ　细形铜剑期。

　　这个分期方案是以作为重要物质文化要素的所谓朝鲜半岛青铜器文化最具代表性的文化特征——琵琶形铜剑与细形铜剑为基准的,尽管陶器的形制还存在细微的差异,但朝鲜半岛青铜器文化作为一个整体,从发展阶段的视角下系统考察各地域的文化内涵还是比较可行的。参考最近的发掘成果,我们发现包括中国辽宁地区、吉林长春地区以及整个朝鲜半岛全域都出现有青铜短剑[3],由此来看,以青铜短剑为标准对整个朝鲜半岛青铜器文化进行分期是比较合理的。

一、辽东地区及鸭绿江流域

（一）先铜剑期

包括中国辽东半岛在内,朝鲜半岛鸭绿江流域是研究朝鲜半岛青铜器文化

---

　　①　韩国考古学界所谓的“朝鲜半岛”是指包括部分属于中国境内的大同江、鸭绿江流域以南的地区。

　　②　即目前行政区域上的朝鲜与韩国。

起源非常重要的地区。考虑到辽东半岛南端的旅大地区(现大连地区)在内各地的考古发掘成果,可以将这个地区理解为广义的朝鲜半岛内最初出现青铜器的地区[4]。

在旅大地区,具有青铜器文化和新石器文化堆积并且相互间有叠压或打破关系的遗址有于家村遗址[5]与双坨子遗址[6]等。在于家村遗址,可以区分为新石器时代晚期的于家村下层类型与青铜器文化初期的于家村上层类型,二者在层位上存在先后关系。于家村下层类型,以具有山东龙山文化特征的黑皮陶器与红、白、黄三色的几何纹彩绘陶,以及黑褐色沙质陶器为主,器表多为素面磨光。陶器组合为壶、深腹钵形罐、豆形陶器和碗等,不见龙山文化常见的三足器。石器有扁平长方形斜刃石斧、石枪、长方形石刀、环状石斧、三角形石镞等,还有骨器。根据碳十四测年,于家村下层类型的年代为距今 4085±100 年、距今 3685±85 年、距今 3710±100 年、距今 3860±100 年、距今 4025±95 年[7],大体在公元前2000~前1700年。这个绝对年代与山东龙山文化晚期以及其后二里头期的早期商文化并行[8]。

于家村上层类型作为于家村下层类型的继承,是旅大地区最早的青铜器文化,出土陶器中不见于家村下层类型流行的彩绘陶,主要呈现素面陶器增多的文化面貌。石器主要有扁平的长方形斜刃石斧、半月形双孔石刀、石枪、环状石斧、剖面呈菱形的三角形石镞等(图 3.1－3),此外还有骨器。青铜器在于家村砣头积石墓中出现,主要有铜泡、铜镞、钓钩等[9](图 3.2)。根据碳十四测年材料,于家村上层类型的年代为距今 3230±90 年、距今 3135±90 年[10],大体相当于公元前 1200~前 1100 年。这个绝对年代相当于中原地区的商末至西周初(公元前 1100 年前后)[11]。

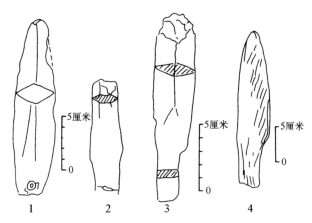

图 3.1　辽东半岛、鸭绿江流域及图们江流域的石枪(先铜剑期)

1. 将军山积石墓　2. 双砣子一期　3. 于家村砣头积石墓　4. 会宁彰孝里

双坨子遗址位于大连市后牧城驿村,为低矮丘陵地形。经过发掘,可以确认有三期相互叠压的文化层。与于家村遗址一样,双坨子遗址在辽东半岛新石器时代晚期至青铜器时代编年中也处于非常重要的位置[12]。双坨子一期文化与之前所述的于家村下层类型同为新石器时代晚期的文化,双坨子遗址也出土了彩绘陶。双坨子三期文化和于家村上层类型的文化内涵相同。但是,双坨子二期文化在于家村遗址中没有确认,应介于于家村下层类型与于家村上层类型之间。此外,相当于这个时期的遗址还有辽东半岛南端的旅顺老铁山西北边的将军山积石墓[13]。将军山积石墓比上述的于家村砣

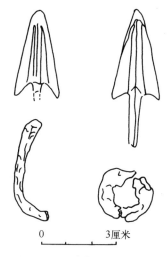

图 3.2 于家村砣头积石墓出土各种铜器

头积石墓时间稍早一点,砣头积石墓为于家村上层类型墓葬[14]。

目前从于家村遗址与双坨子遗址的层位关系和文化内涵来看,辽东半岛最早出土青铜器的文化遗存是于家村上层类型,与此同时期的还有双坨子三期文化。双坨子三期文化与于家村上层类型大体相当于中原地区的晚商至周初,可将其定为辽东半岛最早的青铜器文化,出土的青铜器有铜泡、铜镞、铜钓钩等。由于在于家村上层类型中还没有出现琵琶形铜剑,所以,这个阶段相当于前文所界定的朝鲜半岛青铜器文化发展阶段中的"先铜剑期"。

关于朝鲜半岛内是否存在和于家村上层文化同样内涵的先铜剑期青铜器文化,我们首先考察鸭绿江流域,其他地区后文再述。

在鸭绿江流域,属于先铜剑期的遗址有平安北道龙川郡新岩里遗址[15]。新岩里遗址共有三个地点,即青灯末来①、共同墓地与沙山地点。这三个地点的层位与包含物略有区别,大体上可以分为三个时期。新岩里遗址的第一个文化层见于青灯末来地点,其主要特征为施有阴刻雷文等几何纹、颈部有附加堆纹的长颈壶及素面碗类器等构成独特的陶器组合与磨制扁平石斧、环状石斧、长方形半月刀等石器组合。这种文化内涵已经受到了青铜器文化的影响,发掘报告者将这个文化层称为"青灯末来类型"。这个类型与前述的辽东半岛于家村下层类型的文化内涵相同,只是不见于家村下层类型的彩绘陶。但是青灯末来类型中的各种几何纹图案与于家村下层类型的彩绘陶纹饰非常相似,因此我们可以断

---

① 此为音译,也有意译作"青岗"。

定它们之间存在密切联系。所以,新岩里遗址的青灯末来类型相当于辽东地区的于家村下层类型。

　　新岩里遗址的第二个文化层见于沙山地点,属于美松里型陶器的文化。典型美松里陶器的特点是外形似截断葫芦瓢两端的形态,整体呈有领部的壶形陶器,陶器两侧还贴附有带状把手,器表还有阴刻的平行线纹带。除这种典型的陶壶之外,美松里型陶器还有二重口沿①的深腹钵形陶器。这类美松里型陶器首次发现的遗址是美松里洞窟遗址,在该遗址,这种陶器与扇形铜斧共出。在中国辽东地区以及吉林地区,发现了很多这种美松里型陶器,这类陶器全部与琵琶形铜剑共出,所以说,美松里型陶器相当于是琵琶形铜剑期的陶器文化。

　　新岩里遗址一共进行过三次发掘,在1964年、1965年的发掘中,发现了第一个文化层(即青灯末来类型)和第二个文化层(美松里类型)。但是,1966年在第三地点(即共同墓地)进行发掘时,第一次发现了与已知陶器类型不同的其他陶器和青铜刀子、铜泡等共生的文化内容(图3.3),报告认为第三地点的文化层属于该遗址的第二期文化堆积,称之为第三地点第二期文化层。

图3.3　新岩里遗址第三地点第二文化层出土青铜器

1、2. 铜泡(正反)　3. 铜刀

　　第三地点第二期文化层出土的陶器由长颈素面罐与圈足碗等构成,在这些陶器上有很多纽扣状的附加纹饰与鸡冠形附加堆纹。这些陶器在前述的双坨子遗址第三期文化的陶器中可以找到[16],所以相当于于家村上层类型。因此,辽东地区的于家村上层类型与朝鲜半岛的新岩里遗址第三地点第二期文化层同属于最早出现的青铜器文化,新岩里遗址第二文化层出土的青铜刀子与铜泡成为该遗址为青铜器时代遗址的确凿证据,而新岩里遗址的第一个文化层青灯末

――――――――――――

①　中国学术界多称其为叠唇。

来类型陶器相当于于家村下层类型。所以,尽管新岩里第三地点第二期文化层与新岩里遗址其他遗存没有层位上的叠压关系,但通过和于家村遗址的层位关系对比可知,青灯末来类型早于新岩里遗址第三地点的第二期文化层遗存。现在我们梳理一下它们的先后关系:在新岩里遗址相当于新石器时代晚期,和于家村下层类型相同的青灯末来类型在辽东地区青铜器文化的影响下形成,然后是与其有继承关系的相当于于家村上层类型的最早的青铜器文化新岩里第三地点的第二期文化层,最后是新岩里第二个发现的文化层,即出土美松里型陶器的琵琶形铜剑期文化①。

由此可见,鸭绿江流域最早的青铜器文化源于新石器时代晚期的青灯末来类型,青灯末来类型长期受到于家村下层类型的影响,而于家村下层类型本身又是与山东龙山文化有关联的辽东半岛新石器时代晚期文化。所以,朝鲜半岛最早的青铜器文化,即新岩里遗址第三地点第二期文化层的出现背景与中国的龙山文化不无关系。

新岩里遗址第三地点第二期文化层出土的器物包括大量的素面夹砂红褐陶器,磨制石斧、半月形石刀、环状石斧、三角形石镞(图3.4－3)等。这种以素面陶器为主的文化特点与朝鲜半岛新石器时代的陶器文化特点截然不同,所以,新岩里遗址第三地点第二期文化层的陶器说明朝鲜半岛的青铜器时代文化就是素面陶器文化[17]。尽管现在还有学者认为,素面陶器文化不能代表青铜器时代文化[18]。但是,从新岩里遗址的情况来看,素面陶器文化反映了青铜器时代文化的特点,当然,在更广阔的区域内,可能会存在文化传播与扩散的迟滞现象,因此在新岩里遗址素面陶器可能与青铜器同时出现,但在汉江流域以南或大同江流域等地则未必如此。事实上,在朝鲜半岛的青铜器时代,青铜器的出现、制作、使用等的时间节点在各个地区存在较大的差异。但正是因为这种时间差的出现,青铜器时代的概念应该用相关地区的陶器文化概念来代替,因为稍有不慎,就很容易忽视技术史上的文化变动。如果我们使用陶器文化的概念,就有可能比较准确地把握相关地区陶器文化的时间节点[19]。所以在研究中应当首先从宏观

---

① 鉴于新岩里遗址的重要性与复杂性,特整理下表以供读者参考,本文凡涉及该遗址关系的表述均以此为准。

序号	遗　址	表　　述	辽东—西北朝鲜	阶　段
①	青灯末来	新岩里遗址第一个文化层	于家村下层类型	新石器、青铜器转换期
②	共同墓地	第三地点第二期文化层	于家村上类型	先铜剑期
③	沙山	新岩里遗址第二个文化层	美松里类型	琵琶形铜剑期

的文化变动入手,然后再到相对微观的局部面貌,这样才可能观察并了解到这些信息。

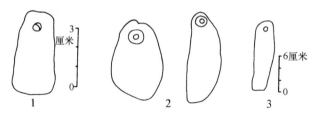

图3.4　辽东半岛、鸭绿江流域及图们江流域的先铜剑期遗物
1. 西浦项11号房址(西浦项10期)　2. 岗上积石墓
3. 新岩里遗址第3地点2文化层

　　辽东地区与鸭绿江流域最早出现的朝鲜半岛青铜器文化是以素面陶器为主的,而与前一阶段的栉纹陶器文化不同。与素面陶器共生的半月形石刀可以说明该文化或与农耕有关,并且其形成的背景应当与山东龙山文化有联系。青铜器主要包括于家村砣头积石墓出土的铜镞、铜泡、铜钓钩、铜环等,以及在新岩里遗址第三地点第二期文化层出土的铜刀、铜泡等。这个时期属于青铜短剑还没有出现的初期青铜器文化阶段,琵琶形铜剑是属于新岩里遗址第二个发现的文化层(即美松里类型),与美松里文化共生的下一时期的文化。所以,可以将于家村上层类型的青铜器文化定为朝鲜半岛青铜器文化中的先铜剑期。先铜剑期的青铜器文化出现时间,如前所述,大体为商末到西周初,即公元前1200~前1100年左右。在朝鲜半岛内,属于先铜剑期的新岩里遗址第三地点第二期文化层的年代大体也与此相当,下限大概不会晚于公元前1000年左右。关于先铜剑期的下限,我们在下一部分"琵琶形铜剑期"的上限中再做讨论。

　　旅大地区相当于新石器时代晚期及青铜器时代的墓葬,已知的为积石墓、支石墓(石棚)、大石盖墓、石棺墓等[20]。积石墓还可以再分成两个类型,第一类型是位于丘陵顶上,墓室用山石垒砌的类型,属于这个类型的有将军山积石墓、老铁山积石墓、四平山积石墓等。从出土的遗物来看,第一类型的积石墓相当于旅大地区新石器时代文化的郭家村上层类型(双坨子遗址第二期文化),其碳十四测年数据为距今4080±70年(公元前2130±70年)[21]。

　　第二类型的积石墓主要位于海岸丘陵上,主要是利用石块砌筑成多椁式积石塚,于家村砣头积石墓就属于这个类型。如前所述,该墓葬随葬有铜泡、铜镞等,是属于早期青铜器时代的墓葬,相当于于家村上层类型,依据其碳十四测年数据,其应属于距今3230±90年、距今3135±90年左右这个时期的墓葬。因此,在积石墓中这种类型的积石墓比第一类型年代稍晚。

　　支石墓在旅大地区被称为"石棚",与在朝鲜半岛内的大同江流域、黄海道地区等集中分布的桌子式支石墓为同一形式。依据最初的调查,支石墓一共在21个地点得到确认,主要分布在辽东半岛的旅大市(现大连市旅顺口区)、金县(现大连市金州区)、新金县(现大连市普兰店区)、复县(现大连市瓦房店市)、庄河(现大连市庄河市)等地[22]。支石墓的上限年代可追溯到新石器时代晚期,但大部分支石墓是旅大地区青铜器时代的墓葬。

　　大石盖墓与朝鲜半岛的盖石式支石墓或沈村型支石墓形制相同,其埋葬主体多为土圹①、积石石椁、石棺等,埋葬主体上方扣盖大盖石的形式。最近在新金县附近一带持续有所发现,大部分为数座或数十座的大石盖墓集中分布,这是其主要特征[23]。这种情况和朝鲜半岛北部的大同江流域、黄海道地区,以及包括汉江流域在内的朝鲜半岛南部地区分布的盖石式支石墓是一样的。在旅大地区,因为大石盖墓中有青铜铸范出土,因此可以推断为青铜器时代的墓葬,其年代比之前所述的支石墓,即石棚(桌子式支石墓)的年代稍晚,或大体相当。

　　石棺墓是利用比较薄的板石立支四壁及铺砌底部,用石块垒砌成箱子形态的所谓的箱式石棺,其出土遗物大体与大石盖墓出土遗物相同。大部分石棺墓中随葬有青铜短剑、铜斧等,属于稍后所述的辽东地区的上马石青铜短剑墓类型,这种石棺墓在中国辽宁省、吉林省以及内蒙古赤峰等地有广泛分布。

　　以上简单考察了旅大地区新石器时代及青铜器时代的墓葬形制,这些墓葬形制与朝鲜半岛地区有非常密切的联系,年代也比朝鲜半岛地区的稍早一些,这些墓葬形制应该与更晚的朝鲜半岛青铜器时代墓葬形制的出现有直接关系。这些墓葬形制出现的时间顺序大体是积石墓→支石墓、大石盖墓→石棺墓。其中积石墓是新石器时代晚期的墓葬形制,支石墓和大石盖墓主要在新石器时代晚期至青铜器时代使用,石棺墓则是琵琶形铜剑时期的一种典型墓葬形制。

（二）琵琶形铜剑期

　　琵琶形铜剑是指剑身形态类似琵琶的一种铜剑,有关这种剑还有考虑到其分布地区的"满洲式铜剑"、"辽宁式铜剑"、"东北系铜剑"等命名以及考虑其形态特征的"曲刃短茎式铜剑"、"曲刃丁字形铜柄式铜剑"等命名,本文称其为"琵琶形铜剑"。

　　根据最近中国东北地区的考古发现与研究成果可知,琵琶形铜剑的分布范

---

　　①　在韩国学术界"土圹"与"土坑"是两个不同含义的概念,前者多可能存在葬具,后者则一般不存在葬具。

围西到大小凌河流域,西北到老哈河、西拉木伦河流域,北到吉林、长春地区,东边几乎分布到整个朝鲜半岛[44]。

对琵琶形铜剑的地域分布、出现和使用年代等的系统研究始于 1968 年、1969 年秋山进午的《中国东北地方の初期金属器文化の样相》一文,一直到最近都有很多的相关研究[55],通过这些研究,我们可以大体把握其发展脉络。

迄今为止,有关琵琶形铜剑的研究结果基本上可以分为两大类意见:一种意见认为这种铜剑的中心分布地是辽东地区,所以,琵琶形铜剑文化是濊貊族的文化[26];另一种意见认为这种铜剑的中心分布区及起源地是辽西地区,所以这种文化应该是东胡族的文化[27]。但如果考虑最近朝鲜半岛内琵琶形铜剑出土数量的增加以及中国辽东地区考古学成果的话,相对合理的解释应当是琵琶形铜剑起源于辽东地区,而辽西地区的铜剑则是由辽东向辽西传播的结果,并且琵琶形铜剑在各地的年代学研究结果也支持这一假说。依据翟德芳最近对中国北方地区不同形态的青铜剑分布地区的整合研究[28],以这些铜剑分布的中心地为标准,可将其大致可以分为三群,以柄端有兽首的曲柄剑为中心的鄂尔多斯铜剑群(西群)、琵琶形铜剑群(东群)以及介于两群之间的曲刃或直刃剑身,剑身与剑柄合铸的銎首柄或兽形柄铜剑群(中群)。这几群短剑的出现年代分别是西群的鄂尔多斯剑最早,大约是公约前 12 世纪的商末,东群的琵琶形剑出现年代至迟不晚于公元前 9 世纪(西周中晚期),大体可以追溯到公元前 10 世纪左右,中群的曲刃或者直刃銎首柄及兽首柄应该是东、西群短剑接触后产生的。

此外,前文提到过的琵琶形铜剑的出现年代,也与在辽东地区出土琵琶形铜剑的遗址中对共存遗物的分类组合以及琵琶形铜剑型式研究的结果一致。朴镇煜以铜剑的通长、刃部突起形态以及突起部①在整个剑身的相对位置等属性及其相互组合为标准,首先将通长不足 30 厘米,突起部离剑锋较近且突起明显的琵琶形铜剑划分为第一类;将通长在 30~35 厘米,突起部大致位于剑身中间且突起明显的铜剑划分为第二类;将通长在 35 厘米以上,锋部较长,突起部不甚明显的铜剑划分为第三类。另外还要兼顾各类琵琶形铜剑剑身与剑柄的组合关系,第一类铜剑的剑身不与铜质剑柄共出,第三类铜剑大部分与铜质剑柄一起出土,并以此推定铜剑的先后关系[29]。即,没有与铜质剑柄共生的第一类琵琶形铜剑其剑柄还是主要使用木质的,所以它比与铜质剑柄共生的第三类铜剑出现时间要早一些。依据这种琵琶形铜剑的型式分类方案,推测各类琵琶形铜剑出现的顺序是第一类铜剑→第二类铜剑→第三类铜剑。

---

① 中国学者称其为"尖突"。

　　通过出土琵琶形铜剑的遗址中与铜剑共生的器物,可以大体推断各类铜剑的年代。在发现属于最早形态的第一类琵琶形铜剑的辽宁省新金县(现普兰店区)双房石棺墓中,与铜剑共生的是比典型美松里型陶壶在形态上更早的陶器。与此类似的陶壶在前述的于家村砣头积石墓中已经出土,考虑到砣头积石墓属于于家村上层类型,其绝对年代大体是公元前 12 世纪左右,而到双房时期则已出现了琵琶形铜剑。但是,尽管砣头积石墓中出土的陶壶基本形态与美松里型陶器一样,但还是存在细微的差异,没有美松里型陶器中所见的带状把手,砣头积石墓中目前还未见琵琶形铜剑,因此,双房石棺墓中出土琵琶形铜剑的年代应略晚于公元前 12 世纪左右的砣头积石墓的年代。

　　另一方面,在双房石棺墓中出土的美松里型陶器在长海县大长山岛的上马石遗址上层中比较多见,辽东地区已经发现了不少与上马石上层具有同样文化特点的遗址,这些遗址被称为上马石上层类型[30]。

　　上马石上层类型的陶器由深腹钵形陶器、壶和豆等构成。陶壶是上文提及的有带状把手的美松里形陶壶。深腹钵形陶器的特征是二重口沿,口沿处有附加堆纹,上面施有压印纹或凹点纹,在这类深腹钵形陶器上,流行带状把手。陶豆上部是豆盘,下部是喇叭形圈足,有的豆盘有鸡冠形器耳。

　　上马石上层类型的陶器主要分布在辽东地区,还见于鸭绿江流域的新岩里遗址第二个文化层[31],因此,可将其归入美松里型陶器文化。由于上马石上层类型的陶器与美松里类型的陶器相同,所以,这个时期的鸭绿江流域遗存应当与上马石上层类型同时。

　　上马石上层类型的碳十四测年结果为距今 3710±150 年、距今 3130±100 年,大体应该是公元前 1200~前 1100 年前后,可以看作比于家村上层类型稍晚的青铜器文化[32]。

　　综上,辽东地区最古形式的琵琶形铜剑首先出现在双房石棺墓中,它与美松里型陶器共生。在辽东地区,美松里型陶器在属于上马石上层类型的众多遗址中发现,由此可知琵琶形铜剑是在辽东地区上马石上层类型阶段出现的。还可以进一步确认,上马石上层类型代表了辽东地区最早的琵琶形铜剑文化,这一点从它共出的美松里型陶器也见于先铜剑期的于家村上层的墓葬(即于家村砣头积石墓)可以得到进一步证实。通过碳十四测年结果可知,上马石上层类型的年代大体可以推定为公元前 1100 年左右,这可能也是琵琶形铜剑出现的时期。

　　包括琵琶形铜剑在内的美松里型陶器文化不仅分布于辽东地区,并且还在吉林、长春地区,鸭绿江流域的新岩里遗址、美松里遗址等地得到确认,而琵琶形铜剑更是几乎分布于朝鲜半岛全域,因此,琵琶形铜剑是朝鲜半岛青铜器文化的一种典型器物。所以,我们将直接或间接受到这种琵琶形铜剑文化影响的时期命名为琵琶形铜剑期。

接下来,我们简单考察一下第二类、第三类琵琶形铜剑的出现时间,了解一下琵琶形铜剑期的分期问题。

在第二类琵琶形铜剑中,其年代比较明确的是内蒙古宁城县南山根 101 号石棺墓中出土的铜剑。在南山根墓葬中,这类琵琶形铜剑与推测为中原地区西周后期至春秋时期的铜器共出,其中的铜戈与河南省三门峡上村岭遗址出土的"虢太子元徒戈"等纪年铭戈的形态一致,因此可看作是绝对年代为公元前 9 世纪初到公元前 8 世纪中叶前后的墓葬[33]。与此相同的年代推定还有以与南山根墓葬同属于夏家店上层文化的内蒙古林西县大井古铜矿遗址出土的木炭为检测标本的碳十四测年数据,分别为距今 2780±100 年、距今 2700±100 年(公元前 830~前 750 年)[34],我们认为这种推断是可信的。所以,第二类中期型琵琶形铜剑的年代为公元前 9 世纪中叶~前 7 世纪左右,而第一类的初期型琵琶型铜剑的年代大体为公元前 10 世纪~前 9 世纪中叶前后。

第三类后期型琵琶形铜剑是由第二类中期型铜剑发展来的,考虑到第二类铜剑的年代,第三类剑的上限年代大体为 7 世纪左右,而对于它的下限我们可以通过旅顺楼上墓葬出土的铜剑进行分析。

楼上墓葬中出土的铜剑几乎没有突起部,剑身基本平直,应该是后期型琵琶形铜剑中最晚的一种形式,与尹家村 M12 出土的初期型细形铜剑在形态上非常接近。所以,楼上出土的琵琶形铜剑无疑是属于向细形铜剑变化之前的阶段,这把第三类后期型最晚阶段铜剑的下限年代应当不晚于尹家村 M12 的建造年代。

从尹家村遗址的层位关系来看,尹家村 M12 属于下层第二期,叠压在这一层上面的是出土灰色绳纹陶器的早期铁器时代的地层,而它所叠压的是与楼上墓葬同时的下层[35]。出土灰色绳纹陶器地层的包含物还见于平安北道宁边郡细竹里遗址最上层,在该地层中出土有相当于公元前 3 世纪~前 2 世纪的明刀钱,因此,尹家村下层第二期的年代可能在公元前 4 世纪左右。即,出土细形铜剑的属于下层第二期的尹家村 12 号墓葬的建造年代大约为公元前 4 世纪前后,所以,相当于下层第一期的楼上墓地的年代应该比其略早一些,大约可以早到公元前 5 世纪左右。

综上所述,后期型第三类琵琶形铜剑的上限年代为公元前 7 世纪左右,下限年代为公元前 5 世纪左右。

上述以各类琵琶形铜剑的出现年代为根据,将辽东地区琵琶形铜剑期作了更为细致的分期,第一期为使用第一类初期型琵琶形铜剑的时期,第二期为使用第二类中期型琵琶形铜剑的时期,第三期为使用第三类后期型琵琶形铜剑的时期。具体分期年代详见下表。

表 3.1　辽东地区琵琶形铜剑期的详细分期

分　　期	铜　剑　型　式	绝　对　年　代
第一期	初期型	公元前 12 世纪~前 10 世纪
第二期	中期型	公元前 9 世纪~前 7 世纪
第三期	后期型	公元前 7 世纪~前 5 世纪

最后,简单考察一下琵琶形铜剑期各期的发展脉络,从而了解包括图们江、鸭绿江流域的广大地区,尤其是其以南地区青铜器时代的演变。

依据有关中国东北地区的琵琶形铜剑文化最新的研究结果[36],琵琶形铜剑大约在公元前 11 世纪左右最早在辽东地区出现,在公元前 9~前 7 世纪的第二期传播到辽西地区以及朝鲜半岛。出土较多中期型琵琶形铜剑的辽宁朝阳十二台营子遗址及南山根遗址是这个观点的有力证据;关于第二期铜剑向朝鲜半岛的传播,可以在最近朝鲜半岛出土的大量琵琶形铜剑中得到确认,这些琵琶形铜剑的形态都属于中期型或后期型(图 3.5~3.7)。在朝鲜半岛内确认的琵琶形铜剑第二期相关的遗物除琵琶形铜剑外,还有琵琶形铜矛、扇形铜斧以及青铜铸范等,这些遗物大体都是石棺墓、支石墓中出土的随葬品(请参考表)。

相当于琵琶形铜剑期第二期及第三期的陶器分别是美松里型陶器与墨房里型陶器,因此,可以将墨房里型陶器理解为美松里型陶器的演变形态。美松里型陶器与墨房里型陶器的先后关系在细竹里遗址中可以确认。细竹里遗址的层位关系是最下层的美松里型陶器被出土墨房里型陶器的地层所叠压,而出土墨房里型陶器的地层上面叠压着含有灰色绳席纹陶器片与铁器的地层。出土灰色绳纹陶器的层位与出土墨房里型陶器的层位之间没有其他层位,但这之间存在一个贴附有牛角形把手陶器的时期[37]。细竹里遗址与辽东地区琵琶形铜剑分期的相关层位关系整理如下:

绳席纹陶器、铁器出土层——初期铁器时代;

牛角形把手陶器片层——细形铜剑时期;

墨房里型陶器出土层——琵琶形铜剑第三期;

美松里型陶器出土层——琵琶形铜剑第二期。

向朝鲜半岛传播的琵琶形铜剑,共出美松里型陶器的有细竹里遗址以及新岩里遗址(第二个文化层),而在大同江流域以南的大部分地区里,并不出土美

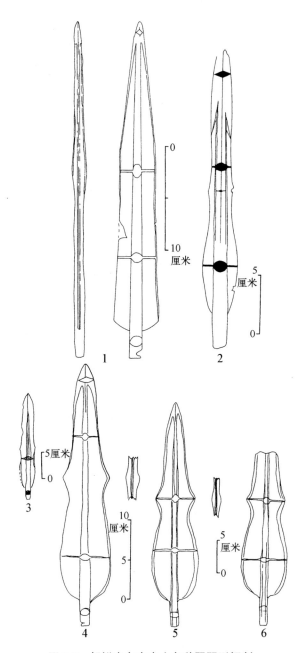

图 3.5 朝鲜半岛内出土各种琵琶形铜剑

1. 庆南义昌镇东里石棺墓   2. 平南价川龙兴里
3. 平壤附近   4. 扶余松菊里石棺墓   5. 清道   6. 清道

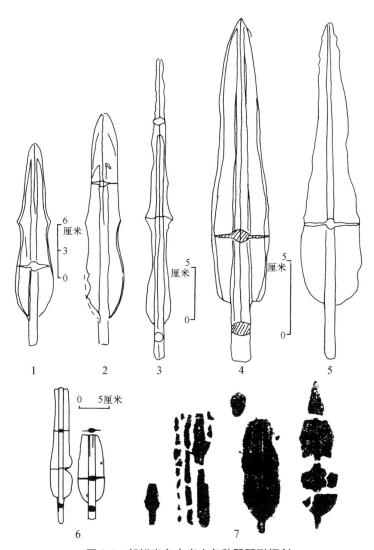

图 3.6　朝鲜半岛内出土各种琵琶形铜剑

1. 黄海道延安郡金谷洞遗址　2. 平壤市西浦洞遗址　3. 开城市海坪里遗址
4. 黄海道新坪郡仙岩里石棺墓　5. 黄海道白川郡大雅里石棺墓
6. 传春川　7. 全南丽水市积良洞支石墓

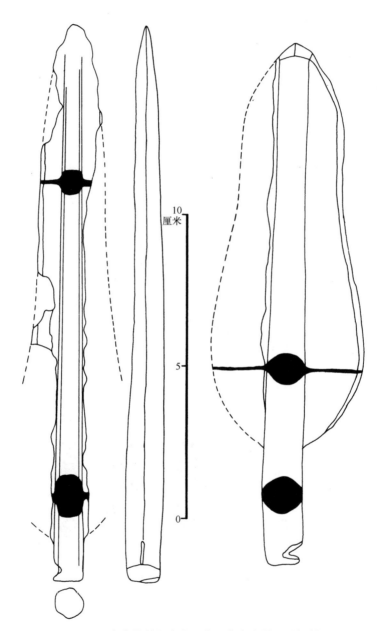

图 3.7　全南昇州郡牛山里支石墓出土琵琶形铜剑

松里型陶器,仅发现有琵琶形铜剑、琵琶形铜矛以及扇形铜斧等铜器。我们分别把前者共生美松里型陶器的遗址的分布地区称作"琵琶形铜剑文化圈";而后者仅出土铜器的遗址分布圈称作"琵琶形铜剑文化影响圈"。这样的话,朝鲜半岛内大致可以分为与辽东地区邻近的清川江以北地区的"琵琶形铜剑文化圈"与大同江流域以南的"琵琶形铜剑文化影响圈",关于琵琶形铜剑文化影响圈我们稍后详述。

　　以上我们简略考察了辽东地区与鸭绿江流域的琵琶形铜剑期的文化内容,由此可知,上马石上层类型继承先铜剑期文化的于家村上层类型,辽东地区的琵琶形铜剑文化就发祥于上马石上层类型时期,并在琵琶形铜剑文化期第二期前后,传播到辽西地区与朝鲜半岛地区内。

　　(三) 细形铜剑期

　　细形铜剑与前述的琵琶形铜剑都是朝鲜半岛青铜器时代最具特点的铜剑之一。以往认为细形铜剑仅分布在朝鲜半岛,但从最近辽东地区及吉林、长春等地区的发掘成果来看,也分布在上文讨论过的琵琶形铜剑文化圈中辽河以东的地区[38]。考虑到现在发现的细形铜剑的分布范围,有必要在辽东半岛地区也划分出一个细形铜剑期。下面将简要考察一下细形铜剑期的文化内涵,从而揭示这一时期辽东地区与朝鲜半岛的文化交往。

　　辽东地区及吉林、长春一带发现的细形铜剑都出土于墓葬,这些墓葬的形式主要为石棺墓、石椁墓、土坑墓等,其中数量最多的是土坑墓,这与前一阶段琵琶形铜剑主要分布在石棺墓、支石墓等墓葬中稍有差异,我们认为这反映了时间上的差异。

　　辽东地区及吉林、长春地区出土的细形铜剑中,年代最早的应该是尹家村12号石椁墓中出土的铜剑。这种铜剑的形态与目前朝鲜半岛内出土的铜剑的不同之处是刀部两侧没有抉入部①,与上一阶段的琵琶形铜剑在形态上具有明显的差异,主要表现在剑刃没有突起部,基部②圆肥的形态也基本消失等。尹家村12号石椁墓出土铜剑的形制特点是具有由琵琶形铜剑向细形铜剑演变过程中初期阶段的形态。这种初期细形铜剑除尹家村遗址外,还在辽阳二道河子遗址1、3号土圹墓[39],黄海道载宁郡孤山里土圹墓[40]等遗址得到确认。另一方

---

① 中国学者称其为"节间束腰"。
② 指剑身下端。

面,在辽东地区的初期细形铜剑中,还发现刃部下方形成"段"①的铜剑,出土这种形态的初期型细形铜剑遗址还有吉林怀德县(今公主岭市)大青山土圹墓[41],丹东地区大房身遗址[42]等。以初期细形铜剑这种形态上的差异为基准,我们将类似前述的尹家村12号墓出土品称为"孤山里—尹家村型",类似大青山土圹墓出土的铜剑称为"大青山型"[43],也有学者将前者称为曲刃短茎式铜剑B式,将后者称为C式[44]。不管怎么称呼,两种意见都认为这种铜剑是琵琶形铜剑的变体,这一点是相同的。朴镇煜将这些初期阶段的细形铜剑进行了形态与地域的聚合研究,他认为尹家村—孤山里类型都出自辽东地区及吉长(吉林长春)地区,大青山类型只出自吉林地区,这种形态特征可以看作是地域的差异,而同时出土这两种形态的细形铜剑的辽东地区应该是细形铜剑最初的发源地[45]。

通过以上内容,我们认为琵琶形铜剑向细形铜剑的演变发生在辽东地区。但在朝鲜半岛内出土的细形铜剑在形态上存在很大的差别,因为以辽东地区铜剑的形态为基础,传播到以朝鲜半岛后,在以大同江流域为中心的地区进一步发展为典型的细形铜剑。所以我们将辽东、吉长地区的细形铜剑称之为"初期细形铜剑",朝鲜半岛内的细形铜剑称之为"典型细形铜剑"。

接下来我们考察一下有关辽东地区初期细形铜剑出现年代的问题,我们将从尹家村12号石椁墓出土的形态最早的初期细形铜剑入手。尹家村12号墓属于尹家村遗址的下层(第2期),它的年代大约是公元前4世纪前后,所以,辽东地区由琵琶形铜剑向细形铜剑的转变也应该在此前后。这个时期在辽东地区开始出现了初期细形铜剑,之后逐渐向吉林、长春地区以及朝鲜半岛内扩散,各地的铜剑带着自身的地区特点,逐渐演变为固定形态。关于辽东地区细形铜剑的年代下限,还要从尹家村12号墓葬入手。该墓葬所在的第二期地层叠压在尹家村上层文化之下,在这一地层里出土有灰色绳席纹陶片与铁器等。从这组层位关系看,细形铜剑期很明显是尹家村上层的初期铁器文化之前的阶段,所以,该初期铁器文化的出现年代一定是辽东地区细形铜剑的下限年代。有关初期铁器文化的出现年代,我们可以通过具有与尹家村层位内容类似层位关系的细竹里遗址来了解。如前所述,细竹里遗址最下层为栉纹陶器文化层(细竹里Ⅰ层),其上为出土美松里型陶器的青铜器时代文化层(Ⅱ1层)与出土墨房里型陶器的层位(Ⅱ2层),这一层上面为出土绳席纹陶器与铁器的初期铁器时代层(Ⅲ层)。另外,铁器时代层与青铜器时代上层(Ⅱ2层)之间确实没有层位,只存在出土包含贴附牛角形把手的陶器那个阶段的扰乱层。该扰乱层可以看作与辽东

———————

① 中国部分学者称其为"剑身下段突出部"。

地区尹家村下层第二期同时期的细形铜剑期[46]。但是,在出土铁器的最上一层中,一并出土的还有明确为公元前3世纪~前2世纪左右铸造的明刀钱,因此可知出土灰色绳席纹陶器的初期铁器时代文化层的年代。既然初期铁器文化出现的年代大约为公元前3世纪~前2世纪,其下面的细形铜剑期的下限年代当然也在此前后。但是,在辽东地区及清川江以北地区,公元前3世纪初以后发展为所谓的"细竹里—莲花堡类型",该文化是众所周知的战国铁器文化[47],那么辽东地区细形铜剑期的下限就缩小到公元前3世纪初前后。

综上,辽东地区与清川江以北地区细形铜剑的上限年代为公元前4世纪,下限年代为公元前3世纪。但是,在朝鲜半岛大同江以南地区,以细形铜剑为标志的文化在其后仍然存在,甚至其晚期阶段已经进入初期铁器时代的纪年范围。这些内容我们下节详述。

接下来我们简单考察一下辽东地区以及鸭绿江、清川江流域的细形铜剑期文化中的陶器。相当于这个时期的遗址大部分都出土有陶器,如尹家村遗址、沈阳郑家洼子遗址[48]等。这些遗址出土的陶器,以琵琶形铜剑期中所见的二重口沿深腹钵形器与黑色磨研长颈壶①等为典型,除此之外,还见有贴附有类似粗壮树墩形把手的陶器。虽然典型的树墩形把手陶器首次在细形铜剑期出现,但其与二重口沿深腹钵形器、黑色磨研长颈壶这类陶器从琵琶形铜剑期开始已经存在。二重口沿陶器在辽东地区相当于琵琶形铜剑期之前的先铜剑期的于家村上层类型②中已经出现,但深腹形二重口沿陶器则大体在属于琵琶形铜剑期与美松里型陶器一起出土。在美松里遗址,与美松里型陶器共生的二重口沿深腹钵形器可在新岩里遗址第二文化层得到确认;在辽阳二道河子5号③土圹墓、大连牧羊城墓葬中,可以看到二重口沿陶器与细形铜剑共生的情况[49]。黑色磨研长颈壶也与二重口沿深腹钵形器一样,在沈阳郑家洼子遗址,大连尹家村遗址等中可以得到确认,而在郑家洼子遗址第2号土圹墓中,可以看到黑色磨研长颈壶与细形铜剑共生的情况[50]。除此之外,辽东地区细形铜剑期的陶器还有豆形陶器等,不过最典型的陶器还是二重口沿深腹钵形器与黑色磨研长颈壶。正如我们之后的论述一样,这种情况在辽东地区细形铜剑文化向朝鲜半岛内传播时出现,并且从汉江流域的黏土带陶器④与黑色磨研长颈壶的共生关系来看也非常重要。

---

① 中国学者称其为"黑陶长颈壶"。
② 经确认,作者所指的应该是原报告图五-2、5。
③ 因为该文为引用朝鲜作者转注,墓号略有偏差。
④ 中国学者混称其为"叠唇"或"叠沿"。

现在我们将辽东地区及鸭绿江流域的青铜器文化发展演变过程以琵琶形铜剑与细形铜剑等青铜器为标准,分为先铜剑期、琵琶形铜剑期与细形铜剑期,相关内容整理如下表。

表 3.2 辽东地区及鸭绿江流域青铜器文化发展演变表

时　　期		青铜器	陶　　器	墓　葬　形　制	绝对年代
先铜剑期		刀子、铜镞、铜泡	于家村上层类型陶器(新岩里遗址第三地点第二期文化层)	积石墓、支石墓	公元前 1200 ~ 前 1100
琵琶形铜剑期	第一期	初期型琵琶形铜剑	上马石上层类型陶器、美松里型陶器	积石墓、石棺墓、支石墓、大石盖墓	公元前 12 世纪 ~ 前 10 世纪
	第二期	中期型琵琶形铜剑	美松里型陶器	积石墓、石棺墓、支石墓、大石盖墓	公元前 9 世纪 ~ 前 7 世纪
	第三期	后期型琵琶形铜剑	墨房里型陶器	积石墓、石椁墓、土圹墓	公元前 7 世纪 ~ 前 5 世纪
细形铜剑期		初期细形铜剑	二重口沿深腹钵形器、黑色磨研长颈壶	土圹墓、石椁墓	公元前 4 世纪 ~ 前 3 世纪初

二、大同江流域及黄海道地区

(一)先铜剑期

大同江流域及黄海道地区是以陀螺形或反置牛角形等独特陶器形态为主的素面陶器文化中心地区,常被称作角形陶器文化区或陀螺形陶器文化区。该地区的青铜器时代是以这种角形陶器的出现为标志的,后文将详述。开始出现角形陶器的时期内,还没有使用青铜器,所以该地区不具备真正意义上的青铜器时代(即:青铜器的出现、使用或者制作的时代),但素面化角形陶器的出现,很明显是与前述的辽东地区及鸭绿江流域等地的早期青铜器文化有关的,所以,尽管大同江流域及黄海道地区暂时还没发现青铜器,但作为角形陶器的出现背景,我们认为应该存在与青铜器文化的接触。因此,我们将把素面角形陶器开始出现的时期理解为概念上的青铜器时代。

朝鲜半岛青铜器时代的标准正如前文所说的五条。角形陶器文化的内涵包括陶器面貌基本呈现与栉纹陶器不同的素面陶器,石器也是普遍使用石斧、石镞等磨制石器,并且因半月形石刀等农耕工具的存在,应该可以确认存在农耕。虽然目前青铜器的制作与使用在角形陶器阶段还没有得到确认,但其整体文化内涵应该已经进入新石器时代之后青铜器时代的概念。辽东地区及鸭绿江流域的早期青铜文化于家村上层类型是角形陶器文化出现的重要背景,因此,如果从整个朝鲜半岛的视角来看,将角形陶器文化称为青铜器文化阶段还是比较妥当的。

下面我们主要从陶器方面考察角形陶器文化产生的背景。关于角形陶器的出现,金元龙博士提出,新石器时代出现的栉纹陶器的素面化,二重口沿以及平底器等几个新要素,促成了角形陶器的出现,这个观点[51]基本是比较合理的。平壤金滩里遗址[52]的层位关系为上述角形陶器文化形成背景的推论提供了进一步的证明。在这个遗址,属于新石器时代后期的Ⅱ文化层中出土了一些素面化的尖底栉纹陶器的器形,在Ⅱ文化层接下来的文化层(除房址以外的文化层)中,出土了最早时期的角形陶器[53],这个层位关系正好体现了由栉纹陶器向角形陶器的变化过程。那么,从金滩里遗址Ⅱ文化层的栉纹陶器开始出现素面化到角形陶器文化的形成,二重口沿和平底化这些重要的形态特征是外来影响还是本地自身的发展?如果有某种陶器与角形陶器存在地理、文化等方面的天然联系,二者的形态相似,年代又早于角形陶器,那么我们可以从逻辑上判断这种陶器应该是角形陶器文化的源头,如果不存在这样的陶器,那我们只能认为角形陶器是自身演变发展而形成的。

回顾一下辽东半岛及鸭绿江流域的青铜器文化,在于家村下层类型中,与具有素面化器表的磨研陶器共存的是各种施几何纹的陶器,包含半月形石刀等农耕工具,并以农耕为基础。于家村下层类型传播到鸭绿江流域,该地区出现了晚期的新石器时代文化青灯末来类型陶器文化(新岩里遗址第一个文化层)。在于家村下层类型接下来的于家村上层类型中,出现二重口沿陶器[54],在更晚的美松里型陶器阶段这种二重口沿陶器逐渐增多。鸭绿江流域的美松里型陶器时期(新岩里遗址第二个文化层时期)的二重口沿陶器在下文的图们江流域的西浦项遗址Ⅴ层中也可以见到[55]。西浦项遗址Ⅴ层是图们江流域最晚期的新石器时代文化,该文化中不仅出土有二重口沿陶器,还有半月形石刀等,由此可知,这个时期已经是农耕时期了,这些文化特点见于辽东地区的于家村下层类型。二重口沿陶器的存在体现了与于家村上层类型的关系,因此,这个时期是大体上与辽东地区于家村上层类型相似或稍晚的阶段。另一方面,在西浦项遗址Ⅳ层中,可见有与鸭绿江流域青灯末来类型同样的雷纹,附加纽扣模样浮点纹的陶器片[56],因此,应该认真考虑西浦项遗址Ⅳ层与辽东地区于家村下层类型(双坨子遗址第Ⅰ期层）的关系。

由此可以看出，朝鲜半岛的鸭绿江流域及图们江流域一带，在新石器时代晚期或者青铜器时代初期与辽东地区于家村下层类型及其后的于家村上层类型之间有亲缘关系。鸭绿江流域新岩里遗址第一个文化层（青灯末来类型陶器）的形成，具有辽东地区于家村下层类型的影响。图们江流域新石器时代晚期到青铜器时代早期也同样有来自辽东地区的影响。有关这些内容我们将在下一节中继续讨论。

既然鸭绿江流域和图们江流域新石器时代晚期文化及初期青铜器文化的产生与辽东地区新石器时代晚期文化（于家村下层类型）及其后的初期青铜器文化（于家村上层类型）有关，那么大同江流域及黄海道地区新石器时代晚期文化（金滩里遗址Ⅱ文化层）及其后初期青铜器文化（金滩里房址之外的文化层）的产生就很可能也是受到辽东地区于家村下层类型与于家村上层类型的影响。金滩里遗址Ⅱ文化层的陶片中夹杂大量砂粒，与之前的金滩里遗址Ⅰ文化层出土的陶器不同，而且素面陶器增多，出现了短线纹、平底器和红褐色研磨法等很多在金滩里遗址Ⅰ文化层所不见的特点。但是，金滩里遗址Ⅱ文化层的这些新变化却在辽东地区于家村下层类型中很常见，这说明了金滩里遗址Ⅱ文化层与于家村下层类型的联系。因此，金滩里遗址Ⅱ文化层的出现背景应该是于家村下层类型等辽东地区新石器时代晚期文化。另一方面，前文在讨论辽东地区青铜器文化演变时，简单提到于家村下层类型的产生是受到了山东地区龙山文化晚期的影响。这样看来，辽东地区和朝鲜半岛各地与农耕有关的新石器时代晚期文化都与山东龙山文化有直接或间接的联系。

金滩里遗址Ⅱ文化层的下一个时期是早期角形陶器文化。通过上文讨论可知，大同江流域及黄海道地区的角形陶器产生是受到了邻近的辽东地区及鸭绿江流域新石器时代晚期文化的影响，并间接受到了较远的山东龙山文化的影响。但是，早期角形陶器与金滩里遗址Ⅱ文化层陶器最大的差异是角形陶器的二重口沿，它可以在于家村上层类型中找到渊源。这种角形陶器上采用的二重口沿制作技法还见于图们江流域西浦项Ⅴ期层，这说明当时于家村上层类型在朝鲜半岛内有广泛的传播。所以金滩里遗址Ⅱ文化层角形陶器的出现不仅受到于家村下层类型的影响，而且又持续受到之后于家村上层类型中二重口沿技术的影响。

关于早期角形陶器的上限，可以参考于家村上层类型的绝对年代。于家村上层类型绝对年代的测定结果为公元前1200~前1100年前后，所以受于家村上层类型影响而出现的角形陶器的年代当不会早于这个年代。考虑到于家村上层类型中心分布区的辽东地区与大同江流域之间的距离以及传播过程所形成的时间差,角形陶器的上限应当在公元前 1100~前 1000 年前后。这个问题目前仍存在分歧[57],主张年代提前的学者们大体上认为应该是公元前两千纪末前后(黄基德 1966,郑汉德 1966),而认为年代相对滞后的学者则主张为公元前 7 世纪~公元前 6 世纪(后藤直 1971,藤口健二 1982)。这些年代判断都没有参考辽东地区早期青铜器文化于家村上层类型的绝对年代。韩永熙认为角形陶器早期阶段的年代应该是公元前 10 世纪~前 9 世纪。他认为"对平安南道、黄海道地区新石器时代文化造成冲击而形成角形陶器文化的外来文化进行具体研究时,通过对新岩里文化以及作为该文化母体的辽东半岛文化进行比较研究,才会使其更明朗"[58],这个看法是很有见地的。他对于角形陶器文化的来源的见解与本文提出的修改意见基本一致,只是有关具体的绝对年代稍有差异。基于角形器是在于家村上层文化影响下产生的这个前提,它的出现年代可以追溯到公元前 1100~前 1000 年前后。

最后我们考察角形陶器文化圈内属于先铜剑期的遗址中出土的青铜器,再讨论先铜剑期的下限。先铜剑期出土青铜器的例子有金滩里遗址 8 号房址内出土的铜凿(图 3.8)与黄海道凤山郡新兴洞遗址 7 号房址内出土的铜泡。其中新兴洞遗址中出土的铜泡在出土当时还基本留有原来的形态,但由于腐蚀比较严重,在收集过程中无法成形而消失了[59]。其形态应与平安北道江界郡丰龙里石棺墓中出土的直径约 2.5 米铜泡基本相同(图 3.9)。参照韩永熙的分期,新兴洞遗址的房址相当于角形陶器文化的前期。金滩里遗址 8 号房址中出土的铜凿全长约 5.6 厘米,尾部部分缺失[60]。金滩里遗址 8 号房址属于角形陶器文化中期,在该房址中与铜凿共出的还有血沟式①有茎磨制石剑,相当于将在后文讨论的该地区琵琶形铜剑文化期。

0　　3厘米

图 3.8　金滩里遗址 8 号房址出土铜凿　　**图 3.9　江界郡丰龙里遗址石棺墓出土铜泡**

---

①　请参考图 3.10 - 8。

通过以上遗址可以反映出角形陶器文化圈的先铜剑期可以延至角形陶器文化圈的中期。但在角形陶器文化早期,由于目前还没有明确的青铜器出土事例,而且在角形陶器前期以前的大同江流域及黄海道地区还不存在青铜器,所以有人认为这个阶段还不是青铜器时代。但是如前所述,作为角形陶器源头的辽东地区于家村上层类型已经是青铜器文化阶段,所以可以把暂时还没发现青铜器的角形陶器早期阶段看作先铜剑期。角形陶器文化圈的开始就进入先铜剑文化期,其下限年代大约是角形陶器中期前后。所以,先铜剑期的绝对年代以角形陶器出现的时间公元前 1100~前 1000 年开始,到开始出现琵琶形铜剑的公元前 8世纪为止。有关先铜剑期的下限,即琵琶形铜剑期的开始年代我们将在下一节详细讨论。

（二）琵琶形铜剑期

传播到大同江流域及黄海道地区的琵琶形铜剑文化通过最近在该地区出土的琵琶形铜剑得到认定,在平壤附近(后期型)、平壤市西浦洞遗址(中期型)、开城海坪里遗址(中、后期型)、黄海道新坪郡仙岩里遗址(后期型)、黄海道白川郡大雅里遗址(后期型)、黄海道延安郡琴谷洞遗址(中期型)等地都发现了琵琶形铜剑,这些铜剑都是中期型以后的型式。所以在大同江流域及黄海道的角形陶器文化圈内,琵琶形铜剑文化传播的时期相当于辽东地区琵琶形铜剑期第二期以后,绝对年代参照前文讨论的辽东地区年代,大体应该是公元前 9 世纪~前 7世纪前后。

由于目前还没有琵琶形铜剑与角形陶器共生的事例,所以琵琶形铜剑文化期角形陶器文化圈属于角形陶器文化的哪一个阶段还不明确。韩永熙认为,琵琶形铜剑是在角形陶器中期即公元前 6 世纪~前 5 世纪前后传入的。这个时期在角形陶器文化圈的房址是长壁周围及底部中央排列有柱洞的 II 式房址,这种房址见于细竹里遗址,这里的琵琶形铜剑文化有美松里型陶器与二重口沿深腹钵形器共出的例子[61],这种现象支持了韩永熙的观点[62]。但是也有学者认为,在细竹里遗址相当于这个时期的层位中出土的美松里型陶器不是典型的美松里型陶器,而是其下一阶段墨房里型陶器[63]。如前所述,墨房里型陶器属于琵琶形铜剑期的第三期,如果在角形陶器文化区内出土型琵琶形铜剑属于中期的话,说明琵琶形铜剑文化传播到这里的年代较早。另一方面,细竹里遗址的二重口沿陶器的口沿形态与角形陶器类似,但是底部比角形陶器要薄很多,与其说这是受到陀螺形陶器的影响,不如说是与辽东地区琵琶形铜剑文化地区的于家村上层类型阶段出现的二重口沿陶器有关。细竹里遗址二重口沿陶器中有贴附带状把手的陶器,这种二重口沿陶器在鸭绿江流域属于琵琶形铜剑期第一期的新岩里遗址第二个文化层中也有发现[64],成为这种观点的有力支撑。依据以上内容,笔者注意到在角形陶器文化区内,传入的琵琶形铜剑为中期型,其上限年代可以认为是公元前9世纪,但是考虑到在实际传播过程中的时间差,可将其上限定为公元前8世纪。

可以支持韩永熙把琵琶形铜剑文化传入的年代定在角形陶器文化中期的公元前6世纪~前5世纪的另一个旁证是,忠清南道扶余郡松菊里遗址中出土琵琶形铜剑的房址年代也是为公元前6世纪~前5世纪[65]。但是最近有学者认为,松菊里遗址出土的铜剑年代可以上溯到公元前8世纪~前7世纪[66]。这样把琵琶形铜剑文化传入的年代定在公元前6世纪~前5世纪的看法就更不太合理了。

上文我们考察了在角形陶器文化圈中琵琶形铜剑文化的年代,大体为公元前8世纪左右,相当于韩永熙的角形陶器文化分期的中期。这个时期比较引人注目的是带沟槽的磨制石剑的出现。在角形陶器文化区的金滩里遗址8号房址出土了带沟槽式石剑及有茎式带沟槽石剑,在平安南道江南郡猿岩里遗址的房址中发现了血沟式石剑及二段柄血沟式石剑,这些石制武器应该是在琵琶形铜剑影响下仿造的。金廷鹤很早就提出京畿道坡州郡玉石里遗址的房址内出土的二段柄血沟式石剑的母型是琵琶形铜剑[67],金元龙也推测磨制石剑中的有茎式石剑是在琵琶形铜剑向细形铜剑变化时,以铜剑为母型制造的[68]。

但是有一点很明确,朝鲜半岛的磨制石剑不是以细形铜剑为母型制造的,现在看来假如这种石剑是仿造的,那它的母型只有琵琶形铜剑。另一方面,有学者主张无血沟的一段式磨制石剑的母型是鄂尔多斯式铜剑[69],参照最近有关鄂尔多斯青铜器的研究来看[70],与朝鲜半岛内磨制石剑的形态类似的鄂尔多斯式铜剑在内蒙古宁城南山根遗址101号墓中,与中期型琵琶形铜剑共生,它的时期如前所述,应该是相当于公元前9世纪~前7世纪。鄂尔多斯文化的发祥地是内蒙古长城地带,大约在北纬40°附近,它向辽西地区东传的时期大约是南山根101号墓葬的年代即公元前9世纪~前7世纪以后,而且,目前在中国东北地区的青铜器文化研究中,还几乎找不到它继续向辽河以东地区扩散的迹象[71]。所以就目前的研究成果来看,朝鲜半岛出土的磨制石剑的母型为鄂尔多斯铜剑的观点很难令人接受。因此,朝鲜半岛磨制石剑中的一段柄无血沟式磨制石剑的母型不是(琵琶形)铜剑,而应该是其他形态的剑。但是从形态上看,血沟式磨制石剑与铜剑最为接近,而且考虑到目前朝鲜半岛磨制石剑的年代,可以成为其母型的也只有琵琶形铜剑。与此相关,非常引人瞩目现象是朝鲜半岛出土的血沟式磨制石剑的分布区域(表3.3~3.4)与琵琶形铜剑的分布区域(表3.5)几乎一致,这种分布区域的一致性并不单纯是个偶然现象(图3.10~3.11)。

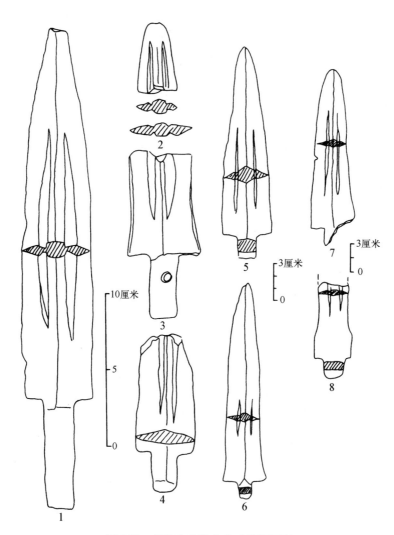

图3.10　各种有血沟有茎式磨制石剑

1. 全南昇州郡牛山里　2. 殷栗云山里支石墓　3. 美林里　4. 土城里
5. 北仓大坪里石棺墓(4号)　6. 北仓大坪里石棺墓(8号)
7. 金滩里包含层　8. 金滩里8号房址

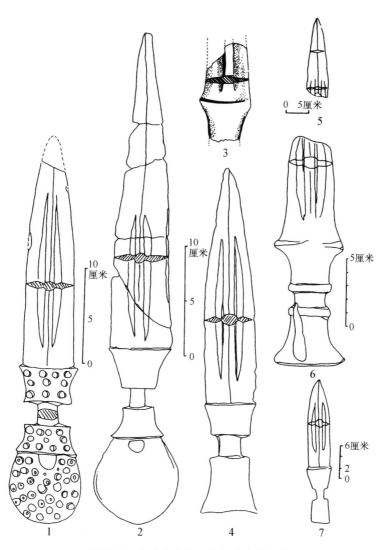

图3.11　各种有血沟二段柄式磨制石剑

1. 义昌平城里石棺墓　2. 蔚州石棺墓出土东部里　3. 高德里
4. 月城神堂里　5. 骊州欣岩里(12号房址)
6. 坡州玉石里房址　7. 御水区石棺墓

表 3.3　血沟式磨制石剑出土地一览表

序号	遗 址 名 称	遗址性质	长度	形 态	参考文献
1	黄海道智塔里遗址	文化层	9.2	锋部残片	1
2	黄海道松新洞	房址	4.0	基部残片	2
3	平安南道北仓郡大坪里 4 号石棺墓	石棺墓	23	完整	3
4	平安南道北仓郡大坪里 8 号石棺墓	石棺墓	20	完整	4
5	平壤美林里休岩	房址	5.5	残片	4
6	平安南道中和郡江老里	房址	9.3	完整	5
7	平壤金滩里遗址 8 号房址	房址		锋部缺失	6
8	平壤金滩里遗址	文化层	17.4	茎部缺失	6
9	黄海道凤山郡德岩里	石棺墓	29.8	完整	7
10	黄海道殷栗郡云山里	支石墓（桌子式）	4.4	锋部残片	7
11	黄海道海州市南山		4.5	锋部残片	7
12	平壤美林里		11.0	锋部缺失	7
13	平壤美林里		17.5	完整	7
14	平壤大同江面土城里		15.0	锋部残片	7
15	平壤大同江面土城里		10.0	锋部缺失	7
16	平壤美林里		30（剑身 21）	完整	7
17	全罗南道昇州郡牛山里		32（剑身 25）	完整	7
18	庆尚北道月城郡外洞面		9.0	锋部残片	7
19	庆尚北道月城郡川北面神堂里		7.0	剑身残片	7

表 3.4　有血沟二段柄式磨制石剑出土地一览表

序号	遗 址 名 称	遗址性质	长度	形 态	参考文献
1	平壤猿岩里	房址	27.5（剑身 18.5）	局部破损	8

续　表

序号	遗 址 名 称	遗址性质	长度	形　态	参考文献
2	黄海道凤山郡御水洞	石棺墓	26（剑身16）	完整	9
3	平安南道大同郡美林里		19.0	锋部缺失	10
4	京畿道坡州郡玉石里	房址	16.8	锋部缺失	11
5	京畿道坡州郡食岘里	遗物分布地①	13.0	锋部残片	30
6	京畿道骊州郡欣岩里	房址（12号）	18.0	锋部残片	12
7	京畿道广州郡高德里	遗物分布地		仅存锋部，柄端缺失	13
8	忠清南道扶余郡论峙里		22.0	锋部缺失	10
9	忠清南道扶余郡		28（剑身17）	完整	10
10	忠清南道舒川郡		29（剑身19）	完整	10
11	庆尚北道月城郡川北面神堂里		31（剑身21）	完整	10
12	庆尚北道月城郡		柄部表面有凹孔装饰	柄部残片	10
13	庆尚北道月城郡		柄部表面有凹孔装饰	剑身残片	10
14	庆尚南道蔚州郡彦阳面东北里	石棺墓（多枚板石）	45（剑身29）	完整（剑柄饰）	10
15	庆尚南道义昌郡内西面平城里	石棺墓（多枚板石）	40.6（剑身25）柄部有凹孔装饰	完整（剑柄饰）	14
16	庆尚南道山清郡默谷里		24（剑身14）	完整	15

①　指只有地层、遗物而没有遗迹的遗址。

表 3.5　朝鲜半岛内琵琶形铜剑出土地一览表

序号	遗 址 名 称	遗址性质	长度	形 态	参考文献
1	平壤市西浦洞		26.1	完整	16
2	平壤附近		20	完整	17
3	平安南道价川郡龙兴里		26.4	完整	18
4	黄海道延安郡琴谷里		24.4	完整	16
5	黄海道新坪郡仙岩里	石棺墓（1号）	22.5	完整	19
6	黄海道白川郡大雅里	石棺墓	27.0	完整	20
7	开城市海坪里		29.4	剑身刃部残缺	21
8	忠清南道扶余郡松菊里	石棺墓	33.4	完整	22
9	江原道春川出土		现长 22.0	锋部残缺	23
10	江原道春川出土		现长 14.0	锋部残缺	23
11	庆尚北道尚州出土		42.8	完整	24
12	庆尚北道尚州出土		38.6	完整	24
13	庆尚北道清道郡出土		36.6	完整	25
14	庆尚北道清道郡出土		现长 27.0	锋部残缺	25
15	庆尚南道义昌郡镇东里	石棺墓	33	2 次加工（完整）	26
16	全罗南道昇州郡牛山里	支石墓（8号）	17.2	断后 2 次加工	27
18	全罗南道昇州郡牛山里	支石墓（38号）	18.2	刃部残缺	27
19	全罗南道高兴郡云岱里	支石墓		基部残片	28
20～27	全罗南道丽水市积良洞	支石墓		残片 8 件	29

1. 都宥浩，《智塔里原始遗址发掘报告》，《遗址发掘报告》8，1961，图版 CⅩⅩⅩⅧ-⑤。

2. 石光濬，《五德里支石墓发掘报告》，《考古学资料集》4，1974，第 104 页。

3. 郑灿永，《北青郡大坪里遗址发掘报告》，《考古学资料集》4，1974，第 137 页。

4. 考古学研究室，《美林休岩原始遗址整理报告》，《文化遗产》1960 年 3 期。

5. 金永佑，《中和郡江老里遗址调查报告》，《考古民俗》1964 年 3 期。

6. 金用玕，《金滩里原始遗址发掘报告》，1965，第 40 页。

7. 有光教一,《朝鲜磨制石剑の研究》,1967,图版 3。

8. 郑白云,《江南猿岩里原始遗址发掘报告》,《文化遗产》,1958 年 1 期。

9. 黄基德,《1958 年春夏季御水洞地区灌溉工程遗址整理简略报告(Ⅱ)》,《文化遗产》,1959 年 2 期。

10. 有光教一,《朝鲜磨制石剑の研究》,1967,图版 5。

11. 金载元、尹武炳,《韩国支石墓研究》,1967,第 43 页。

12. 任孝宰,《欣岩里住居址》4,首尔大学校考古人类学丛刊第 8 册,1978,图版 35-C。

13. 金廷鹤,《韩国无纹土器文化的研究》,《白山学报》3,1976,第 43 页。

14. 沈奉谨,《密阳南田里与义昌平城里遗址出土遗物》,《尹武炳博士回甲纪念论丛》,1984,第 61 页。

15. 安春培,《有关山清默谷里出土磨制石剑的考察》,《古文化》22,1983,第 23~32 页。

16. 黄基德,《最近所知的与琵琶形铜剑及细形铜剑相关的遗址遗物》,《考古学资料集》4,1974,第 158~159 页。

17. 梅原末治、藤田亮策,《朝鲜古文化综鉴》1,1947,第 65 页。

18. 韩炳三,《价川龙兴里出土青铜剑与伴出遗物》,《考古学》1,1968。

19. 郑龙吉,《新坪郡仙岩里石棺墓》,《考古学资料集》6,1983,第 171 页。

20. 李圭泰,《白川郡大雅里石棺墓》,《考古学资料集》6,1983,第 176 页。

21. 王成守,《在开城附近出土的琵琶形铜剑与细形铜剑关系遗物》,《考古学资料集》6,1983,第 169 页。

22.《扶余松菊里出土一括遗物》,《考古学》3,1974,第 155 页。

23. 有光教一,《朝鲜江原道的先史时代遗物》,《考古学杂志》38-1,1938。

24. 金元龙,《关于传茂朱出土的辽宁式铜剑》,《震檀学报》38,1974,第 16~25 页。

25. 李健茂,《青铜遗物的焊补技法》,《三佛金元龙教授停年退任纪念论丛》Ⅰ,1987,第 177~178 页。

26. 沈奉谨,《庆南地区出土青铜遗物新列》,《釜山史学》4,1980,第 164~182 页。

27. 宋正炫、李荣文,《牛山里内牛支石墓》,《住岩堤坝水没地域文化遗址发掘调查报告书》Ⅱ,1988,第 286 页。

28. 有光教一,《朝鲜磨制石剑の研究》,1967,图版 25-4。

29.《月刊文化财》,1989 年 3 月 1 日报导。

30. 秋渊植,《坡州食岘里无纹土器住居址遗物》,《庆南史学》3,1986,第 20 页。

综上,笔者认为在琵琶形铜剑文化传播到朝鲜半岛以后,原来制作无血沟式磨制石剑的工匠以新来的琵琶形铜剑为母型,制作使用了血沟式磨制石剑。

在角形陶器文化区内随着琵琶形铜剑的出现,同时出现了血沟式磨制石剑,这个现象说明,大同江流域及黄海道地区的角形陶器文化圈大约在公元前 8 世纪左右,受到了琵琶形铜剑文化的影响。

我们再具体讨论一下公元前 8 世纪左右属于角形陶器文化的哪个阶段。上文提到目前还没有琵琶形铜剑与角形陶器直接共存的例子。通过以琵琶形铜剑为母型出现的血沟式磨制石剑,可以了解一下它与角形陶器文化的关系。血沟式磨制石剑出土的遗址有平壤猿岩里房址,金滩里遗址 8 号房址,金滩里遗址文化层,智塔里遗址包含层等居住址与北青郡大坪里遗址 4 号、8 号石棺墓,黄海道德岩里石棺墓、殷栗郡云山里支石墓、凤山郡御水口石棺墓等墓葬类遗址。其中的金滩里遗址 8 号房址及猿岩里遗址房址大体相当于角形陶器文化的中期[72]。所以,琵琶形铜剑文化传播到角形陶器文化圈的时期应该是它的中期以后。另外,前面列举了琵琶形铜剑文化传播时期,有茎式磨制石剑出土的遗址有支石墓、石棺墓等。

　　接下来考察一下琵琶形铜剑期的下限。在辽东地区及鸭绿江流域的青铜器文化发展中,琵琶形铜剑期结束年代与细形铜剑出现时期有直接的关系。在角形陶器文化分布圈内,已知的初期型细形铜剑有黄海道孤山里土圹墓出土的铜剑,这把铜剑与两柄中国式铜剑及铜斧共生,由于没有共生陶器,很难确定它与角形陶器文化的关系。但是在辽东地区及鸭绿江流域,细形铜剑期有二重口沿深腹钵形器,黑色磨研长颈壶等与新出现的贴附有类似粗壮树根一样把手的陶器。在大同江流域及黄海道地区,也有出土这种陶器的遗址,在平壤的南京遗址,二重口沿深腹钵形器与墨房里型陶器共生出土[73],在黄海道信川郡明沙里遗址,作为瓮棺使用的陶器中,有贴附粗壮把手的壶与外翻口沿的深腹钵形器出土。另外,在黄海道御水区支石山,出土有类似明沙里遗址那种贴附粗壮把手的陶器,这种特征明显的陶器称之为"明沙里型陶器"[74]。如前文多次提到的,所谓"明沙里型陶器"与在细竹里遗址最上层(初期铁器文化层)与中间层(青铜器时代文化层)之间的扰乱层内出土的贴附有三棱圈模样或牛角模样把手的陶器具有相同的特征。细竹里遗址出土的贴附有三棱圈模样或牛角模样把手的陶器相当于辽东半岛及鸭绿江流域的细形铜剑期,其下层就是出土墨房里型陶器的地层,该层属于琵琶形铜剑期第三期。通过细竹里遗址这样不同层位陶器文化的先后关系来看,大同江流域及黄海道地区的南京遗址、明沙里遗址、支石山遗址等出土的上述陶器确实相当于细形铜剑期。所以,大同江流域及黄海道地区的琵琶形铜剑期应该是到南京遗址或者明沙里遗址等地出现的所谓明沙里型陶器的时期为止,所谓明沙里型陶器之前时期的陶器就是角形陶器。关于角形陶器与明沙里型陶器之间的关系,也有学者主张不同的意见,认为在角形陶器文化圈中,明沙里型陶器仅在少数遗址出土,角形陶器文化应该没经历明沙里型陶器阶段,与之直接相连的是铁器时代的绳席纹陶器[75]。但是在南京遗址出土的二重口沿深腹钵形器与在汉江流域经常被称作黏土带陶器的深腹钵形器其实是一样的,明沙里遗址中贴附把手的陶器不仅在细竹里遗址中出土,而且在汉江以南的新昌里遗址、金丈里遗址等地出土。这样的话,那种认为仅在大同江流域与黄海道等角形陶器地区没有明沙里型陶器时期的观点,在逻辑上的证据就显得很弱。众所周知,在大同江黄海道地区,角形陶器文化的分布区也是细形铜剑文化的中心分布区,因此,如果说细形铜剑传入朝鲜半岛时没有同时期的陶器,是很难令人信服的。考虑到以上这些情况,在南京遗址或者明沙里遗址等地出土的陶器之前的阶段很明显就是角形陶器时期。

　　综上可知,大同江流域及黄海道地区的琵琶形铜剑期就是出土属于细形铜剑期的南京遗址和明沙里遗址陶器之前的时期,也就是说该地区的琵琶形铜剑期一直延续到角形陶器后期,即在大同江及黄海道地区,琵琶形铜剑期是从角形陶器文化中期开始,一直延续到该文化后期。

最后,我们考察一下有关琵琶形铜剑期的下限年代。由于目前还没有明确可以知道绝对年代的资料,在前述的辽东地区及鸭绿江流域,细形铜剑期大约从公元前4世纪左右开始,那么,比这个时间稍晚一点的阶段,大体上也就是公元前4世纪~前3世纪左右,这一地区也进入了细形铜剑期。所以,是否可以将琵琶形铜剑期的下限看作公元前4世纪左右? 也就是说,在大同江流域及黄海道地区,琵琶形铜剑期相当于从该地区的角形陶器文化中期开始到其后期的阶段,其绝对年代大体是从公元前8世纪到前4世纪。

（三）细形铜剑期

在大同江流域及黄海道地区,细形铜剑期的开始是从该地区角形陶器文化结束,由黏土带陶器与贴附粗壮牛角形把手的陶器,即所谓明沙里型陶器等构成的新的陶器文化出现而开始的。细形铜剑的上限还应该考虑到琵琶形铜剑结束时间,即公元前4世纪左右。所以细形铜剑的上限应该在公元前4世纪末到前3世纪初。在此,我们将以陶器与细形铜剑为主,简单了解一下大同江流域及黄海道地区细形铜剑期文化的特点与发展演变。

目前,有不少学者研究过细形铜剑,最近李清圭又对此做过综合研究[76]。本文在考察细形铜剑期的文化时,将主要参考李清圭的研究。依据李清圭的研究,细形铜剑与其共生遗物型式分类组合可以分为5期:

Ⅰ期:细形铜剑BⅠ式时期;

Ⅱ期:以细形铜剑BⅡ式为主的时期,出现铜矛与铜钸;

Ⅲ期:BⅡ式、BⅢ式细形铜剑共存,但BⅢ式占有优势的时期,出现了铜戈、细纹镜以及车马具;

Ⅳ期:BⅢ式细形铜剑时期,铜钸、铜斧、铜凿等工具开始出现锻造铁器化;

Ⅴ期:BⅣ式铜剑出现。

这个分期是以细形剑的形制以及共生物为标准的。在这个分期中,从Ⅲ期开始出现铁器,而Ⅰ期和Ⅱ期仍然是青铜器时代。所以细形铜剑跨越了青铜器时代和初期铁器时代。因此,最近有学者提出,以细形铜剑出现的公元前300年左右开始,将其划为初期铁器时代[77]。但是,细形铜剑与铁器的共出,仅在比较晚的BⅢ式、BⅣ式时期才得以确认。因为前文所述的辽东地区初期型细形铜剑很明显是属于青铜器时代的,所以以朝鲜半岛全域来看的话,把细形铜剑出现的时期划入初期铁器时代是不太妥当的。众所周知,细形铜剑与琵琶形铜剑是朝鲜半岛青铜器中最具代表性的铜器,在朝鲜半岛南部,细形铜剑的出现与初期铁器时代的开始并不是同时的,而在最早出现细形铜剑的辽东地区,细形铜剑文化与初期铁器文化的所谓细竹里—莲花堡类型是两个不同的文化,所以,青铜器时代的最后一个阶段是细形铜剑期,这种观点在逻辑上是合理的。为了便于分清早晚期细形铜剑的青铜器时代和铁器时代的归属,将李清圭划分的以ＢⅠ式、ＢⅡ式细形铜剑为代表的Ⅰ期、Ⅱ期叫做细形铜剑期前期,出土铁器和ＢⅢ式～ＢⅣ式细形铜剑的Ⅲ期、Ⅳ期、Ⅴ期称作细形铜剑后期,细形铜剑前期属于青铜器时代,后期属于早期铁器时代。

下面将考察细形铜剑的形制以及共生的陶器。细形铜剑与陶器共生的情况主要见于细形铜剑后期,这一点与琵琶形铜剑期是相同的。但是,如前所述,细形铜剑期开始出现与角形陶器文化不同的陶器新类型,即黏土带陶器与明沙里型陶器等,所以,即使没有共生的陶器,也可以推测细形铜剑期陶器的基本组合。

细形铜剑期在大同江流域、黄海道地区出土的陶器有南京遗址出土的黏土带陶器与明沙里遗址作为瓮棺使用的翻沿深腹钵形器及柱状錾耳壶等,更多的是在土圹木椁墓中与细形铜剑共出的绳席纹陶壶及花盆形陶器等。在南京遗址,黏土带陶器与墨房里型陶器共生,所以年代应当是与琵琶形铜剑衔接的早期细形铜剑时期。辽东地区二重口沿深腹钵形器影响到朝鲜半岛后,在该地区新产生了一种陶器型式,我们将其称为黏土带陶器。由于黏土带陶器的主要分布区域是汉江以南的朝鲜半岛南部地区,所以有学者认为这种陶器最早出现于汉江流域[78],但是根据目前发现的情况,二重口沿深腹钵形器出现在辽东地区的初期细形铜剑时期,后传入到大同江流域,并成为当地有特点的一种器物。如果这个推测可信,就要考虑朝鲜半岛青铜器文化的整体发展变化。南京遗址出土的黏土带陶器就是该地区细形铜剑期相当于最早时期的陶器,而且共出的墨房里型陶器属于琵琶形铜剑期也可以证明这一点。

在明沙里遗址出土的陶器中,深腹钵形器由外翻口沿代替了黏土带口沿,与此类似的外翻口沿深腹钵形器在全罗南道光州的新昌里瓮棺遗址[79]以及海南郡郡谷里贝塚[80]等遗址出土的遗物中也有发现,这类外翻口沿陶器基本上被看作是黏土带陶器的演变形态。即南京遗址的陶器由口沿剖面为圆形的堆纹向剖面呈三角形堆纹变化,与此同时明沙里遗址的陶器的堆纹逐渐消失,变为外翻口沿的形态。有一些学者已经注意到黏土带陶器口沿形态的这种变化还可以在郡谷里贝塚遗址不同层位的陶器口沿形态的分布比例上得到确认[81],这进一步证明了黏土带陶器向外翻口沿深腹钵形器的发展演变。所以,我们通过黏土带陶器发展为翻沿深腹钵形器就可以判断明沙里遗址比南京遗址的相对年代晚。另一方面,明沙里遗址的翻沿深腹钵形器与粗壮錾耳壶共生,这种壶也见于新昌里遗址,大体属于黏土带陶器向翻沿深腹钵形器变化阶段的壶形陶器。在细竹里遗址,这种壶形陶器上贴附有与组合式牛角形把手类似的所谓三棱圈模样的把手,在汉江以南的水石里遗址[82]、白翎岛遗址[83]出土的陶器也都贴附有环状把手,在鹰峰遗址[84]、金丈里遗址[85]等地,出土有贴附组合式牛角形把手或者牛角形把手的陶器,在新昌里遗址与勒岛遗址[86]、金丈里遗址等地,出土有贴附牛角形把手的陶器,由此可见,贴附各种形态把手的壶形陶器是存在时间差的,环状把手是最早的形态,接下来是按照组合式牛角形把手、牛角形把手的顺序变化[87],最后是与新昌里遗址、明沙里遗址出土的陶器类似的粗壮形态把手。目前我们得出的结论是明沙里遗址出土的外翻口沿深腹钵形陶器是南京遗址出土的黏土带陶器的变化、发展形式,贴附有粗壮把手的壶形陶器比贴附三棱圈模样把手的细竹里出土陶器的时期要晚一些。另外,黏土带陶器及壶形陶器在汉江以南地区出现了多样的发展阶段,在大同江流域、黄海道地区,目前还没有发现以上所有陶器,最近仅发现剖面呈圆形的黏土带陶器与更晚阶段的外翻口沿深腹钵形陶器。黏土带陶器传播到汉江以南地区的时间大体是南京遗址时期,即剖面呈圆形黏土带陶器的阶段。在汉江以南地区,经过剖面呈三角形的黏土带陶器阶段,演变为外翻口沿深腹钵形陶器,暗示着在大同江流域、黄海道地区可能存在同样的变化过程,但目前的证据还不充分。下面我们分析一下出土剖面为圆形的典型黏土带陶器的南京遗址的年代与出土作为黏土带陶器变化形态的外翻口沿深腹钵形陶器的明沙里遗址的年代。在南京遗址与明沙里遗址都没有出土细形铜剑,无法确认在这些地区出土的陶器相当于哪种型式的细形铜剑的时期,后面将看到的所谓"花盆形陶器"大体相当于与BⅢ式、BⅣ式细形铜剑共生的初期铁器时代,即细形铜剑期后期的陶器。通过花盆形陶器与黏土带陶器以及明沙里型陶器不共存这一点看,以上两个遗址可能都是相当于细形铜剑前期的遗址。所以,大体与细形铜剑BI式、BⅡ式为同一时期,依据李清圭的分期,相当于I期、Ⅱ期的时期。

　　花盆形陶器与黏土带陶器的器形大致相似,但主要是在土圹木椁墓中与灰色绳纹陶器、短颈壶等共生。该类陶器还与BⅢ式、BⅣ式细形铜剑,铜戈、车马具等铜器以及一些铁器共生,这个时期属于细形铜剑期后期(初期铁器时代)。有学者根据花盆形陶器与黏土带陶器形态相似,主张花盆形陶器是由黏土带陶器的变化发展来的[88],但花盆形陶器在明沙里遗址的外翻口沿深腹钵形陶器的下一阶段出现,因此从形态发展过程上看这种推测可能性不大。在细形铜剑期后期,有与花盆形陶器形态类似的铜、铁器皿出土[89],这种陶器的出现很有可能与同类金属器皿存在某种联系。

上文我们简单讨论了细形铜剑期的陶器,细形铜剑前期的陶器是黏土带陶器与明沙里型外翻口沿深腹钵形陶器以及贴附粗壮把手的壶,细形铜剑后期的陶器是花盆形陶器。再结合共生细形铜剑的形制与其他青铜器,黏土带陶器及明沙里型陶器相当于BⅠ式和BⅡ式细形铜剑时期,花盆形陶器与BⅢ式、BⅣ式铜剑以及铜戈、细纹镜、车马具、铁器等共生。黏土带陶器、明沙里型陶器时期的BⅠ式、BⅡ式细形铜剑期还只出土青铜类金属器,属于细形铜剑前期,该时期相当于李清圭分期的Ⅰ期与Ⅱ期,花盆形陶器主要属于BⅢ式、BⅣ式细形铜剑的时期,这个时期铁器已经出现,属于初期铁器时代,相当于李清圭分期的Ⅲ~Ⅴ期,本文称其为细形铜剑后期。

最后,我们看一下细形铜剑前期与后期的年代。李清圭以石岩里遗址出土的秦戈纪年铭文(公元前221年)为证据,推测第三期的上限为公元前200年左右[90],因此细形铜剑后期的开始年代大约是公元前200年左右,即公元前3世纪末~前2世纪初细形铜剑后期(初期铁器时代)开始了。所以,细形铜剑期前期是相当于从琵琶形铜剑期下限年代公元前4世纪以后,大概从公元前4世纪末开始,到细形铜剑后期(初期铁器时代)的上限年代公元前3世纪~前2世纪初的。细形铜剑期后期的下限年代,可以根据高尚贤墓(贞柏洞遗址2号墓)与BⅣ式细形铜剑共出的有"永始三年(公元前14年)"铭文的日伞竿[91]判断为公元前1世纪末左右。

目前为止,我们考察了大同江流域及黄海道地区的青铜器文化演变,其内容整理概要如下表。

表 3.6　大同江流域及黄海道地区青铜器文化发展演变表

时　　期		青铜器	陶器(石器)	墓葬形制	绝对年代
先铜剑期		铜泡、铜凿	角形陶器早期,前期	支石墓	公元前 1100～前 1000→公元前 8 世纪
琵琶形铜剑期		琵琶形铜剑中期、后期型	角形陶器中期、后期;血沟式磨制石剑	支石墓、石棺墓	公元前 8 世纪～前 4 世纪
细形铜剑期	前期	细形铜剑BⅠ式、BⅡ式,铜矛	黏土带陶器,黑色磨研长颈壶,明沙里型陶器	石椁墓、土圹墓、瓮棺墓	公元前 4 世纪末～前 3 世纪末
	后期	细形铜剑BⅢ式、BⅣ式;细纹镜、铁器	花盆形陶器、绳席纹陶器	土圹木椁墓	公元前 2 世纪初～前 1 世纪末

三、图们江流域及咸镜南北道地区

（一）先铜剑期

图们江流域青铜器文化应该是从咸镜北道雄基郡（现罗先市）西浦项遗址青铜器时代第Ⅰ期开始的[92]。西浦项遗址第Ⅰ期继承前述的新石器时代末期的西浦项遗址Ⅴ期、虎谷洞遗址Ⅰ期的文化特点，而这些新石器时代晚期文化遗存与辽东地区于家村下层类型及鸭绿江流域的青灯末来类型（新岩里遗址第一个文化层）具有相似性。关于这个文化，我们主要考察它的陶器特点。在西浦项遗址Ⅴ期中，可以见到从西浦项遗址Ⅳ期开始的各种几何纹，器皿表面装饰有类似豆粒的浮点纹[93]，这种纹饰也见于辽东地区于家村下层类型以及鸭绿江下游的青灯末来类型陶器中。此外，在虎谷洞遗址Ⅰ期有带圈足的杯形陶器[94]，这种器形也见于新岩里遗址青灯末来类型陶器中[95]。这些现象说明图们江流域新石器时代晚期文化与辽东地区及鸭绿江下游地区新石器时代晚期文化之间存在一定的文化交往。另外，这里还体现了于家村下层类型与于家村上层文化之间的延续性。于家村上层类型中流行的二重口沿也见于图们江流域新石器时代晚期文化西浦项遗址Ⅴ期的陶器[96]。此外，在虎谷洞遗址Ⅰ期中出现的短颈球形壶[97]与家村上层类型的积石墓砣头遗址中常见的器形具有很多的相似性，这些陶器形之间的相近绝不是偶然的，而是体现了图们江流域新石器时代晚期文化与鸭绿江流域及辽东地区新石器时代晚期文化及青铜器时代早期文化（于家村上层类型）之间存在一定的联系。

但是，图们江流域新石器时代晚期文化也有自身特点，即存在孔列技法。在西浦项遗址Ⅴ期、虎谷遗址Ⅰ期中所见的孔列技法大部分是在花盆形深钵陶器近口沿处由里向外戳刺，在器壁外形成圆突的突瘤形孔列①，使用这种不贯通的孔列技法在汉江流域新石器时代晚期的内坪遗址等地也有发现，孔列陶器的传统为探讨图们江流域与汉江流域及其以南地区素面陶器的文化关系提供了非常重要的线索。

图们江流域新石器时代晚期文化西浦项遗址Ⅴ期、虎谷洞遗址Ⅰ期存在与辽东地区及鸭绿江流域于家村下层类型的联系。所以在推定其绝对年代时，可以参考于家村下层类型的年代。依据碳十四测年结果，于家村下层类型的绝对年代为公元前2135±100～前1735±85年[98]，因此在图们江流域新石器时代晚期

---

① 中国有学者称其为"珍珠纹"。

文化的年代大体与此并行,即公元前3千纪末~前2千纪初左右。

图们江流域的青铜器文化从晚于西浦项遗址Ⅴ期、虎谷洞遗址Ⅰ期的西浦项遗址青铜器文化层Ⅰ期及虎谷洞遗址第Ⅱ期开始。青铜器文化出现在这一时期前后的证据,首先是新石器时代晚期栉纹的逐渐消失,而在此之前就已出现素面陶大幅增多,另外还有红色磨研陶器的出现以及陶器特点的一系列变化等。但是除了陶器方面的变化外,朝鲜半岛青铜器时代的标志还体现在石器、生业以及青铜制品等方面。图们江流域这个阶段的石器不同于新石器时代晚期,黑曜石打制石器的明显减少与石镞、石斧、半月刀等磨制石器的大幅增加,据此可以判断农耕的存在,并推测定居的程度[99]。青铜器的出现也得到确认,在咸镜北道罗津郡(现罗先市)草岛墓葬中出土有管玉、铜泡,咸镜北道会宁郡彰孝里墓葬中出土有铜钏,虎谷洞遗址中出土有模仿铜泡的陶泡等(图3.12)。

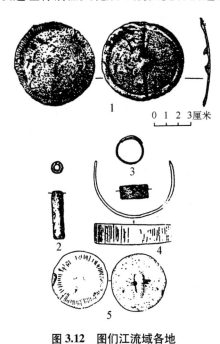

图3.12 图们江流域各地出土的青铜器

1. 圆板形器(草岛墓葬) 2. 管玉(草岛墓葬) 3. 戒指(草岛墓葬) 4. 手镯(彰孝里墓葬) 5. 土泡(虎谷洞遗址)

下文将详细考察图们江流域青铜文化的发展过程,并简略探讨其与咸镜北道东海岸一带的联系。图们江流域的青铜器文化大体上可以分为以红色磨研陶器文化为代表的前期和以褐色或黑色磨研陶器文化为代表的后期[100]。相当于前期的遗址有西浦项遗址青铜器时代第Ⅰ期、会宁郡五洞遗址第Ⅰ期、虎谷洞遗址第Ⅱ期、西浦项遗址青铜器第Ⅱ期、罗津郡草岛遗址的红色磨研陶器层等。以上这些遗址,基本也按上述罗列顺序存在时间上的先后关系[101]。前期的红色磨研陶器的陶质基本不夹砂,器表磨光后,再涂染红色的颜料,器形主要有口径很宽的盘形器与小型的深腹钵形陶器以及翻沿壶等。另外,前期除了红色磨研陶器以外,还有红色素面陶器,这种素面陶器从新石器时代晚期以来一直持续存在。新石器时代晚期的素面陶器,主要装饰有突瘤形半贯通的孔列纹。在青铜器时代前期,孔列几乎被贯通,口沿形态也与新石器时代晚期的虎谷洞遗址第Ⅰ期中所见的口沿不同,主要是以外翻口沿为主,体现了时代的变化。前期遗址出土的青铜遗物很少,仅有草岛遗址的青铜铃、铜泡、铜管等。此外,草岛遗址还出土有骨凿,推测它应该是模仿青铜器而制造的[102]。图们江流域前期青铜器文化从朝鲜半岛青铜器文化发展来看,很明显是属于先铜剑期。

图们江流域青铜器文化的后期是指褐色及黑色磨研陶器的文化,相当于这个时期的遗址有会宁郡五洞遗址第Ⅱ、第Ⅲ期,虎谷洞遗址第Ⅲ、第Ⅳ期等。在这个时期,红色磨研陶器几乎不见踪迹,代替它的是褐色磨研大型陶器,并呈增加的趋势,部分深腹钵形陶器颈部出现突带。褐色磨研陶器与黑色磨研陶器基本共存,但是,黑色磨研陶器一直到较晚时期都在使用,部分可以延续到初期铁器时代。后期遗址的青铜器有会宁郡彰孝里遗址出土的铜镯,虎谷洞遗址50号房址中出土的熔结的青铜块等。从朝鲜半岛青铜器文化的发展过程来看,后期与前期一样,都属于先铜剑期阶段,我们将通过与咸镜南道地区青铜器文化的关系考察这个问题。考虑到图们江流域青铜器文化后期的黑色磨研陶器与琵琶形铜剑期的青铜遗物共存的所谓"金野类型"的存在,在图们江流域青铜器文化后期前后,应与朝鲜半岛青铜器文化演变过程中的琵琶形铜剑期并行。但是,琵琶形铜剑文化的传播途径是由清川江、大同江上游沿着元山湾一带向咸镜南道地区传播,所以这种文化并没有直接传播到在图们江流域。即便如此,为了便于了解没有传入琵琶形铜剑文化的图们江流域的青铜器文化,也暂时像朝鲜半岛其他地区青铜器文化的发展演变一样,划定相应的发展阶段。图们江流域的青铜器文化可以分为先铜剑期和琵琶形铜剑期两大阶段,先铜剑期包括图们江流域青铜器文化的前期和后期的前半段,琵琶形铜剑期包括流行黑陶的青铜器文化后期后半段以及与之并行的咸镜南道琵琶形铜剑文化的金野类型阶段。

咸镜南道地区的青铜器文化呈现出上文介绍的图们江流域和从大同江、清川江上游传播到此的西北地区青铜器文化相融合的文化面貌。该地区的青铜器文化大体可以分为受图们江流域红色磨研陶器和同时期的素面陶器影响的"江上里类型[103]"(又称"胡满浦类型"),图们江流域后期青铜器文化与西北地区琵琶形铜剑文化结合形成的"金野—土城里类型[104]",以及以细形铜剑剑把头饰、黑色磨研长颈壶、二重口沿深腹钵形器共生的咸镜南道洪原郡云浦遗址[105]为代表的该地区的细形铜剑期文化。本部分只考察江上里类型,其余的金野—土城里类型以及云浦遗址等在下一节讨论。

江上里类型的咸镜南道新浦市(旧称新昌郡)江上里胡满浦遗址只发现了红色磨研陶器,但由于几乎没有可复原陶器,无法了解其陶器器形的组合。陶质与图们江流域的红色磨研陶器完全一样[106]。此外,该时期除出土红色磨研陶器的遗址以外,还有出土素面陶器的遗址。在咸镜北道金策市德仁里遗址与元山市中坪洞遗址出土有孔列陶器与壶形陶器,孔列陶器呈半贯通的突瘤形类型[107],这种半贯通的突瘤形孔列纹是图们江流域新石器时代的特征。咸镜南道地区的突瘤形孔列纹也大体与图们江流域的那种孔列纹同时。但是,德仁里遗址的孔列纹陶器是在北方式支石墓中出土的,这是位于朝鲜半岛东北地区最北的遗址。支石墓在辽东地区新石器时代晚期至青铜器时代初期已经出现,德仁里遗址的北方式支石墓也是在辽东地区的支石墓向朝鲜半岛内传播过程中出现的。

以上简略考察了图们江流域及咸镜道地区先铜剑期的青铜器文化,在咸镜道地区相当于前期的红色磨研陶器文化与后期的褐色磨研陶器文化时期,在咸镜道东海岸地区,是属于图们江流域前期青铜文化传播的"江上里类型"的红色磨研陶器文化与从西北地区传播来的支石墓等相结合,出现新的文化特点的时期。最后,了解一下图们江流域及咸镜道东海岸地区先铜剑期的年代。

首先,先铜剑期的开始年代与该地区青铜器文化的开始,即红色磨研陶器的出现时期一致。从辽东地区于家村下层类型与西浦项遗址Ⅳ期、Ⅴ期,虎谷洞遗址Ⅰ期文化的关联性来看,红色磨研陶器文化的出现时期大体是与于家村上层类型并行的。所以,它的绝对年代可以参考于家村上层类型的绝对年代,即公元前1200~前1100年前后。该地区先铜剑期的下限年代与琵琶形铜剑期的开始年代一致。但是如前所述,在图们江流域暂时还不能确认琵琶形铜剑文化直接传播的迹象,所以,从咸镜道东海岸地区的"金野—土城里类型"与图们江流域的黑色磨研陶器的关系来看,图们江流域后期青铜器文化的后半段应该是与琵琶形铜剑期并行的时期,因此,先铜剑期的下限可以看作虎谷洞遗址第Ⅲ期~第Ⅳ期的时期。虎谷洞遗址第Ⅴ期的年代为公元前7世纪~前5世纪左右[108],可以将比此稍早一些的公元前8世纪~前7世纪前后看作该地区先铜剑期的下限,即琵琶形铜剑期的开始年代。

(二)琵琶形铜剑期

在讨论先铜剑期文化内涵时,已经明确在图们江流域的青铜器文化中,暂时还没有发现与琵琶形铜剑文化传播相关的直接证据。但是像朝鲜半岛内其他地区一样,可以将该地区后期青铜器文化黑色磨研器皿时期推定为与琵琶形铜剑期并行的时期。而咸镜道东海岸地区可以确认琵琶形铜剑文化的影响,其中的代表就是所谓"金野—土城里类型"的文化,本文将以"金野—土城里类型"的文化面貌为中心进行考察。

"金野—土城里类型"的遗址有1965年调查的咸镜南道北青郡中里遗

址[109],1964 年调查的咸镜南道永兴郡永兴邑遗址[110],1982 年调查的北青郡土城里遗址[111]等。所谓"金野—土城里类型"的名称是最近才命名的,不久前还是只称作"金野类型",直到 1982 年发掘调查了土城里遗址的房址,在 2 号房址内的储藏窖穴内出土扇形铜斧、铜凿、铜铃等大量青铜器,才改称"金野—土城里类型"的。"金野类型"的名称是 1964 年发掘调查永兴邑遗址时,在该遗址出土有琵琶形铜剑、扇形铜斧等属于琵琶形铜剑文化的青铜器铸范,又因永兴邑改称金野邑,所以就将该地区的琵琶形铜剑文化称为"金野类型"。

　　"金野—土城里类型"的陶器可分为褐色磨研陶器与黑色磨研陶器,褐色磨研陶器与细竹里遗址、公贵里遗址等出土的一样,在器身贴附有蒂形把手为其代表,在这种陶器的口沿部,很多都施有孔列纹。除蒂形把手外,还有贴附树桩形把手的陶器,这些陶器的年代相对较晚,大概属于图们江流域初期铁器文化时期。褐色磨研陶器中有二重折沿的,还有在二重口沿上施孔列纹的陶器。在黑色磨研陶器的器表刻有阴刻线纹饰,这些纹饰之间再用三角形纹饰装饰后,后面可见斜线分割纹饰[112],这种纹饰在辽东地区琵琶形铜剑期的岗上墓葬中出土的黑色磨研长颈壶[113]上也可以见到,体现了两者之间一定的联系。在"金野—土城里类型"中经常出现的贴附有蒂状把手的陶器与细竹里遗址墨房里型陶器文化层(细竹里遗址Ⅱ3 层)中出土的一样,因此"金野—土城里类型"大致相当于前述的辽东地区琵琶形铜剑期的第Ⅲ期,这个时期的绝对年代大约相当于公元前 7 世纪~前 5 世纪,所以,咸镜道东海岸地区的"金野—土城里类型"琵琶形铜剑文化也大约为这一时期应该没什么大的问题。

　　"金野—土城里类型"代表的咸镜道东海岸地区的琵琶形铜剑文化的青铜器有永兴邑(现称金野邑)遗址出土的琵琶形铜剑铸范、扇形铜斧铸范、铜铃铸范等与土城里遗址出土的扇形铜斧、铜凿、铜铃等,这些遗物是证明该地区可以铸造青铜器的重要材料,因此,我们可以充分了解到当时琵琶形铜剑期青铜器制造业的盛行。虽然在"金野—土城里类型"的遗址中还没有发现琵琶形铜剑,但琵琶形铜矛的存在使我们期待将来会有琵琶形铜剑的出土。

　　最后,我们考察一下该地区琵琶形铜剑期的上限,如前所述,从"金野—土城里类型"的陶器与细竹里遗址墨房里型陶器文化层(Ⅱ3 层)出土的陶器对比来看,其上限年代大致可到辽东地区琵琶形铜剑期的第Ⅲ期,即公元前 7 世纪前后,考虑到琵琶形铜剑文化向该地区传播的时间差,可将"金野—土城里类型"的出现时期定在公元前 7 世纪~前 6 世纪前后,这个观点也考虑了图们江流域先铜剑期的下限年代,即虎谷洞遗址第Ⅲ期~第Ⅳ期的公元前 8 世纪~前 7 世纪前。而琵琶形铜剑期的下限,即该地区细形铜剑出现的时间,后文有翔尽的讨论,大致为公元前 3 世纪前后,这个时期大致相当于大同江流域细形铜剑期前期的中叶前后。

（三）细形铜剑期

图们江流域及咸镜道东海岸地区的细形铜剑期主要以咸镜道东海岸地区各遗址出土的细形铜剑及共生的青铜器为代表,出土细形铜剑的主要遗址有咸兴市梨花洞土圹墓,咸镜南道新昌郡下细洞里土圹墓,咸镜南道仁兴郡（现金野郡）龙山里土圹墓,咸兴市盘龙山遗址、湖上洞遗址,咸州郡大成里遗址,仁兴郡莲洞里遗址,咸兴市松海里遗址,洪原郡云普利遗址等与较远的俄罗斯沿海州 Izwestov 石棺墓等[114]。

该地区的遗址大部分是墓地,依据这些墓葬和细形铜剑的形制及共生器物大体可将其分为两类,一类是石棺墓,另一类是土圹墓。石棺墓只有 Izwestov 一处,出土的细形铜剑和共生的青铜器有 BⅡ式细形铜剑（以下所有细形铜剑及共生遗物的分类全部采用李清圭的分类方案）、AⅠ式铜矛、铜铍以及 B 型粗纹镜（新式粗纹镜）等,相当于李清圭分期的细形铜剑Ⅱ期。土圹墓的出土遗物在梨花洞遗址出土有 BⅡ式、BⅢ式铜剑,AⅡ式铜矛,AⅡ式铜戈,C 式细纹镜以及铁斧等,在下细洞里遗址出土有 BⅢ式细形铜剑,AⅡ式铜矛,AⅠ式铜戈以及铃形的车马具等,这些都相当于李清圭分类的细形铜剑Ⅲ期。

从石棺墓以及共出的第一类细形铜剑的文化内涵看,它要比土圹墓以及共生的第二类文化内涵相对要早一些,本文将第一类称为该地区细形铜剑期前期,第二类称为细形铜剑后期。在属于后期的梨花洞土圹墓中,已经共生有铁斧,因此,该地区细形铜剑期后期实际已经相当于初期铁器时代。这一点与前述的大同江流域的细形铜剑文化期后期也出土铁器是一样的。

下面简单考察一下细形铜剑期的陶器,该地区与细形铜剑共生的陶器虽可在梨花洞土圹墓中见到,但仅为小的陶片,无法得知其整体器形。此外,与细形铜剑剑把头饰共生的陶器见于云浦里遗址,这里还混杂有红色磨研陶器片,但最具代表性的是黑色磨研长颈壶与二重口沿深腹钵形陶器[115]。这两种陶器与前文提到的辽东地区细形铜剑期的黑色磨研长颈壶及大同江流域细形铜剑期所见的黏土带陶器有关。云浦里遗址没有发现铁器,所以这种陶器面貌相当于该地区细形铜剑前期。

最后我们考察一下细形铜剑期的起始与结束年代。如前所述,相当于细形铜剑期前期的遗址依据李清圭的细形铜剑分期方案相当于第Ⅱ期,进入初期铁器时代的细形铜剑后期相当于李清圭分期的第Ⅲ期。第Ⅲ期的上限参照前述大同江流域细形铜剑期的年代,依据石岩里遗址出土的秦戈纪年铭文(公元前221年)可以看作公元前200年前后,所以该地区细形铜剑期的后期,即初期铁器时代的上限大约为公元前3世纪末~前2世纪初。另外,该地区细形铜剑期前期的开始相当于李清圭分期的第Ⅱ期,大体为公元前3世纪前后[116]。综上,该地区细形铜剑期前期约为公元前3世纪初~前3世纪末2世纪初,进入初期铁器时代的细形铜剑后期大体上从公元前2世纪初前后开始。那么我们再了解一下细形铜剑期后期的下限年代。不出土细形铜剑而出土铁剑片与铜质剑把头饰的永兴郡所罗里土城的年代大体为公元前2世纪后半~前1世纪初[117],这个年代应该是该地区细形铜剑期后期的下限年代。所以该地区细形铜剑期的下限大约为公元前2世纪后半~前1世纪初。

以上我们考察了图们江流域及咸镜道东海岸一带的青铜器文化演变,其有关内容整理如下表。

表3.7　图们江流域及咸镜道东海岸一带青铜器文化发展演变表

时　期		青铜器	陶　器	墓葬形制	绝对年代
先铜剑期		铜泡、管玉、铜钏等	红色磨研陶器、褐色磨研陶器(图们江流域)、江上里型陶器(咸镜道东海岸)	石棺墓、土圹墓(图们江流域)、支石墓(咸镜道东海岸)	公元前1200~前1100→前8世纪
琵琶形铜剑期		琵琶形铜矛、铜铃、扇形铜斧等	黑色磨研陶器(图们江流域)、金野—土城里类型陶器(咸镜道东海岸)		公元前7世纪~前4世纪→前4世纪末
细形铜剑期	前期	细形铜剑BⅡ式、铜矛、粗纹镜	黑色磨研长颈壶、二重口沿深腹钵体形陶器	石棺墓、土圹墓	公元前3世纪初~前3世纪末、前2世纪初
	后期(初期铁器时代)	细形铜剑BⅢ式、铜戈、细纹镜			→公元前2世纪前半、前1世纪初

第二节　汉江流域青铜器、初期铁器时代文化的发展演变

依据青铜器的出现、使用等标准,我们已经将朝鲜半岛内的青铜器文化大体

分为先铜剑期、琵琶形铜剑期、细形铜剑期,并对不同区域的文化发展过程进行了考察。如上文所述,使用青铜器出现、制作和使用的标准是为了克服青铜器文化中素面陶器文化不与青铜器共出,仅从陶器文化的分期、编年来把握文化变化时的不便。根据青铜器的出现、制作、使用的标准,几乎朝鲜半岛全域的青铜器文化都大体经历了我们所划分的先铜剑期→琵琶形铜剑期→细形铜剑期的发展阶段,不同地区的陶器也各具特点。前面考察的各地区的陶器已经按照其地域特性总结了不同的组合,我们将上文讨论的各地区青铜器文化发展特点总结如下(图 3.13)。

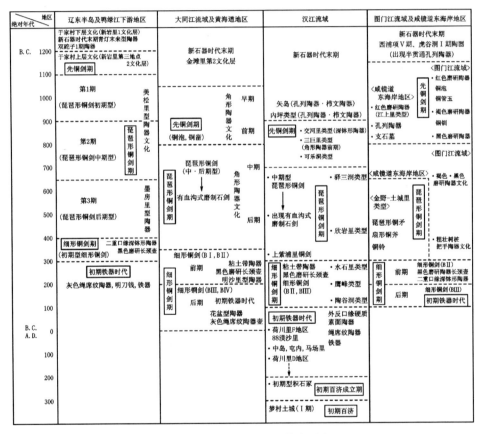

图 3.13　各地区青铜器文化变迁表

汉江流域的青铜器、初期铁器时代的文化内容如已考察的其他地区一样,可以理解为经历了同样的过程,因此,以下我们将汉江流域青铜器文化及初期铁器文化的内容也区分为先铜剑期、琵琶形铜剑期、细形铜剑期、初期铁器时代等,具体予以考察。

一、先铜剑期

汉江流域青铜器时代的陶器是以花盆形深腹钵形素面陶器为代表的,它与上文考察的朝鲜半岛的青铜器文化中的图们江流域及咸镜道东海岸地区的深腹钵形陶器最为接近。在此我们对汉江流域素面陶器文化的出现背景进行简单考察,然后通过各遗址的出土遗物具体了解该地区先铜剑期的文化内涵。

汉江流域的素面陶器文化应当是图们江流域的新石器时代或青铜器时代前期阶段陶器文化传播的结果。上文在考察图们江流域青铜器文化时,曾指出该地区新石器时代晚期的西浦项遗址Ⅴ期或者虎谷洞遗址Ⅰ期的陶器中存在半贯通的突瘤形孔列纹陶器,这种特征的孔列陶器目前只见于图们江流域、咸镜道海岸地区及汉江以南的朝鲜半岛南部地区,因此包括汉江流域的朝鲜半岛南部地区的孔列纹陶器文化很明显与图们江流域有一定的关系,李白圭已提出相关观点[118]。

由此,孔列陶器是包括汉江流域的朝鲜半岛南部地区素面陶器起源的重要线索。我们将详细考察孔列陶器传播到汉江流域的时间以及如何定居等问题。

汉江流域迄今最早的孔列陶器见于春城郡(现江原道春川市)内坪遗址[119]。这里出土了汉江流域新石器时代晚期的栉纹陶器与半贯通突瘤形孔列陶器(图3.14-1)。在晚期栉纹陶器中,混杂有与金滩里遗址Ⅱ文化层所出栉纹陶器一样器壁有突带的陶器[120]。如前文所述,金滩里遗址Ⅱ文化层时期属于该地区的素面陶器文化中角形陶器文化之前的一个阶段,所以,内坪遗址出土的具有突带的栉纹陶器大体相当于与金滩里遗址Ⅱ文化层时期的新石器时代末期。这一时期的半贯通突瘤形孔列纹陶器很可能是汉江流域素面陶器文化的来源。如前所述,突瘤形孔列纹陶器在图们江流域虎谷洞遗址Ⅰ期前后的新石器时代晚期已经出现,所以,与金滩里遗址Ⅱ文化层时期的栉纹陶器共生的内坪遗址的孔列陶器应当与图们江流域初期孔列纹陶器年代相近。

据此,汉江流域的突瘤形孔列纹陶器大体是与图们江流域新石器时代晚期阶段的半贯通突瘤形孔列陶器相关,而且这类的孔列纹陶器出现的年代属于汉江流域新石器时代末期,大致与角形陶器文化之前的金滩里遗址Ⅱ文化层时期同时。

关于内坪遗址的汉江流域最早的素面陶器孔、列陶器的具体年代,大同江流域的角形陶器的出现时期大约是公元前1100年～前1000年左右,那么比它更早的金滩里遗址Ⅱ文化层的年代下限应该是公元前11世纪左右;而突瘤形孔列纹陶器的图们江流域虎谷洞遗址Ⅰ期的年代大体是公元前12世纪左右。这样

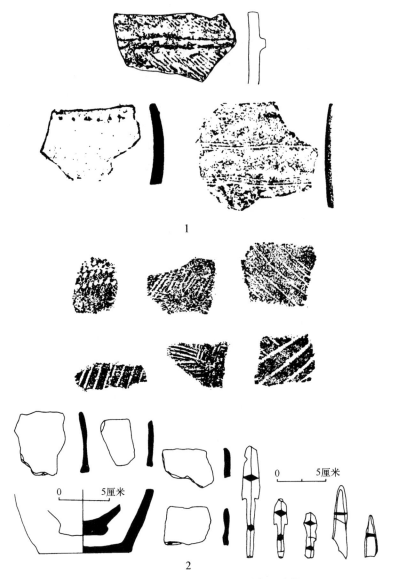

图 3.14　汉江流域先铜剑器遗址出土遗物

1. 内坪遗址　2. 交河里 2 号房址

的话,考虑汉江以北两地区的年代,内坪遗址不会早到公元前 11 世纪初以前。但是,我们既然已经推测图们江流域的突瘤形孔列纹陶器在咸镜南道地区的先铜剑期公元前 1000 年左右,那么汉江流域内坪遗址的孔列纹陶器也应该是公元前 1000 年左右,或者在比其稍晚一点的时期出现。我们还可以参考内坪遗址出土的以木炭为标本的碳十四数据,年代为公元前 1300 年~前 1100 年,公元前

890 年~前 780 年,公元前 470 年~前 400 年(以上均为校正年代)[121]。考虑汉江以北地区的年代,推定内坪遗址的年代大体为公元前 1000 年~前 900 年。

综上,汉江流域素面陶器文化出现在公元前 1000 年~前 900 年左右,与图们江流域新石器时代晚期或青铜器时代早期文化的突瘤形孔列纹陶器文化相当,但当时汉江流域还是属于与大同江流域金滩里遗址 Ⅱ 文化层并行的新石器时代晚期文化,我们暂且称该文化为"内坪类型"。图们江流域的孔列纹陶器文化最早传播到汉江流域,之后在该地区持续发展,并逐渐向南部地区扩散,形成朝鲜半岛南部地区独特的素面陶器文化。

汉江流域的先铜剑期文化就是以"内坪类型"为背景而发展的,我们考察一下这一时期的遗址与遗物。

(一)京畿道坡州郡交河里遗址[122]

交河里遗址最初是在此发掘支石墓时,发现有房址而对其进行发掘调查的。一共发现 5 座支石墓,但是几乎都遭到破坏、移位。一共发现发掘了 2 座房址,一座在支石墓的盖石下,另一座与支石墓没有关系,前者被命名为 2 号房址,后者为 1 号房址。在此,我们考察一下相当于先铜剑期的第 2 号房址的遗迹与遗物。

1. 遗迹

位于丘陵上的第 2 号房址平面呈长方形,长轴方向与丘陵的等高线方向平行,为南北向,局部遭到破坏,现存长度大约为东壁 7.8 米,南壁 4.4 米。房址竖穴的深度从发掘当时的表土算起大约为 50~70 厘米,凿开风化岩板层深约 30~40 厘米左右。柱洞等设施不甚明显,在南边位置发现有不规整的炉址。

2. 出土遗物(图 3.14 - 2)

有陶器与石器。陶器有素面陶器与栉纹陶器,这些陶器在同一地层出土。素面陶器为直沿深腹钵形陶器。石器均为石镞,其中有逆刺形镞身的有茎式长茎石镞 3 件和无茎三角形石镞 3 件。

(二)京畿道江华郡河岾面三巨里遗址[123]

该遗址共发现 5 座支石墓与 1 座房址,在此,我们只考察出土角形陶器的房址。

1. 遗迹

位于较低的丘陵上,破坏比较严重,无法确认当时遗迹的规模。房址的长轴方向大致与等高线方向一致,现存长度大约为东壁 2.5 米,南壁 1.6 米。沿着壁线发现有柱洞。

2. 出土遗物(图 3.15 - 1)

在房址内部出土有二重口沿角形陶器口沿 1 片与较窄的角形陶器底部残片
1 片。除此之外,房址外周还采集到扁平单刃石斧 1 件。

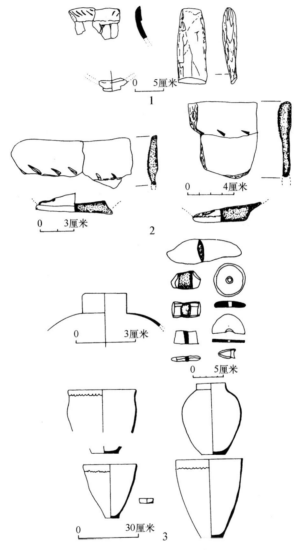

图 3.15 汉江流域先铜剑器出土遗物

1. 三巨里房址 2. 仙游里 3. 可乐洞房址

(三) 首尔市松坡区可乐洞遗址[124]

1963 年由高丽大学组织发掘房址 1 座。

1. 遗迹

位于标高约 40 米的丘陵斜面上,无法确认房址的准确规模,大体在东西 10 米,南北 7 米的范围内出土遗物。

2. 出土遗物(图 3.15－3)

出土有陶器 7 件与石器。陶器有壶形陶器 2 件与深腹钵形陶器 4 件,此外还有 1 件小碗,深腹钵形陶器的口沿形态与角形陶器一样,均为二重口沿,应是汉江流域手角形陶器影响的产物。这些陶器常被称为可乐里式陶器①,在此,我们称其为可乐洞类型[125]。

石器为三角形凹底镞、纺轮、石刀等,尚不见半月形石刀。

以上为汉江流域相当于先铜剑期的遗迹与遗物。这一时期的陶器存在两个系统,即交河里遗址 2 号房址的深腹钵形陶器系统与三巨里遗址房址的角形陶器系统。其中,交河里遗址的深腹钵形陶器系统为受中国东北地区(图们江流域)新石器时代晚期影响而在汉江流域出现的。除朝鲜半岛南部地区外,汉江流域的深腹钵形陶器仅出现在图们江流域,因此该文化系统应当与图们江流域有关。而三巨里遗址出土的角形陶器很明显是从角形陶器文化地区传播来的,传入的时间从角形陶器的形态来看,大体相当于新兴洞遗址、深村里遗址阶段,大体为角形陶器文化的前期[126]。

但是可乐洞遗址出土的可乐洞类型陶器呈现的是交河里遗址 2 号房址的深腹钵形陶器与三巨里遗址的角形陶器的融合,因此,它的出现年代可能比交河里遗址、三巨里遗址稍晚一些,但交河里遗址比下文提到的琵琶形铜剑期的玉石里遗址的房址和欣岩里遗址的房址要早得多,其证据是欣岩里类型陶器[127]与血沟式磨制石剑共生,而血沟式石剑是受琵琶形铜剑文化的影响而产生的,另外,欣岩里类型陶器是可乐洞类型陶器与以孔列纹陶器为主的驿三洞类型陶器[128]交流融合而产生的。

综上,汉江流的先铜剑期有两个不同的系统并存,分别是属于素面陶器文化中角形陶器文化的三巨里遗址群与受图们江流域深腹钵形陶器文化影响的交河里遗址群,并出现了类似部分可乐洞遗址呈现出两个系统融合的现象。作为深腹钵形陶器一支的交河里遗址群与受新石器时代晚期图们江流域陶器影响的内坪遗址具有相同的文化面貌,但交河里遗址以素面陶器文化为主,这一点又不同于内坪遗址[129],因此它们的年代不同。考虑到已判断的内坪遗址的年代,交河里遗址 2 号房址的陶器大体可以定在公元前 10 世纪~前 9 世纪左右。此外,因

---

①　可乐洞原称可乐里,发掘时曾被命名为"可乐里式陶器",现在学术界统一称之为"可乐洞类型"。

为三巨里遗址的角形陶器与大同江流域角形陶器文化的前期大体同时,所以可以定在公元前 9 世纪~前 8 世纪左右。可乐洞遗址的陶器为交河里遗址与三巨里遗址两陶器文化融合的产物,其年代大体为公元前 8 世纪,这个年代与后面将要讲到的汉江流域的琵琶形铜剑期的开始有关,因此在讨论琵琶形铜剑文化向汉江流域传播时还会涉及。

二、琵琶形铜剑期

琵琶形铜剑期的汉江流域与大同江流域及黄海道地区的情况一样,不是琵琶形铜剑文化的直接传播的地区,而是受到琵琶形铜剑文化间接影响的地区。尽管如此,我们划分出琵琶形铜剑期是为了突出汉江流域独特的深腹钵形陶器文化,这种器物的形制演变清楚地反映了朝鲜半岛青铜器文化的年代序列。由于这个时期与辽东地区及鸭绿江流域先进的青铜器文化琵琶形铜剑文化并行,并且在包括大同江流域的朝鲜半岛地区,这个时期是深受琵琶形铜剑文化影响的一个时期,因此我们仍然把这一时期划为"琵琶形铜剑期"。

根据各地区琵琶形铜剑的出土情况,琵琶形铜剑文化对几乎朝鲜半岛全境的传播已经得到确认。汉江流域琵琶形铜剑文化的传播不甚明显,从忠清南道扶余郡松菊里遗址琵琶形铜剑的出土情况来看,汉江流域也明显地受到了琵琶形铜剑文化的影响。传出自江原道春川地区的两件铜剑(图 3.6 – 6)[130]为这个推论提供了重要证据。这两件琵琶形铜剑的锋部全部缺失,现存长度大约分别为 22.0 厘米与 14.0 厘米,从残存的刃部形态来看,大体为琵琶形铜剑的中期型、后期型。即,刃部突起不明显,基部稍显平缓等,都属于与后期型接近的特征。

春川出土的琵琶形铜剑形态与后期型接近,但并不是说汉江流域琵琶形铜剑的传播时期就是琵琶形铜剑期的后期,即辽东地区琵琶形铜剑的第 3 期前后。从包括前述的松菊里遗址出土的琵琶形铜剑和传自尚州地区出土的琵琶形铜剑来看(图 3.16),这些都是典型形态的琵琶形铜剑,即属于中期型。所以汉江流域只出晚期琵琶形铜剑这种观点,从琵琶形铜剑文化向朝鲜半岛内传播的过程来考虑,也是不妥当的。汉江流域应当与大同江流域相似,琵琶形铜剑文化是在琵琶形铜剑中期型时期,即辽东地区琵琶形铜剑期第二期前后传播到该地区。如前所述,辽东地区琵琶形铜剑第 2 期大体相当于公元前 9 世纪~前 7 世纪之间,在大同江流域角形陶器文化圈中,琵琶形铜剑文化传播的时期大约为公元前 9 世纪末~前 8 世纪初,所以,汉江流域比此稍晚一点,推定大约在公元前 700 年左右应该没什么问题。这与松菊里遗址出土的琵琶形铜剑大约在公元前 8 世纪~7 世纪前后的观点[131]也是一致的。

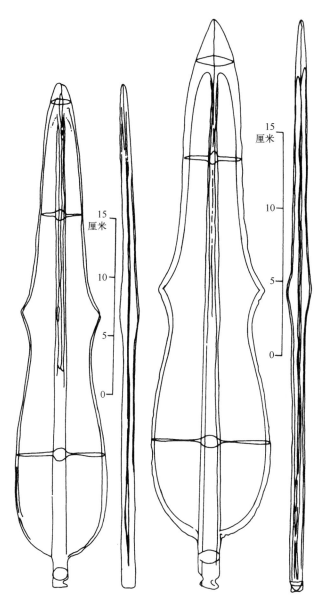

图 3.16　传尚州出土琵琶形铜剑（湖岩美术馆收藏）

　　从以上内容可知,汉江流域琵琶形铜剑期的开始大约为公元前 7 世纪前后,我们期待这个年代以后随着该地区琵琶形铜剑遗址的发现有可能再往前推,但目前还只能定在这个时期。我们再具体的考察一下传播到汉江流域的琵琶形铜剑文化。在大同江流域及黄海道地区等角形陶器文化地区传播的琵琶形铜剑文化中,出现磨制石剑向血沟式变化的现象。即以往存在的磨制石剑模仿新传入的琵琶形铜剑,开始制作有沟的磨制石剑。这种现象也见于汉江流域的素面陶器文化中,在该地区琵琶形铜剑传入的公元前 700 年前后出现了有血沟的磨制石剑,这绝不是偶然的现象。

汉江流域出土的血沟式磨制石剑,目前为止几乎都是二段柄式有血沟石剑,在京畿道坡州郡玉石里遗址、食岘里遗址,骊州郡欣岩里遗址(12 号房址、1 号房址)、广州郡高德里遗址(现首尔市江东区高德洞)等地出土的都是这种形式。其中,可知绝对年代的是骊州郡欣岩里 12 号房址与坡州玉石里遗址的房址等,碳十四测年结果如下:

欣岩里 12 号房址[132]:公元前 1650~前 1490 年,公元前 1300~前 1030 年,公元前 930~前 780 年,公元前 1390~前 1170 年(以上均为校正年代);

坡州郡玉石里遗址的房址[133]:公元前 900~前 740(校正年代)。

欣岩里遗址 12 号房址的偏差较大,考虑到汉江流域青铜器时代素面陶器的上限为公元前 9 世纪前后,只有公元前 930~前 780 年的这个测年结果基本还是合理范围内的年代。碳十四测年结果是不能任意取舍的,测年结果揭示的具体绝对年代值是一个具有统计意义的数值,正确的测年结果如是充分数值,其中大多数数值应在测定值范围内,也包括实际的绝对年代。在此,首先比汉江流域素面陶器文化出现年代很早的测定值,显然不是反映实际年代的数值,所以应予以排除。另外,坡州玉石里遗址的测年值仅有一例,所以无法确认,考虑到欣岩里遗址测年值中,比较具有实际意义的是公元前 930~前 780 年这个数值,那玉石里遗址公元前 900~前 740 年这个结果基本可以看作反映实际年代的数值。参考以上两个遗址的碳十四测年值中反映绝对年代的数值,那汉江流域血沟式磨制石剑开始制作的年代大概也应该与这个时期接近。考虑到鸭绿江与辽东地以及大同江流域琵琶形铜剑期的年代,该年代与推定的汉江流域这几例琵琶形铜剑文化传播时期,即公元前 700 年前后的时期基本一致。

通过以上讨论,汉江流域血沟式磨制石剑的出现是该地区传入琵琶形铜剑以后在素面陶器文化中出现的一个变化,其年代大体上在公元前 700 年。

下面对基本不见青铜器的汉江流域琵琶形铜剑期的遗址和遗物,尤其是陶器进行考察,以了解汉江流域在整个朝鲜半岛的“琵琶形铜剑期”这个阶段以深腹钵形素面陶器为代表的文化组合。

(一)京畿道坡州郡玉石里遗址[134]

在玉石里遗址共调查了 6 座支石墓与 2 座房址,这 2 座房址均叠压在支石墓之下。在这 2 座房址中,A 号支石墓下面露出的是出土栉纹陶器的新石器时代的房址。我们在这里要考察的是在 B1 号支石墓下面揭露的体现素面陶器文化面貌的房址。

1. 遗迹

出土素面陶器的房址位于标高约 80 米左右的丘陵等高线上，竖穴房址的规模较大，东西长边 15.7 米，南北短边 3.7 米。四壁周边分布着密集的柱洞，但在房址的居住面上没有发现炉灶。

2. 出土遗物（图 3.17－1）

共出土陶片 120 余片，其中口沿部陶片有 11 片，其中 10 片有孔列纹，可以确认大多数陶器口沿施有孔列纹。

石器有磨制石剑 1 件、磨制石镞 22 件、多头石斧片 1 件、纺轮 2 件、片刃石斧 2 件、砥石 9 件、碾石 3 件等，磨制石剑为二段柄有沟式石剑，应当是琵琶形铜剑传到汉江流域以后受其影响的产物。

该房址的年代来自该房址出土的直径约 12 厘米的柱洞中的木炭的碳十四数据，为距今 2590±105 年，通过树轮校正大体可换算为前面提到的公元前 740～前 900 年左右。

（二）首尔市江南区驿三洞遗址[135]

1. 遗迹

该房址大约长 16 米，宽 3 米左右，与前述的玉石里遗址的房址规模相近。柱洞在壁面上，大约间隔 1～2 米分布，没有发现房址的居住面。房址的竖穴深度大约 50～60 厘米。

2. 出土遗物（图 3.17－2）

陶器有壶形陶器、深腹钵形陶器与红色磨研陶器。深腹钵形陶器中有较多的半贯通或贯通的孔列纹陶器，其中还有在口沿部刻纹的所谓"口唇刻目的孔列纹陶器"。这种陶器还见于前面提到的玉石里遗址与将要介绍的欣岩里遗址，我们将其称为"驿三洞类型"[136]。这是汉江流域琵琶形铜剑期素面陶器文化的一个类型，主要特点是可见孔列纹陶器、口唇刻目[①]（孔列纹）陶器、红色磨研陶器和短颈壶等，它主要见于驿三洞遗址，欣岩里 4 号、6 号房址[137]，此外还有前述的玉石里房址。

石器中有剖面呈圆筒形的磨制石斧、半月形石刀、扁平片刃石斧、三角形凹底石镞等。

---

① 口唇刻目指口沿处有压印短线纹。

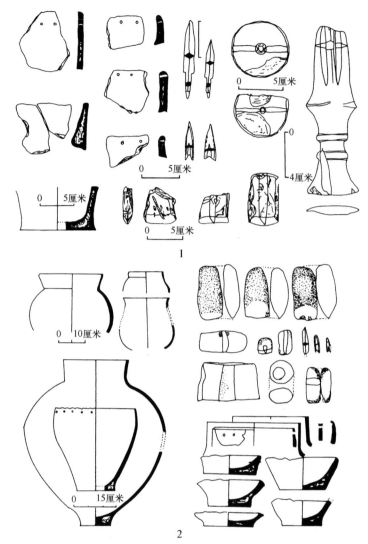

图 3.17 汉江流域琵琶形铜剑期遗址出土遗物

1. 玉石里 2. 驿三洞

（三）京畿道骊州郡欣岩里遗址[138]

欣岩里遗址位于南汉江流域京畿道骊州郡占东面欣岩里村后山上，分布于标高约 123 米的丘陵斜面一带。1972~1978 年间进行了发掘，共发掘房址 14 座。

欣岩里遗址的房址中出土孔列纹陶器、口唇刻目（孔列纹）陶器与红色磨研陶器等驿三洞类型的陶器，也有出土驿三洞类型和更早的属于先铜剑期的可乐洞类型陶器融合而成的"欣岩里类型"[139]陶器的房址。属于前者的有 4 号、6 号房址,这些房址要比出土欣岩里类型陶器的房址早很多[140]。在此,我们仅考察一下呈现"欣岩里类型"陶器面貌的房址。

1. 欣岩里遗址 1 号房址

该房址是在长方形风化花岗岩上掘出长 8.2 米,宽 4.2 米,深约 80 厘米的坑筑造而成的,房址居住面上没有发现柱洞及炉址等设施,只有 5~10 厘米的黏土。

出土遗物(图 3.18)有孔列纹陶器、壶形陶器等,除典型的圆底短颈壶外,红色磨研陶器还有具有圈足的豆形陶器。壶形陶器口沿残片中,有阴刻格子纹和角形陶器中所见的二重口沿,反映了与角形陶器文化的关系。

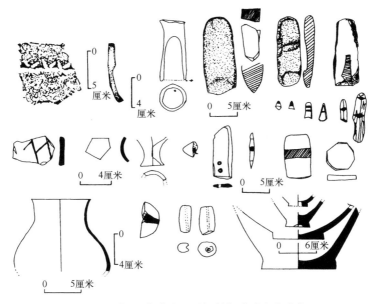

图 3.18　汉江流域琵琶形铜剑期遗址出土遗物

欣岩里 1 号

石器有双刃圆筒形石斧、三角形凹底镞、半月形石刀以及血沟式磨制石剑等。

2. 欣岩里遗址 2 号房址

这是一座只残存一部分的竖穴房址,北壁残长约 6.9 米,西壁残长 3.2 米。没有发现柱洞与炉址等,与 1 号房址一样只盖了一层黏土。

出土遗物有孔列纹陶片,口唇刻目孔列纹陶器,口沿下有阴刻线、含陀螺形陶器文化因素的孔列陶片,红色磨研陶豆片,纺轮,渔网坠,有茎石镞,扁平端刃石斧,半月形石刀,碾石等。

3. 欣岩里遗址 7 号房址

这是一座南北为长轴的竖穴房址,东边局部已被破坏。南北长 9.6 米,东西残宽 2.8 米。房址底面盖有黏土,在其中央发现 4 个柱洞。

出土遗物有孔列纹陶器、口唇刻目陶器、口沿下有短斜线并刻目的陶器,以及渔网坠、纺轮、圆筒形双刃石斧、碾石等。

4. 欣岩里遗址 9 号房址

南北长壁约 7.05 米,东西短壁约 3.5 米,房址内没其他设施。

出土遗物有孔列纹陶器、豆形陶器、红色磨研陶器、壶形陶器,还有口沿下有短斜线纹的角形陶器系统的陶片,以及二段茎石镞、三角凹底镞、扁平石斧、半月形石刀、石刀等。

5. 欣岩里遗址 12 号房址

位于等高线顶部附近,长壁约 9.7 米,短壁约 3.5 米。房址底面局部铺有黏土,并有柱洞与用于储藏的窖穴。两长壁边各有一列柱洞,房址居住面上也有一列,共计三列。发现三处炉址。

出土遗物有孔列纹陶器、口唇刻目孔列纹陶器、角形陶器系统的陶器、豆形陶器、壶形陶器等陶器,以及血沟式磨制石剑残片、半月形石刀、石枪、环状石斧、三角凹底石镞、一段有茎镞、二段有茎镞、石刀等石器类遗物,除此之外还出土有大麦、粟、黍、稻等炭化谷物,成为了解欣岩里遗址先民农耕生活非常重要的资料。

（四）其他遗址

属于琵琶形铜剑期的遗址还有京畿道广州郡渼沙里遗址(房址)[141]、江原道春城郡新梅里遗址(房址)[142]、忠清北道堤原郡阳坪里遗址 B 地区房址[143]等。

（五）汉江流域琵琶形铜剑期陶器文化的发展

我们已经考察了汉江流域琵琶形铜剑期的代表遗址,下面将通过各遗址出土的陶器进一步考察汉江流域陶器文化。

先铜剑期的陶器文化,有以内坪遗址为代表的"内坪类型",典型陶器是半贯通孔列纹陶器,并共出新石器时代晚期的栉纹陶器,然后逐渐发展成以交河里遗址为代表的"交河里类型";还有大同江流域角形陶器文化前期传入汉江流域的江华岛"三巨里类型";以及以上两者在汉江流域融合而成的"可乐洞类型"等。

到了琵琶形铜剑期,"交河里类型"的深腹钵形素面陶器中新出现了红色磨研陶器,并进一步在以往深腹钵形素面陶器上出现"口唇刻目"等要素,出现了"驿三洞类型"的陶器,包括玉石里遗址的房址、驿三洞遗址的房址等汉江流域下游地区的遗址与堤原阳坪里遗址的房址等南汉江流域的房址等。"驿三洞类型"的陶器再与"可乐洞类型"的陶器文化相结合,奠定了新的"欣岩里类型"陶器文化的基础,其中的"可乐洞类型"开始于先铜剑期稍晚阶段,并延续到这一时期。这类"欣岩里类型"陶器见于新岩里遗址 1、2、7、9、12、14 号房址等。琵琶形铜剑期的驿三洞类型和欣岩里类型陶器文化的石器面貌也与先铜剑期的石器有很大差别,前者存在血沟式磨制石剑,即驿三洞类型与欣岩里类型血沟式磨制石剑,而在交河里类型、三巨里类型、可乐洞类型等文化中不见血沟式磨制石剑。通过分析我们认为血沟式磨制石剑是汉江流域在琵琶形铜剑传入后的仿制品,因此血沟式磨制石剑的存在就是琵琶形铜剑期的证据。所以,共出血沟式磨制石剑的驿三洞类型与欣岩里类型的陶器文化要比没有共出石剑的交河里类型、三巨里类型和可乐洞类型陶器文化相对晚一些。

　　通过对汉江流域深腹钵形素面陶器文化的考察,可以建立年代序列如下(图 3.19)。

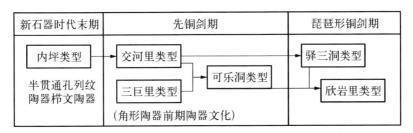

图 3.19　汉江流域深腹钵形素面陶器文化年代序列

三、细形铜剑期

　　通过对朝鲜半岛青铜器文化发展演变的考察我们得知,细形铜剑期的开始是与二重口沿深腹钵形陶器(在汉江流域及大同江流域为黏土带陶器)和黑色磨研长颈壶等新的陶器文化有关的。汉江流域也是如此,细形铜剑期的开始大体与大同江流域传来的辽东地区初期细形铜剑文化的影响密切相关。

　　关于汉江流域细形铜剑的开始年代目前还没有明确的证据,但参考上文介绍的辽东地区及大同江流域细形铜剑的开始年代,大体可以认为是公元前 4 世纪末~前 3 世纪左右。这个观点可以参考京畿道阳坪郡上紫浦里遗址第 4 号支石墓的碳十四年代测定数据。这个遗址有琵琶形铜剑后期型[144]的孔列纹陶器、红色磨研陶器等,可看作相当于汉江流域琵琶形铜剑期末期的遗址。其年代测定结果为公元前 290 年前后[145],大体为公元前 3 世纪前后,即琵琶形铜剑期的下限。此外,包括汉江流域在内的以南地区出土的细形铜剑型式大部分为 BⅡ式以后的型式,相当于李清圭分期的细形铜剑第Ⅱ期以后[146],与我们推测的汉江流域细形铜剑期上限公元前 300 年左右也是一致的。

下面通过考察汉江流域细形铜剑期的遗址、遗物来了解这一时期的特点。

（一）京畿道南杨州郡渼金面水石里遗址[147]

水石里遗址位于汉江北岸，标高约为 40 米的丘陵斜面上。该遗址共发掘了 6 座房址，出土黏土带陶器、黑色磨研长颈壶等细形铜剑期的陶器（图 3.20－4）。

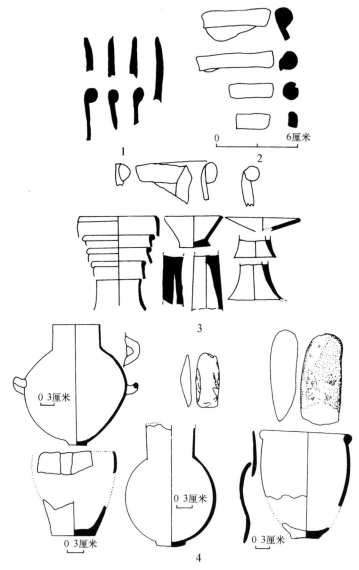

图 3.20 汉江流域细形铜剑期出土器物（一）

1. 扬州道谷里 2. 春川温衣洞 3. 峨嵯山遗址 4. 水石里房址

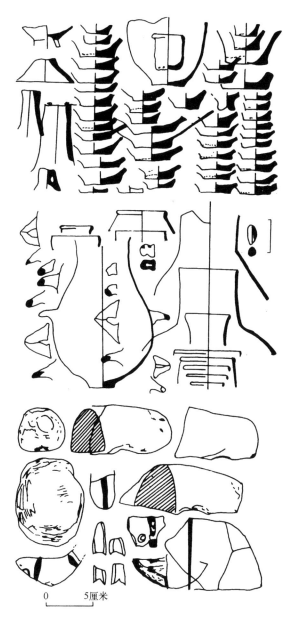

0　　　5厘米

图 3.21　汉江流域细形铜剑期出土器物(二)

鹰峰 A

这个遗址出土的陶器有黏土带陶器(深腹钵形陶器)、黑色磨研长颈壶、外翻口沿素面陶器、内敛口沿素面陶器等,其中,大多数陶器是黏土带陶器与黑色磨研长颈壶这两种具有细形铜剑期特征的陶器。

1. 黏土带陶器

共确认 3 件。器表颜色为接近黑褐色,胎土中混杂有贝壳粉。口径 20.5 厘米,高 24 厘米,口沿部贴附剖面呈圆形的黏土带。

2. 黑色磨研长颈壶

共有 2 件。2 件均不是完全的黑色,但器形与细形铜剑共出的黑色磨研长颈壶相同。其中 1 件口沿缺失,残高 27.5 厘米,口径 11 厘米,腹径 21 厘米左右,胎土中稍混杂有沙粒。器表部分磨光,呈黑灰色。另一件是在腹部两侧贴附有环状圆形把手的长颈壶,高 32.8 厘米,口径 13.5 厘米,腹径 29 厘米左右。此外还有两件陶壶残片,器表磨光呈黑色。

(二) 首尔市城东区峨嵯山遗址[148]

只有文化层的一个遗址,遗物全部是地表采集,陶器中有黏土带陶器、豆形陶器、黑色磨研长颈壶残片等(图 3.20 - 3)。

(三) 首尔市城东区鹰峰遗址[149]

只有文化层以及在地表采集的遗物。这些遗物包括剖面呈圆形的黏土带陶器、豆形陶器、黑色磨研长颈壶等以及有沟石斧等石器。黑色磨研长颈壶中多见贴附有组合式牛角形把手与独角牛角形把手的(图 3.21)。

(四) 京畿道南杨州郡道谷里遗址[150]

该遗址与春川市温衣洞遗址[151]等发现有剖面呈圆形的黏土带陶器片等(图 3.19 - 1)。

(五) 京畿道杨州郡四老里遗址[152]

用石块垒砌成墓室的石棺墓遗址,出土细形铜剑 1 件、铜鉇 1 件,据传共出汉式陶器,但没有得到确认。

(六) 京畿道龙仁郡慕贤面草夫里遗址[153]

出土细形铜剑铸范的遗址。铸范全部为滑石制成,是双范。共出土 3 枚,其中 2 枚是一组,还剩 1 枚是另一组。这种铸范铸造的细形铜剑的尺寸长度分别为 25 厘米和 27 厘米。

（七）其他与细形铜剑相关遗址

汉江流域所知的与细形铜剑相关的遗址还有出土细形铜剑的首尔永登浦遗址[154]、江东区上一洞遗址[155]，出土细纹镜与细形铜剑的江原道横城郡讲林里遗址[156]，出土铜矛铸范的高扬郡原堂里遗址[157]等（图 3.22~3.23）。

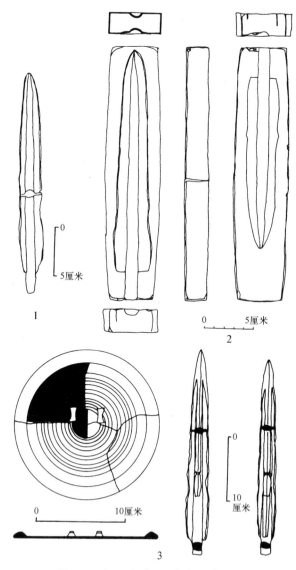

图 3.22　汉江流域细形铜剑期青铜器

1. 上紫浦里支石墓　2. 龙仁出土熔范　3. 横城讲林里

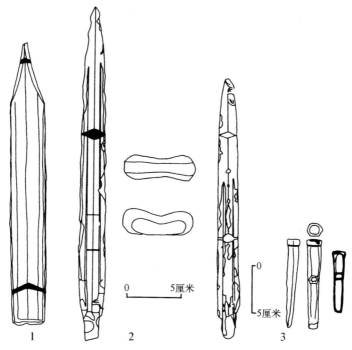

图 3.23   汉江流域细形铜剑期出土遗物

1. 杨州四老里   2. 上一洞   3. 永登浦

上文简略考察了汉江流域细形铜剑期的遗址与遗物,下面将通过这些遗物简略考察一下汉江流域细形铜剑期的文化特征,尤其是陶器与细形铜剑的特征。

细形铜剑期的陶器以黏土带陶器与黑色磨研长颈壶为代表,我们已经考察过黏土带陶器与黑色磨研长颈壶在不同时空所表现的形态差异。大同江流域细形铜剑期的黏土带陶器由最初的圆形剖面逐渐向三角形剖面演变,后又发展成没有黏土带的外翻口沿,黑色磨研长颈壶器身贴附的把手形态是由最初的环状把手向组合式牛角形把手,然后再向牛角形把手,最后向粗壮的把手演变,这些都是比较明确的。而汉江流域的细形铜剑期遗址的黏土带陶器还是相对较早的圆形剖面,而不是剖面呈三角形的。黑色磨研长颈壶在水石里遗址的是贴附环状把手,鹰峰遗址的是贴附组合式牛角形把手与牛角形把手,没有发现贴附粗壮把手的,这与黏土带陶器的情况一样,都属于年代较早的类型。

而细形铜剑都属于李清圭分类中的 BⅡ式、BⅢ式,大体相当于于李清圭细形铜剑分期的第Ⅱ期、第Ⅲ期[158]。值得注意的是,汉江流域的细形铜剑尚未发现与铁器共生,而前面提到的大同江流域、咸镜道东海岸地区等地的 BⅢ式、BⅣ式细形铜剑部分与铁器共出。汉江流域的细形铜剑不与铁器共出、陶器具有较早特征以及细形铜剑的形式属于 B Ⅱ 式、B Ⅲ 式这些较早形制,以上这些因素都说明汉江流域比大同江流域、咸镜道东海岸地区等地的细形铜剑期结束的早,即汉江流域细形铜剑期在初期铁器到来之前就结束了。我们将汉江流域地区和大同江流域与咸镜道东海岸地区这两个地区的细形铜剑期都分为不与铁器共生的前期和与铁器共生的后期。但是汉江流域没有与铁器共生的细形铜剑后期,而且,无论是细形铜剑的型式还是陶器的型式都呈现出比较早的特征。

综上,汉江流域的细形铜剑期只有细形铜剑期前期,没有铁器到来后的细形铜剑后期。汉江流域的这种地区特征,与汉江以南的湖南地区、岭南地区等地的细形铜剑一直延续到初期铁器时代的细形铜剑后期相比,差别是很明显的。在细形铜剑后期,与初期铁器共生的细形铜剑文化区的大同江流域、元山湾一带的咸镜道东海岸地区,岭南地区的大邱、庆州、金海等地,都经过了初期铁器时代及原三国时代①成为当地政治势力的发展基础,这一点并不是偶然的。所以汉江流域由于在细形铜剑期后期处于空白状态,没有为地方势力的发展提供基础,这种状态一直持续到初期铁器时代以后的初期百济时代才得到改变。后面将要看到汉江流域初期铁器时代开始的比较晚,究其缘故,就是与从细形铜剑期后期开始的空白状态或为文化的边缘化有关,而且,作为遗民势力的百济在汉江流域可以定居也与以上这些情况有密切关系。

四、初期铁器时代

关于朝鲜半岛初期铁器文化到来的时间有很多争议,主流观点认为中国战国时代铁器文化传播到朝鲜半岛以后,导致朝鲜半岛进入铁器时代[159]。关于初期铁器文化开始的时间存在不同的看法,主要是由于各自所涉及的地区不同。为了解决这个问题,应该将朝鲜半岛划成不同的区域,然后按区域对各自出土的铁器进行科学分析。关于汉江流域初期铁器文化的开始与发展,我们先从朝鲜半岛初期铁器文化的发展入手,然后再讨论汉江流域初期铁器文化的年代。

朝鲜半岛内初期铁器文化的形成与发展,大体可分为三个阶段[160],本文所说的三个阶段与其说是指文化发展的阶段,不如说是初期铁器文化传播的三个契机更有意义,所以这些不同文化阶段并不是文化系统存在显著差异的前提。

铁器文化最早传播的第一阶段的背景是中国战国时代燕国的铁器文化向朝鲜半岛西北部及图们江流域的传播。战国铁器文化向辽东地区及朝鲜半岛西北

---

① 原三国指辰韩、弁韩、马韩,又称"三韩"。

部传播,形成了所谓"细竹里—莲花堡类型"的铁器文化,其显著特点是灰色绳席纹陶器和铸造铁器。出土第一阶段战国铁器的遗址有慈江道渭原郡的龙渊洞遗址,平安北道的细竹里遗址,图们江流域的虎谷洞遗址、五洞遗址等[161],铁器的形制主要是横剖面呈长方形的铸造铁斧、铁镰、铁制半月形刀、铁矛、铁铊、铁锹等。依据东潮的分类,铁制品的形态属于 A I 式系统,銎部宽于刃部[162]。根据细竹里遗址或龙渊洞遗址出土的明刀钱,可以把第一阶段战国铁器向朝鲜半岛西北部地区传播的时间定在公元前 4 世纪末~前 3 世纪初前后。

铁器文化第二阶段的传入,主要包括西北地区大同江流域的土圹墓及土圹木椁墓中出土的铁器,相当于青铜器文化的细形铜剑期后期,即与铁器共出的细形铜剑期。这一阶段铁器文化传播的地区可分为大同江流域,元山湾一带的咸镜南道地区,庆州一带,洛东江下游地区等,典型器物有细形铜剑,模仿细形铜剑的铁剑,东潮分类的 A I 式、A II 式铁斧,B I 系统的铁斧,板状铁斧、铁矛、铁镰、铁凿、铁刀子等。陶器随着地域的不同存在一些差异,在大同江流域以花盆形陶器、灰色绳席纹陶器为主,在洛东江流域由剖面呈三角形的黏土带陶器、外翻口沿素面陶器等构成,与郑澄元、申敬澈所说的"终末期素面陶器文化"或崔盛洛所说的"硬质素面陶器文化"的内容一致。关于第二阶段初期铁器文化传播的背景不甚清楚,有学者认为与同时期卫满朝鲜的成立有关[163]。这一阶段的遗址有大同江流域的平安南道南浦市台城里土圹墓群,黄海南道殷栗郡云城里土圹墓群,咸镜南道永兴郡的所罗里土城,庆州地区的九政里遗址、入室里遗址,洛东江流域的庆尚南道昌原郡茶户里土圹墓,三千浦勒岛遗址等。第二阶段铁器文化的传播时期的起始年代应当在卫满朝鲜成立的公元前 2 世纪初前后,结束于乐浪郡的设置,即公元前 108 年左右的公元前 2 世纪末前后。

第三阶段的铁器文化是指乐浪郡设置以后,汉代铁器文化正式流入的时期。这一时期的典型器物有东潮的 B II 式(锻造銎斧),还有新出现刃部带托、具有更宽有肩刃的 B IV 式,铁锹头、环首刀、无茎三角凹底铁镞等。大同江流域有花盆形陶器、汉式陶器等,南部庆州或洛东江流域开始出现瓦质陶器,汉江流域除绳席纹、格子纹等压印壶形陶器外,依旧还使用硬质素面陶器。该时期主要的遗址有大同江流域所谓的木椁墓(乐浪木椁坟)、砖室墓等,在汉江流域有中岛、屯内、西屯洞、加平马场里,荷川里 F 地区,阳坪里,桃花里等地的积石塚,洛东江流域出土有瓦质陶器的原三国时代的土圹木椁墓。

以上简略考察了朝鲜半岛内铁器文化的形成与不同的发展阶段。汉江流域的铁器文化相当于前文划分的第三阶段,但值得注意的是汉江以南的洛东江流域或庆州地区等地的铁器文化属于第二阶段。我们在讨论汉江流域的青铜器文化时曾经指出,汉江流域没有发现与铁器共出的细形铜剑遗址(即:细形铜剑期后期),而该地区初期铁器文化的出现又比较晚,不知这两种现象之间是否存在某种必然的联系。从目前的发现看,汉江流域从细形铜剑期后期阶段到初期铁器文化传播的第三阶段之间存在文化空白状态。

汉江流域的文化空白状态是根据该地区初期铁器时代遗址的年代较晚而确认的,为了进一步研究这个问题,首先要详细考察汉江流域初期铁器时代的遗存。

先看一下陶器,汉江流域初期铁器时代的中岛[164]、屯内[165]、西屯洞[166]、马场里[167]以及荷川里 F 地区[168]等地遗址的陶器为外翻口沿的硬质素面陶器,盖形硬质素面陶器、圆形硬质素面陶器等硬质素面陶器系统与施有绳席纹、格子纹等的有领壶、有领的外翻口沿壶等构成红褐色及灰色的软质压印纹系统陶器,此外还有素面灰色或黑色磨研软质陶壶等[169](图 3.24~3.29)。申敬澈将外翻口沿硬质素面的陶器文化看作大体与洛东江流域剖面呈三角形的黏土带陶器并行的所谓"终末期素面陶器文化"[170],最近在全罗南道海南郡群谷里贝塚遗址也发现了这种硬质素面陶器,人们意识到陶器质地与形态之间的某种对应关系。但是,后文将要提到,汉江流域的硬质素面陶器存在的时期与南方地区洛东江流域的并不一致,也就是说各地硬质素面陶器的使用时间并不是一样长,因为中岛遗址出土的黑色磨研外翻口沿短颈壶属于第二阶段,而属于第三阶段的云城里遗址木椁墓 3 号坟[171]也出土与之类似的陶壶,所以汉江流域的勒岛遗址出土的这种陶壶,不仅有可能属于第二阶段,而且还有可能属于第三阶段。如果考虑到乐浪木椁墓的上限为公元前后而砖室墓大约在公元 2 世纪后半[172],云城里遗址木椁墓的年代应该在公元 1~2 世纪之间,那这个年代要晚于包括勒岛遗址在内的南部地区的出土硬质素面陶器的遗址。以上通过陶器判断的年代也可以通过铁器加以确认,如前所述,汉江流域的铁器相当于初期铁器时代的第三阶段。关于这个问题,下面我们再详细考察一下。

汉江流域初期铁器时代的遗址出土的铁器中,年代特征明显的是铁斧与铁锹(图 3.30)。当然,铁器由于其自身特性,形态变化速度比陶器慢,所以,在陶器研究比较细致的地区,也没有必要非通过铁器来断代。但是目前有关汉江流域初期铁器文化的研究还不深入,对陶器的观点仍存在一些分歧,所以还应该从铁器入手,将其文化发展的阶段大致区分开。

中岛遗址出土的铁器有高句丽式斧形铁镞与铁镈[173]等三国时代的铁质武器。这种斧形铁镞在北仓郡大坪里遗址第二地点上文化层中也有出土,该文化层的年代大约是公元 3~4 世纪[174]。中岛遗址的报告者考虑到铁镞,将中岛遗

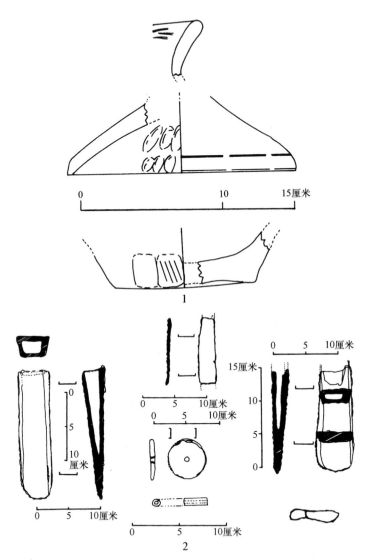

图 3.24　汉江流域的初期铁器遗址出土陶器、铁器

1. 杨州大心里　2. 中原荷川里 F 地区(1 号房址)

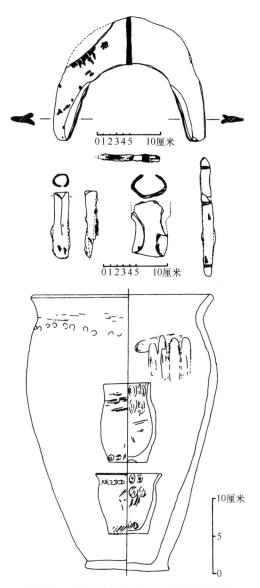

图 3.25　汉江流域初期铁器遗址出土遗物

中原荷川里 F 地区（1 号房址）

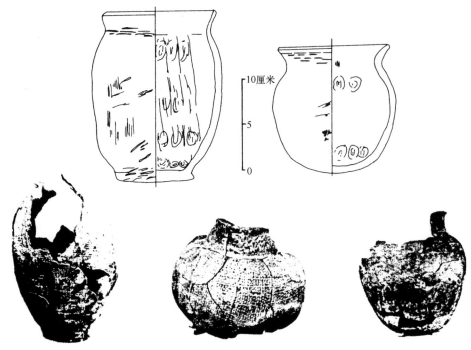

图 3.26　汉江流域初期铁器遗址出土遗物

中原荷川里 F 地区(1 号房址)

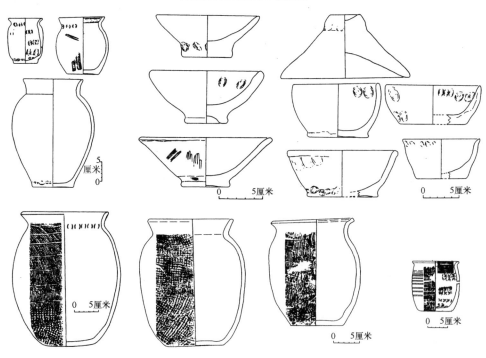

图 3.27　汉江流域初期铁器时代出土遗物(中岛)

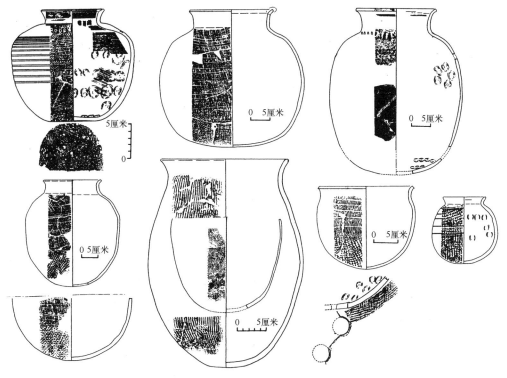

图 3.28 汉江流域初期铁器时代陶器(中岛)

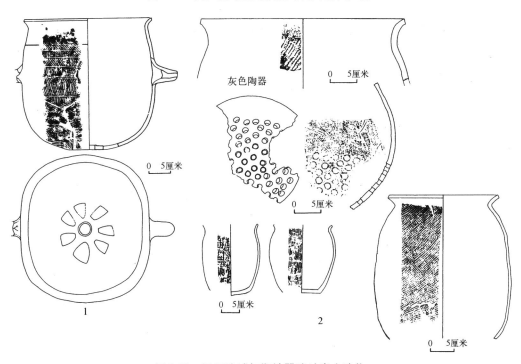

图 3.29 汉江流域初期铁器遗址出土遗物

1. 加平马场里 2. 中原荷川里 D 地区

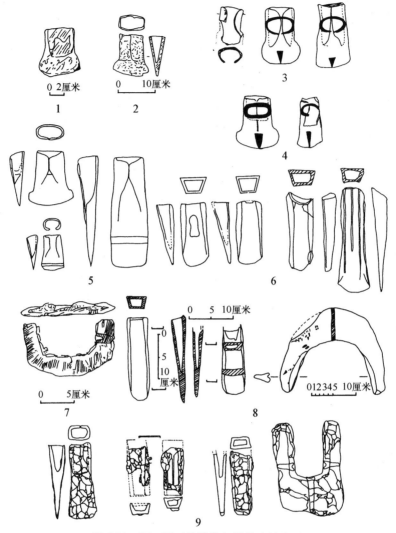

图 3.30　原三国时代铁斧与铁锹头的变迁

1. 大坪里遗址土层　2. 永登浦第 33 号室　3. 阳平里 2 号积石塚　4. 桃花里积石塚
5. 老圃洞 16 号土圹墓　6. 大心里　7. 云城里 3 号木椁墓　8. 荷川里 F 地区（2 号房
址）　9. 梦村土城

址的年代推到公元 3~4 世纪,还有将大坪里遗址第二地点中的出土品依据文化
层将其定为公元 1~2 世纪。很明显,中岛遗址的年代如果从铁器来看已经无法
再往前提了。

在汉江流域,出土铁器比较多的初期铁器时代遗址是中原郡荷川里 F 地区
的房址(图 3.31),在这个遗址共出土锻造铁斧 1 件、铸造铁斧 2 件、铁锹 1 件、铁
矛片 1 件、刀子 1 件等,其中,时代特点比较明显的是锻造铁斧与锹头。

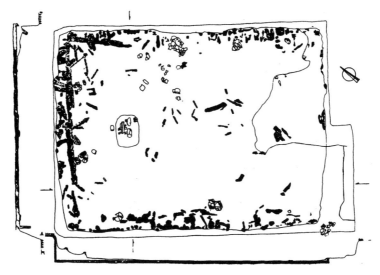

图 3.31　汉江流域初期铁器时代房址

中原荷川里 F 地区(1 号房址)

荷川里 F 地区的锻造铁斧刃部破损严重,根据残留的部分所复原的形态相当于东潮的 BⅣ 式系统,以往学界认为这种有肩鋬斧大体都是三国时代以后出现的[175],最近,这种铁斧在釜山老浦洞 16 号墓中也有出土,该墓葬属于瓦质陶器后期的原三国时代,年代大致为公元 3 世纪中叶前后[176],看来这种铁器的年代可能更早。在汉江流域的阳坪里 2 号积石塚[177]和桃花里积石塚[178]等公元 2~3 世纪的遗址中,也有 BⅣ 式鋬斧出土,因此 BⅣ 式鋬斧的出现时间早于三国时代是毫无疑问的。但在汉江以北地区的北仓郡大坪里第二地点相当于上文化层的时期[179]和高句丽墓葬丰清里遗址 33 号墓葬[180]中各有一件出土。综合上述出土情况,BⅣ 式鋬斧作为原三国时期的公元 2~3 世纪开始出现的铁器,应该没什么大问题。

荷川里遗址 F 地区还出土一件铁锹头,这种铁锹头在中国大概是战国时期开始铸造[181],而在朝鲜半岛,则应该是自第三阶段铁器文化开始出现。与荷川里遗址 F 地区出土的稍有点形态差别,殷栗郡云城里遗址第 3 号木椁墓[182]出土了锻造铁锹头,该墓葬的年代前文已经提过,大约相当于公元 1~2 世纪。

在荷川里遗址 F 地区出土的铁器中,引人注目的还有铸造铁斧。这种铸造铁斧目前被称作斧形铁器,大体出现在三国时代,与在朝鲜半岛内初期铁器时代第一阶段传播时所见的东潮分类的 BⅠ 式系统铸造铁斧不同[183]。与这件铸造铁斧年代相似的遗址有杨坪郡大心里遗址[184]、老浦洞 16 号土圹墓[185]、梦村土城[186]等。我们已经把老浦洞遗址 16 号土圹墓的年代定在公元 3 世纪中叶前后。关于大心里遗址的年代,报告作者曾将其提到公元前 4 世纪~前 3 世纪,但是由于共出有百济陶器,还应该看作与梦村土城相同的初期百济时期。当然,大心里遗址并不是单一时期形成的遗址,但其主体年代仍应该是与铸造铁斧有关的初期百济时期。因为梦村土城出土有铸造铁斧,大心里遗址出土的陶器中可见全面施有压印格子纹的陶甑片[187]等初期百济时期的陶片,因为这种甑片在梦村土城遗址中梦村Ⅱ期[188]中也有出土,梦村Ⅱ期的年代大致为公元 4 世纪中叶以后。考虑到这种铸造铁斧的出土情况,荷川里遗址出土的铸造铁斧大致可看作公元 3 世纪左右,与其共出的锻造铁斧及铁锹头的年代也大致如此,比其他遗址出土的铸造铁斧要早一些,其年代也可以暂时定为公元 2~3 世纪。

以上考察了中岛遗址及荷川里遗址 F 地区出土铁器的年代,汉江流域初期铁器文化无法上溯到公元 1 世纪以前,相反,推到公元 2~3 世纪来看是比较妥当的。究其原因,荷川里遗址出土的铁器中,也有铁锹头,形制与云城里遗址 3 号木椁墓出土的类似,其年代应为公元 1~2 世纪,其余的鍪斧与铸造铁斧无论如何难以提到公元 2 世纪以前,而铁锹头与云城里遗址出土的虽比较相似,它们之间存在的微弱形态差异还不能看作是年代更早的证据。这种铁器的形制研究如果没有金属学的分析成为其有力支撑,那它的意义是无法推广的。现在仅是推论,如果未来有金属学分析,那一定将得出更为明确的结论。与此相关的李南珪对汉江流域初期铁器时代遗址出土铁器的分析结果[189]对我们有所启示。他对马场里遗址出土铁片分析结果的解释为:"马场里遗址的铁片在 800℃以下,判断为水烧入(water quenching)的组织,可知当时已经使用了中国汉代流行的铣铁脱炭钢及其处理技术,铣铁系脱碳钢是在西汉中期以后,坩埚冶铁法发展起来后逐渐开始扩大的,水烧入,即采用水中淬火,使铁的质量强化的一种方法,说明有高度的制钢技术流入并使用。"这将成为汉江流域初期铁器文化是在第三阶段铁器文化传入的有力支撑,同时,也说明传入时期要比既有的断定晚很多。

上文通过比较汉江流域与其他地区的铁器形态,讨论了汉江流域初期铁器文化的出现与发展。得出的结论为:汉江流域初期铁器文化与朝鲜半岛铁器文化传播的第三阶段有关,其具体年代大致相当于公元 2~3 世纪前后。当然,依据将来的研究结果,这个推论还有很大的灵活性,但初期铁器时代的开始上限很难上溯到公元 1 世纪左右。最近,在朝鲜半岛东南洛东江流域的茶户里遗址、勒岛遗址等地,不断发现比汉江流域更早的第二阶段铁器文化传入的遗存,如果这些遗址的年代大体为公元前 1 世纪前后的话,那说明我们对汉江流域铁器时代的判断是可信的。

　　综上，细形铜剑期结束以后，汉江流域没有像包括大同江流域、洛东江流域在内的其他地区一样，马上进入了初期铁器时代，至少有1个世纪左右的文化空白状态，文化只残留在周边地区。大约到公元1~2世纪，这个地区才开始了初期铁器文化。这种现象也在一定程度上适用于细形铜剑期，与其他地区相比，相当于细形铜剑期的遗址数量相当少，这也说明我们的推论是可信的。与此同时，汉江流域在当时属于边缘文化区，不知是否与初期百济在汉江流域出现的背景有关。换言之，作为遗留居民集团的初期百济建国势力，很容易在此获得建国基础，因为该地区并没有强力的土著势力，相对来讲，更容易建立新的政权。

注释：

[1] 金元龙，《韩国无纹土器地域分类试论》，《考古学》1，1968，第 1~38 页。

[2] ① 金元龙，《韩国考古学概说》，一志社，1986，第 66~69 页；② 金元龙等，《青铜器时代及其文化》，三星文化库 89。

[3] 朴镇煜等，《关于琵琶形短剑文化的研究》，1987。

[4] 许玉林、许明纲、高美璇，《旅大地区新石器时代文化和青铜器时代文化概述》，《东北考古与历史》1，1982，第 23~41 页。

[5] 许玉林、许明纲、高美璇，《旅大地区新石器时代文化和青铜器时代文化概述》，《东北考古与历史》1，1982，第 23~41 页。

[6] 朝中共同考古发掘队，《中国东北地区的遗址发掘报告（1963~1965）》，1966，第 1~53 页。

[7] 许玉林、许明纲、高美璇，《旅大地区新石器时代文化和青铜器时代文化概述》，《东北考古与历史》1，1982，第 23~41 页。

[8] Kwang-Chin Chang, *The Archaeology of Ancient China*, 3rd edition, 1977，第 144~281 页。

[9] 许明纲等，《大连于家村砣头积石墓地》，《文物》1983 年 9 期，第 41~42 页。

[10] 许玉林、许明纲、高美璇，《旅大地区新石器时代文化和青铜器时代文化概述》，《东北考古与历史》1，1982，第 23~41 页。

[11] Kwang-Chin Chang, *The Archaeology of Ancient China*, 3rd edition, 1977，第 384 页。

[12] 朝中共同考古发掘队，《中国东北地区的遗址发掘报告（1963~1965）》，1966，第 1~53 页。

[13] 朝中共同考古发掘队，《中国东北地区的遗址发掘报告（1963~1965）》，1966，第 55~62 页。

[14] 许明纲等，《大连于家村砣头积石墓地》，《文物》1983 年 9 期，第 47 页。

[15] ① 新义州博物馆，《1966 年度新岩里遗址发掘简略报告》，《考古民俗》1967 年 2 期，第 41~44 页；② 李淳镇，《新岩里遗址发掘中间报告》，《考古民俗》1965 年 3 期，第 40~49

页;③ 金用玗、李淳镇,《1965 年度新岩里遗址发掘中间报告》,《考古民俗》1966 年 3 期,第 26~29 页。

[16] 朝中共同考古发掘队,《中国东北地区的遗址发掘报告(1963~1965)》,1966,第 37~ 44 页。

[17] 金元龙,《韩国考古学概说》,一志社,1986,第 66~67 页。

[18] ①尹武炳,《无纹土器型式分类试考》,《震檀学报》39,1975,第 7 页;②西谷正,《朝鲜考古学の时代区分について》,《小林行雄博士古稀纪念论文集》,1982,第 873~892 页;③ 卢爀真,《关于时代区分的一个见解》,《三佛金元龙教授停年退任纪念论丛》Ⅰ,1987, 第 755~767 页。

[19] 李清圭,《南韩地方无纹土器文化的展开与孔列纹土器文化的位置》,《韩国上古史学报》1,1988,第 85~88 页。李清圭教授开始试图将素面陶器文化(无纹土器文化)的分期与青铜器、铁器等金属器文化对比分期,这为了系统的理解素面陶器文化而作出的进步。笔者的观点大体与其相同,微观上稍有一些差异,有关这部分内容,将在本文展开过程逐步体现。

[20] 许玉林、许明纲、高美璇,《旅大地区新石器时代文化和青铜器时代文化概述》,《东北考古与历史》1,1982,第 23~41 页。

[21] 许玉林、许明纲、高美璇,《旅大地区新石器时代文化和青铜器时代文化概述》,《东北考古与历史》1,1982,第 23~41 页。

[22] 许玉林、许明纲,《旅大地区石棚综述》。

[23] 许玉林、许明纲、高美璇,《旅大地区新石器时代文化和青铜器时代文化概述》,《东北考古与历史》1,1982,第 23~41 页。

[24] 朴镇煜等,《关于琵琶形短剑文化的研究》,1987,第 29~42 页。

[25] ① 秋山进午,《中国东北地方の初期金属器文化の样相》(上、中、下),《考古学杂志》53－4,54－1,54－4,1968,1969;② 乌恩,《关于我国北方的青铜短剑》,《考古》1978 年 5 期;③ 林沄,《中国东北系铜剑初论》,《考古学报》1980 年 2 期;④ 迟雷,《关于曲刃青铜短剑的若干问题》,《考古》1982 年 1 期;⑤ 靳枫毅,《论中国东北地区含曲刃青铜短剑的文化遗存》,《考古学报》1982 年 4 期,1983 年 1 期;⑥ 朴镇煜等,《关于琵琶形短剑文化的研究》,1987;⑦ 翟德芳,《中国北方地区青铜短剑分群研究》,《考古学报》1988 年 3 期。

[26] 林沄,《中国东北系铜剑初论》,《考古学报》1980 年 2 期;朴镇煜等,《关于琵琶形短剑文化的研究》,1987;翟德芳,《中国北方地区青铜短剑分群研究》,《考古学报》1988 年 3 期。

[27] 秋山进午,《中国东北地方の初期金属器文化の样相》(上、中、下),《考古学杂志》53－4,54－1,54－4,1968,1969;乌恩,《关于我国北方的青铜短剑》,《考古》1978 年 5 期;迟雷,《关于曲刃青铜短剑的若干问题》,《考古》1982 年 1 期;靳枫毅,《论中国东北地区含曲刃青铜短剑的文化遗存》,《考古学报》1982 年 4 期,1983 年 1 期。

［28］翟德芳，《中国北方地区青铜短剑分群研究》，《考古学报》1988 年 3 期。

［29］朴镇煜等，《关于琵琶形短剑文化的研究》，1987，第 6~29 页。

［30］许玉林、许明纲、高美璇，《旅大地区新石器时代文化和青铜器时代文化概述》，《东北考古与历史》1，1982，第 23~41 页。

［31］① 新义州博物馆，《1966 年度新岩里遗址发掘简略报告》，《考古民俗》1967 年 2 期，第 41~44 页；② 金用玕、李淳镇，《1965 年度新岩里遗址发掘中间报告》，《考古民俗》1966 年 3 期，第 26~29 页。

［32］许玉林、许明纲、高美璇，《旅大地区新石器时代文化和青铜器时代文化概述》，《东北考古与历史》1，1982，第 23~41 页。

［33］朴镇煜等，《关于琵琶形短剑文化的研究》，1987，第 23~24 页。

［34］中国社会科学院考古研究所实验室，《放射性碳素测定年代报告（大）》，《考古》，1979 年 1 期，第 89 页。

［35］朝中共同考古发掘队，《中国东北地区的遗址发掘报告（1963~1965）》，1966，第 1~53 页。

［36］① 林沄，《中国东北系铜剑初论》，《考古学报》1980 年 2 期；② 朴镇煜等，《关于琵琶形短剑文化的研究》，1987；③ 翟德芳，《中国北方地区青铜短剑分群研究》，《考古学报》1988 年 3 期。

［37］朴镇煜等，《关于琵琶形短剑文化的研究》，1987，第 26~27 页。

［38］朴镇煜等，《关于琵琶形短剑文化的研究》，1987，第 79~92 页。

［39］朴镇煜等，《关于琵琶形短剑文化的研究》，1987，第 79~80 页。

［40］黄基德，《最近所知的与琵琶形铜剑与细形铜剑相关的遗址遗物》，《考古学资料集》4，1977。

［41］吉林省文物管理委员会，《吉林怀德大青山发现青铜短剑》，《考古》1974 年 4 期，第 276 页。

［42］许玉林、王莲春，《丹东地区出土的青铜短剑》，《考古》1984 年 8 期，第 713 页。

［43］朴镇煜等，《关于琵琶形短剑文化的研究》，1987，第 84 页。

［44］林沄，《中国东北系铜剑初论》，《考古学报》1980 年 2 期。

［45］朴镇煜等，《关于琵琶形短剑文化的研究》，1987，第 87 页。

［46］金正文，《细竹里遗址发掘中间报告》1，《考古民俗》1964 年 2 期；朴镇煜等，《关于琵琶形短剑文化的研究》，1987，第 26~27 页。

［47］朴镇煜等，《关于琵琶形短剑文化的研究》，1987，第 80 页。

［48］朝中共同考古发掘队，《中国东北地区的遗址发掘报告（1963~1965）》，1966，第 1~53 页。

［49］朴镇煜等，《关于琵琶形短剑文化的研究》，1987，第 77 页。

［50］朝中共同考古发掘队，《中国东北地区的遗址发掘报告（1963~1965）》，1966，第 1~53 页。

［51］金元龙,《韩国无纹土器地域分类试论》,《考古学》1,1968,第 1～38 页;韩永熙,《角形土器考》,《韩国考古学报》14、15 合辑,1983,第 77～132 页。

［52］金用玕,《金滩里原始遗址发掘报告》,1965,第 23～24 页。

［53］韩永熙,《角形土器考》,《韩国考古学报》14～15,1983,第 77～132 页。

［54］在相当于于家村上层类型的双坨子三期中,见有二重口沿陶器。详见:朝中共同考古发掘队,《中国东北地区的遗址发掘报告(1963～1965)》,1966,第 1～53 页。

［55］金用玕、徐国泰,《西浦项原始遗址发掘报告》,《考古民俗论文集》4,1972,第 107 页。

［56］金用玕、徐国泰,《西浦项原始遗址发掘报告》,《考古民俗论文集》4,1972,第 97 页。

［57］韩永熙,《角形土器考》,《韩国考古学报》14～15,1983,第 126～127 页。

［58］韩永熙,《角形土器考》,《韩国考古学报》14～15,1983,第 128 页。

［59］徐国泰,《新兴洞陀螺形陶器房址》,《考古民俗》1974 年 3 期。

［60］金用玕,《金滩里原始遗址发掘报告》,1965,第 23～24 页。

［61］韩永熙,《角形土器考》,《韩国考古学报》14～15,1983,第 127 页。

［62］韩永熙,《角形土器考》,《韩国考古学报》14～15,1983,第 127 页。

［63］西谷正,《细竹里の土器をめぐる问题——南部朝鲜无文土器编年のために——》,《庆祝松崎寿和先生六十三岁论文集》,1977,第 474～494 页。

［64］李淳镇,《新岩里遗址发掘中间报告》,《考古民俗》1965 年 3 期,第 40～49 页。

［65］韩永熙,《角形土器考》,《韩国考古学报》14～15,1983,第 127 页。

［66］李健茂,《青铜遗物的焊补技法》,《三佛金元龙教授停年退任纪念论丛》(Ⅰ),1987,第 177～178 页。

［67］金廷鹤,《韩国の考古学》,河出书房新社,1972,第 96 页。

［68］金元龙,《关于韩国磨制石剑的起源研究》,《白山学报》10,1971,第 1～30 页。

［69］金元龙,《关于韩国磨制石剑的起源研究》,《白山学报》10,1971,第 1～30 页。

［70］田广金、郭素新,《鄂尔多斯式青铜器的渊源》,《考古学报》1988 年 3 期,第 257～275 页;翟德芳,《中国北方地区青铜短剑分群研究》,《考古学报》1988 年 3 期。

［71］田广金、郭素新,《鄂尔多斯式青铜器的渊源》,《考古学报》1988 年 3 期,第 257～275 页。

［72］韩永熙,《角形土器考》,《韩国考古学报》14～15,1983,第 127 页。

［73］林炳泰,《韩国无纹陶器的研究》,《韩国史学》7,1986,第 105～106 页。

［74］后藤直,《韩国の青铜器と土器、石器》,《森贞次郎博士古稀纪念古文化论集》,1982,第 258～259 页。

［75］韩永熙,《角形土器考》,《韩国考古学报》14～15,1983,第 126～127 页。

［76］李清圭,《对于细形铜剑的型式分类及变迁》,《韩国考古学报》13,1982,第 1～37 页。

［77］金元龙,《韩国考古学概说》,一志社,1986,第 68～69 页。

［78］韩相仁,《黏土带陶器文化性格的一考察》,首尔大学校硕士学位论文,1981 年。

［79］金元龙,《新昌里瓮棺墓地》,首尔大学校考古人类学丛刊第 1 册,1964,图版 7。

［80］崔盛洛,《海南郡谷里贝塚》Ⅰ、Ⅱ,木浦大学校博物馆,1987,1988。

［81］崔盛洛,《海南郡谷里贝塚》Ⅰ、Ⅱ,木浦大学校博物馆,1987,1988。

［82］金元龙,《水石里先史时代聚落住居址调查报告》,《美术资料》11,1966,第1~16页。

［83］《白翎岛出土黑陶长颈壶》,《考古学》3,1974,第152~154页。

［84］李白圭,《京畿道无纹土器、磨制石器》,《考古学》3,1974,第125页。

［85］金丈里遗址的出土遗物收藏在首尔大学校博物馆中,虽然报告还没出版,但笔者已经观摩。

［86］申敬澈,《庆南三千浦市勒岛遗迹》,第九届韩国考古学全国大会发表要旨,1985。

［87］申敬澈,《熊川文化期纪元前上限说再考》,《釜大史学》4,1980,第240~242页。

［88］黄基德、朴镇煜、郑燦永,《公元前5世纪~前3世纪西北朝鲜的文化》,《考古民俗论文集》3,1971,第85页。

［89］黄基德、朴镇煜、郑燦永,《公元前5世纪~前3世纪西北朝鲜的文化》,《考古民俗论文集》3,1971,第29页。

［90］李清圭,《对于细形铜剑的型式分类及变迁》,《韩国考古学报》13,1982,第1~37页。

［91］考古学研究所,《古朝鲜问题研究论文集》,1977,第102页。

［92］《朝鲜的青铜器时代》,1984,第10~11页。

［93］金用玕、徐国泰,《西浦项原始遗址发掘报告》,《考古民俗论文集》4,1972,第107页。

［94］金用玕,《关于由我国(朝鲜)新石器时代器皿装饰变迁可见的文化发展固有性》,《考古民俗论文集》7,1979,第91页,图30-6,7。

［95］李淳镇,《新岩里遗址发掘中间报告》,《考古民俗》1965年3期,第44页,图5-12,13。

［96］金用玕、徐国泰,《西浦项原始遗址发掘报告》,《考古民俗论文集》4,1972,第107页,图59-1,4。

［97］金用玕,《关于由我国(朝鲜)新石器时代器皿装饰变迁可见的文化发展固有性》,《考古民俗论文集》7,1979,第90页,图28-4。

［98］许玉林、许明纲、高美璇,《旅大地区新石器时代文化和青铜器时代文化概述》,《东北考古与历史》1,1982,第23~41页。

［99］黄基德,《图们江流域的青铜器时代文化》,《考古民俗论文集》2,1970,第1~72页。

［100］黄基德,《图们江流域的青铜器时代文化》,《考古民俗论文集》2,1970,第1~72页。

［101］《朝鲜的青铜器时代》,1984,第11页。

［102］黄基德,《图们江流域的青铜器时代文化》,《考古民俗论文集》2,1970,第18页。

［103］《朝鲜的青铜器时代》,1984,第11页,第73页。

［104］①《朝鲜的青铜器时代》,1984,第73页;②金用玕、安英俊,《对咸镜南道、两江道一带新发现的青铜器时代遗物的考察》,《朝鲜考古研究》1,1986,第24~29页。

［105］西谷正,《咸镜南道の无文土器》,《史渊》,第165~189页。

［106］《朝鲜的青铜器时代》,1984,第75页。

［107］西谷正,《咸镜南道の无文土器》,《史渊》,第165~189页。

［108］《朝鲜的青铜器时代》,1984,第11页。

[109] 安英俊,《北青郡中里遗址》,《考古民俗》2,1966,第24~27页。

[110] 徐国泰,《关于永兴邑遗址的报告》,《考古民俗》2,1965,第35~45页。

[111] 金用玕、安英俊,《对咸镜南道、两江道一带新发现的青铜器时代遗物的考察》,《朝鲜考古研究》1,1986,第24~29页。

[112] 安英俊,《北青郡中里遗址》,《考古民俗》2,1966,第126页。

[113] 朝中共同考古发掘队,《中国东北地区的遗址发掘报告(1963~1965)》,1966,第1~53页。

[114] 朴镇煜,《咸镜南道一带古代遗址的调查报告》,《考古学资料集》4,1977,第165~182页。

[115] 朴镇煜,《咸镜南道一带古代遗址的调查报告》,《考古学资料集》4,1977,第177~178页。

[116] 李清圭,《对于细形铜剑的型式分类及变迁》,《韩国考古学报》13,1982,第1~37页。

[117] 朴镇煜,《咸镜南道一带古代遗址的调查报告》,《考古学资料集》4,1977,第165~182页。

[118] 李白圭,《京畿道无纹土器、磨制石器——以土器编年为中心》,《考古学》3,1974,第53~129页。

[119] 崔梦龙,《昭阳江水没地区遗迹发掘调查》,《八堂、昭阳堤坝水没地区遗迹发掘综合调查报告》,1974,第403~577页。

[120] 韩永熙,《栉纹陶器的地区比较》,《韩国史论》12,国史编撰委员会,1983,第504页。

[121] 崔盛洛,《放射性碳素测定年代的检讨》,《韩国考古学报》13,1982,第92页。

[122] 金载元、尹武炳,《韩国支石墓研究》,1967,第51~64页。

[123] 金载元、尹武炳,《韩国支石墓研究》,1967,第65~78页。

[124] 金廷鹤,《庆州可乐里遗址发掘报告》,《古文化》2,1963,第11~25页。(原注释有误,但作者也查不出正确注释)

[125] 李清圭,《南韩地方无纹土器文化的展开与孔列纹土器文化的位置》,《韩国上古史学报》1,1988,第85~88页。

[126] 韩永熙,《角形土器考》,《韩国考古学报》14~15,1983,第126~127页。

[127] 李清圭,《南韩地方无纹土器文化的展开与孔列纹土器文化的位置》,《韩国上古史学报》1,1988,第85~88页。

[128] 李清圭,《南韩地方无纹土器文化的展开与孔列纹土器文化的位置》,《韩国上古史学报》1,1988,第85~88页。

[129] 在交河里遗址有栉纹陶器出土,这些栉纹陶器相当于汉江流域栉纹陶器后期的第一期(Ⅲ~Ⅰ,矢岛期),因此很难将其与素面陶器看作同时期,关于这个问题,请参考:任孝宰、朴淳发,《乌耳岛贝塚——新浦洞A、B贝塚调查发掘报告》,首尔大学校博物馆,1988,第104~109页。

[130] 有光教一,《朝鲜江原道の先史时代遗物》,《考古学杂志》38-1,1938。

［131］李健茂，《青铜遗物的焊补技法》，《三佛金元龙教授停年退任纪念论丛》Ⅰ，1987，第177~178页。

［132］崔盛洛，《放射性碳素测定年代的检讨》，《韩国考古学报》13，1982，第92页。

［133］崔盛洛，《放射性碳素测定年代的检讨》，《韩国考古学报》13，1982，第92页。

［134］金载元、尹武炳，《韩国支石墓研究》，1967，第51~64页。

［135］金良善、林炳泰，《驿三洞住居址发掘报告》，《史学研究》20，1968。

［136］李清圭，《南韩地方无纹土器文化的展开与孔列纹土器文化的位置》，《韩国上古史学报》1，1988，第85~88页。

［137］《欣岩里住居址》2，首尔大学校考古人类学丛刊第5册，1974。

［138］① 金元龙等，《欣岩里住居址》1，首尔大学校考古人类学丛刊第4册，1973；②《欣岩里住居址》2，首尔大学校考古人类学丛刊第5册，1974；③《欣岩里住居址》3，首尔大学校考古人类学丛刊第7册，1976；④ 任孝宰，《欣岩里住居址》4，首尔大学校考古人类学丛刊第8册，1978。

［139］李清圭，《南韩地方无纹土器文化的展开与孔列纹土器文化的位置》，《韩国上古史学报》1，1988，第85~88页。

［140］李白圭，《青铜器时代的汉江流域》，《汉江史》，首尔特别市，1986，第244~280页。

［141］尹世英，《渼沙里住居址》，《史丛》25，1981。

［142］李健茂等，《中岛》Ⅱ，1981。

［143］崔梦龙等，《堤原阳坪里B地区发掘调查报告》，《忠州堤坝水没地区文化遗址发掘调查报告书》，1982。

［144］李清圭在《对于细形铜剑的型式分类及变迁》（《韩国考古学报》13，1982，第1~37页）中，将其看作细形铜剑BⅠ式，但是形态上与琵琶形铜剑后期型基本一致。即使将其看作细形铜剑，也是与辽东地区初期型细形铜剑更为相似，这种初期型细形铜剑在汉江流域没有出土，共生的陶器文化是该地区琵琶形铜剑时期的陶器，因此，与其将其看作细形铜剑的开始，不如像朝鲜半岛内其他地区一样，将黏土带陶器，黑色磨研长颈壶等为主的新的陶器文化出现视为新的文化，因此，将上紫浦里遗址出土的铜剑看作琵琶形铜剑后期更为妥当。

［145］崔盛洛，《放射性碳素测定年代的检讨》，《韩国考古学报》13，1982，第92页。

［146］李清圭，《对于细形铜剑的型式分类及变迁》，《韩国考古学报》13，1982，第1~37页。

［147］金元龙，《水石里先史时代聚落住居址调查报告》，《美术资料》11，1966，第1~16页。

［148］林炳泰，《汉江流域无纹土器年代》，《李弘植博士回甲纪念韩国史学论丛》，1969，第552~561页。

［149］横山将三郎，《京城府外鹰峰遗址报告》，《史前学杂志》第2卷5号，1930，第280~300页。

［150］金廷鹤，《韩国无文土器文化的研究》，《白山学报》3，1967，第27页。

［151］任世权，《春川温衣洞无纹土器遗址》，《史丛》21~22，1977。

[152] 西谷正,《朝鲜发现の铜鉇についこ》,《古代学研究》46,1966。

[153] 《青铜遗物图录》,国立中央博物馆,1968。

[154] 榧本杜人,《朝鲜の考古学》,1980。

[155] 梅原末治,藤田亮策,《朝鲜古文化综鉴》1,1947。

[156] 李康承,《横城讲林里遗址出土一括遗物》,《考古学》4,1977。

[157] 榧本杜人,《朝鲜の考古学》,1980。

[158] 李清圭,《对于细形铜剑的型式分类及变迁》,《韩国考古学报》13,1982,第 1~37 页。

[159] 尹东锡,《韩国初期铁器的发展与金属学的解释》,《文化财》18,1985,第 129~136 页。

[160] 尹东锡,《韩国初期铁器的发展与金属学的解释》,《文化财》18,1985,第 129~136 页。

[161] 潮见浩,《东じろの初期铁器文化》,1982,第 203~229 页。

[162] 东潮,《东アジアにおゐゐ铁斧の系谱》,《森贞次郎博士古稀纪念古文化论集》,1982,第 511~548 页。

[163] 郑澄元、申敬澈,《关于终末期无纹土器的研究》,《韩国考古学报》20,1987,第 113~131 页。

[164] ① 李健茂等,《中岛》Ⅰ,1980;② 池健吉等,《中岛》Ⅱ,1982。

[165] 元永焕、崔福圭,《屯内》,1984。

[166] 林炳泰,《水原西屯洞住居址发掘概报》,《韩国考古学报》9,1982,第 33~34 页。

[167] 韩永熙,《马场里住居址出土遗物》,《中岛》Ⅲ,1982。

[168] 尹容镇,《中原荷川里 F 地区遗址发掘调查报告》,《忠州堤坝水没地区文化遗址发掘调查综合报告书(考古、古坟分野Ⅱ)》,1984,第 385~476 页。

[169] 李健茂等,《中岛》Ⅰ,1980,图 14-②。

[170] 郑澄元、申敬澈,《关于终末期无纹土器的研究》,《韩国考古学报》20,1987,第 113~131 页。

[171] 李圭泰,《殷栗郡云城里的木圹墓与木椁墓》,《考古学资料集》6,1983,第 189~196 页。

[172] 黄基德、朴镇煜、郑灿永,《公元前 5 世纪~3 世纪西北朝鲜的文化》,《考古民俗论文集》3,1971,第 75~80 页。

[173] 李健茂等,《中岛》Ⅰ,1980。

[174] 郑灿永,《北仓郡大坪里遗址发掘报告》,《考古学资料集》4,1974,第 119~156 页。

[175] 东潮,《东アジアにおゐゐ铁斧の系谱》,《森贞次郎博士古稀纪念古文化论集》,1982,第 511~548 页。

[176] 尹炳镛、宋桂铉,《釜山老浦洞遗址》,1988,第 47 页。

[177] 裴基同,《堤原阳坪里 A 地区遗址发掘调查报告》,《忠州堤坝水没地区文化遗址发掘调查综合报告书(考古、古坟分野Ⅰ)》,1984,第 615~692 页。

[178] 崔梦龙等,《堤原桃花里地区遗址发掘调查报告》,《忠州堤坝水没地区文化遗址发掘调查综合报告书(考古、古坟分野Ⅰ)》,1984,第 693~726 页。

[179] 郑灿永,《北仓郡大坪里遗址发掘报告》,《考古学资料集》4,1974,第 119~156 页。

［180］金基雄，《高句丽的武器与马具》，《韩国史论》15，1985，第 39~62 页。

［181］潮见浩，《东ジろの初期铁器文化》，1982，第 203~229 页。

［182］李圭泰，《殷栗郡云城里的木圹墓与木椁墓》，《考古学资料集》6，1983，第 189~196 页。

［183］东潮，《东アジアにおゐゐ铁斧の系谱》，《森贞次郎博士古稀纪念古文化论集》，1982，
　　　第 511~548 页。

［184］金元龙等，《杨坪郡大心里遗址发掘报告》，《八堂、昭阳堤坝水没地区遗迹发掘综合调
　　　查报告》，1974，第 173~282 页。

［185］尹炳镛、宋桂铉，《釜山老浦洞遗址》，1988，第 47 页。

［186］金元龙、任孝宰、朴淳发，《梦村地域——东南地区发掘调查报告》，1988，第 300 页。

［187］金元龙等，《杨坪郡大心里遗址发掘报告》，《八堂、昭阳堤坝水没地区遗迹发掘综合调
　　　查报告》，1974，第 173~282 页。

［188］金元龙、任孝宰、朴淳发，《梦村地域——东南地区发掘调查报告》，1988，第 300 页。

［189］李南珪，《南韩初期铁器文化的一考察——特别以铁器的金属学分析为中心》，《韩国
　　　考古学报》13，1982，第 39~60 页。

第四章　汉城时代的百济

第一节　汉城时代的百济

百济由其始祖温祚王建国(公元前 18 年),到第 31 代羲慈王二十年(公元 660 年)被新罗和唐联军灭亡。在近 700 年的时间里,百济与新罗、高句丽甚至日本及中国(中原)的多个政权在政治、文化上的交流过程中发展了自身的文化。延续 700 年左右的百济历史可以根据其都城的变迁大体分为汉城时代(温祚王元年至盖卤王二十一年,即公元前 18 年~公元 475 年),熊津(现忠清南道公州市)时代(文周王元年至圣王十六年,即 475 年~538 年),泗沘(现忠清南道扶余郡)时代(圣王十六年至羲慈王二十年,即 538 年~660 年)这三个时期。目前考古学调查研究的资料明确揭露了这三个时期的文化特征。

其中,百济的汉城时代是指从温祚王带领高句丽系统的移民集团沿汉江流域南下,定都于慰礼城开始到文周王迁都熊津(公元前 18 年~公元 475 年)的时期。

在这一时期,被认为是当时马韩五十四个小国之一的伯(百)济整顿其体制,扩张其势力,从而初具古代国家的面貌。同时,它对外瓦解了辰王[1]及西韩王[2]统治的以目支国为中心的马韩诸国,并将其残余势力驱赶至朝鲜半岛南部地区[3],从而成为汉江流域实际的主人。

在这一时期,百济的主要势力范围大概在以梦村土城为中心,直径 10 千米以内的地区,推定其都邑地为河北慰礼城、河南慰礼城、汉山、汉城[4]。

在以目前发掘调查的以梦村土城为中心,直径 10 千米的范围内代表性的遗址有,梦村土城(史迹 297 号),风纳洞土城(史迹 11 号),二圣山城(京畿道广州郡乡土史迹 1 号),广州郡春宫里一带,石村洞古坟群(史迹 243 号)、芳荑洞古墓群(史迹 270 号)、可乐洞古墓群等遗址(图 4.1)。

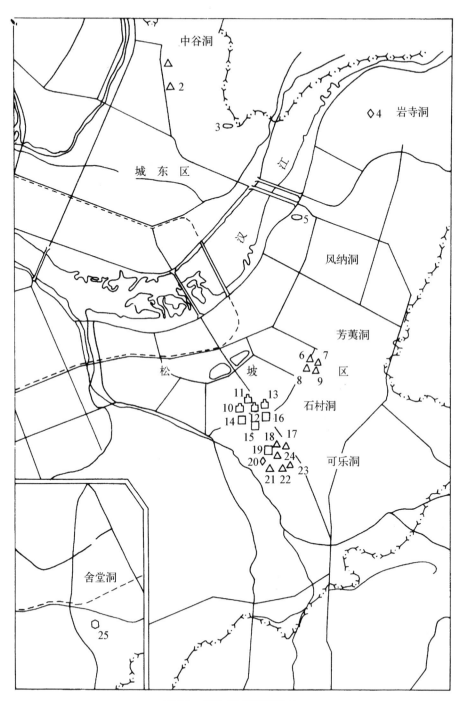

图 4.1　首尔市的百济遗址

(本图制作参考了《韩国考古学地图》,1984 年)

附表　首尔的百济遗址列表

编号	遗址地名	参　考　文　献	备　注
1	城东区中谷洞	朝鲜总督府,《昭和二年度古墓调查报告》,1928	石室墓甲
2	城东区中谷洞	朝鲜总督府,《昭和二年度古墓调查报告》,1928	石室墓乙
3	城东区广壮洞	首尔市,《首尔的文化财》,1980	阿且山城
4	城东区岩寺洞	李白圭,《岩寺洞新石器时代住居址调查》,《博物馆新闻》5,1975	瓮棺墓
5	松坡区风纳洞	金元龙,《风纳里包含层调查报告》,1967	风纳里土城
6	松坡区芳荑洞1号	赵由典,《芳荑洞遗址发掘报告》,《文化财》9,1975	石室墓
7	松坡区芳荑洞4号	蚕室地区遗址发掘调查团,《蚕室地区遗址发掘调查报告》,《韩国考古学报》,4,1978	石室墓
8	松坡区芳荑洞5号	蚕室地区遗址发掘调查团,《蚕室地区遗址发掘调查报告》,《韩国考古学报》,4,1978	石室墓
9	松坡区芳荑洞6号	蚕室地区遗址发掘调查团,《蚕室地区遗址发掘调查报告》,《韩国考古学报》,4,1978	石室墓
10	松坡区石村洞1号	朝鲜总督府,《大正五年年度古迹调查报告》,1917	积石塚
11	松坡区石村洞2号	朝鲜总督府,《大正五年年度古迹调查报告》,1917	积石塚
12	松坡区石村洞3号	首尔大学校博物馆,《石村洞积石塚发掘调查报告》,1975	积石塚
13	松坡区石村洞4号	首尔大学校博物馆,《石村洞积石塚发掘调查报告》,1975	积石塚
14	松坡区石村洞5号	蚕室地区遗址发掘调查团,《蚕室地区遗址发掘调查报告》,《韩国考古学报》,4,1978	土圹墓
15	松坡区石村洞6号	朝鲜总督府,《昭和二年度古迹调查报告》,1928	土圹墓

编号	遗址地名	参 考 文 献	备 注
16	松坡区石村洞 7 号	朝鲜总督府,《昭和二年度古迹调查报告》,1928	土圹墓
17	松坡区可乐洞 1 号	尹世英,《可乐洞百济古墓第一号、第二号发掘调查略报》,《考古学》第三辑,1975	石室墓
18	松坡区可乐洞 2 号	尹世英,《可乐洞百济古墓第一号、第二号发掘调查略报》,《考古学》第三辑,1975	石室墓
19	松坡区可乐洞 2 号	尹世英,《可乐洞百济古墓第一号、第二号发掘调查略报》,《考古学》第三辑,1975	土圹墓
20	松坡区可乐洞 2 号	尹世英,《可乐洞百济古墓第一号、第二号发掘调查略报》,《考古学》第三辑,1975	瓮棺墓
21	松坡区可乐洞 3 号	蚕室地区遗址发掘调查团,《蚕室地区遗址发掘调查报告》,《韩国考古学报》,4,1978	石室墓
22	松坡区可乐洞 4 号	蚕室地区遗址发掘调查团,《蚕室地区遗址发掘调查报告》,《韩国考古学报》,4,1978	石室墓
23	松坡区可乐洞 5 号	蚕室地区遗址发掘调查团,《蚕室地区遗址发掘调查报告》,《韩国考古学报》,4,1978	石室墓
24	松坡区可乐洞 6 号	蚕室地区遗址发掘调查团,《蚕室地区遗址发掘调查报告》,《韩国考古学报》,4,1978	石室墓
25	松坡区舍堂洞	首尔市,《首尔文化财》,1980	百济窑址

在 20 世纪 70 年代对忠清南道公州市宋山里的武宁王陵进行考古发掘调查[5]以前,与新罗和高句丽相比,韩国国内对百济时代遗址的考古学发掘与研究非常贫乏,并且对百济的发掘与研究只局限于公州和扶余地区。

因此可以说,当时几乎没有比较明确具有百济特性的百济汉城时期的相关考古学资料。

其后,进入 20 世纪 70 年代中期,作为首尔特别市主持的城市规划中的一环,将松坡区的石村洞、可乐洞、芳荑洞等蚕室地区指定为土地规划开发事业地区后,将曾被放置而损毁中的这些遗址进行发掘调查[6],从而部分了解了遗址的性质,到目前积累了大量考古学资料。

通过这些百济早期时代遗址的资料可以看出,梦村土城一带为百济建国势力的核心地区,并且可以推测在梦村土城附近的石村洞、可乐洞、芳荑洞一带密集分布的大型墓葬为当时统治阶层的墓葬。

分析这些考古学资料,可以对具有争议的《三国史记》中关于百济都城的记载进行解释,即,百济都城是经过河北慰礼城→河南慰礼城→汉山→汉城等多次变迁的[7]。

目前为止,许多学者对汉城时代百济都城址的变迁及其位置进行了推定,并如表4.1所示,发表有不同的见解。但通过分析已有的考古学资料,可以将汉城时代百济的都城重新推定如表4.2所示。即,对这些分布在现今首尔市松坡区一带以及京畿道广州郡一带的汉城时代百济遗址进行缜密的研究后,分别推定河北慰礼城位于中浪川一带,河南慰礼城位于梦村土城一带,汉山在二圣山城,而汉城是在京畿道广州郡春宫里一带。

表 4.1　对百济初期都城位置以及迁都过程的诸观点

研究者	河北慰礼城	河南慰礼城	迁都过程	引　据
丁若镛	三角山东麓	广州古邑	河北慰礼城→河南慰礼城→汉城	《典犹堂全书》,《疆城考》卷三《慰礼考》
李丙焘	洗剑洞山谷一带	春宫里一带	河北慰礼城→河南慰礼城=汉城	《慰礼考》,《韩国古代研究》1981
金廷鹤		风纳里土城	河南慰礼城→汉城	《首尔近郊百济遗址》,《乡土首尔》39辑,1981
尹武炳		二圣山城		《汉城流域的百济文化研究》,第2届百济研究国际学术大会,1974
李基白		梦村土城		《百济文化学术回忆录》,《百济文化》7、8合辑,1975
千宽宇	首尔江北	广州古邑	河南慰礼城→河南慰礼城=汉城	《三韩的国家形成(下)》,《韩国学报》第3辑,1976
成周铎		梦村土城	河北慰礼城→河南慰礼城→汉山→河南慰礼城=汉城	《汉城流域百济初期城址研究》,《百济研究》12,1984

研究者	河北慰礼城	河南慰礼城	迁都过程	引据
车勇杰	中浪川一带	梦村、二圣山之间	河北慰礼城→河南慰礼城＝汉城→汉山→河南慰礼城＝汉城	《关于慰礼城和汉城（I）》,《乡土首尔》39辑,1981
金龙国	三角山一带	春宫里一带		《河南慰礼城考》,《乡土首尔》41辑,1983
金元龙		将梦村土城看作主城		1985.9.24 发表

（本表制作参考了崔梦龙、权五荣：《通过考古学资料看百济初期的领域考察》,《千宽宇先生还历纪念韩国史学论丛》,正音文化社,1985 年,第 86 页。）

表 4.2　汉城时代都城位置以及迁都过程

名　称	迁　都　时　间	位　置
河北慰礼城		中浪川一带
河南慰礼城	温祚王四年(公元前 5 年)	梦村土城
汉山	近肖古王二十六年(公元 371 年)	二圣山城
汉城	辰斯王七年(?)(公元 391 年)	春宫里一带

（同表 4.1 所引,第 101 页）

今后在这一地区还会积累更多的关于汉城时代百济的考古学资料。

目前将已调查发掘的汉城时代百济的遗址进行分类,大体上可以分为以积石塚和封土墓为代表的墓葬类遗址[8]以及城郭类遗址。

第二节　遗　　址

一、墓葬

墓葬形制是可以明确反映文化传统的型式学要素,同时又是可以敏感地反映外来新要素的考古学证据。因此,可以说墓葬形制对于掌握特定地区一定时间段内的考古学文化是非常重要的资料。

如上所述,百济初期主要流行的墓葬形制为积石塚和封土墓,如果说积石塚系统的墓葬是继承高句丽传统移民集团统治势力的墓葬形制,那么土圹墓、瓮棺墓、石椁墓等封土墓系统则为汉江流域传统的土著墓葬形制[9]。

对这些汉江流域的积石塚系统和封土墓系统的墓葬的分布、特征及其出土物的研究,将会揭示这些墓葬在初期百济历史中所处的地位,并且还会为确定初期百济文化的性质提供证据。

(一)积石塚

在史前时代,积石塚是在安置遗体后,将石头代替土而覆于其上的最原始且简单的墓葬形制。这种墓葬形制开始流行于寒冷且风大的西伯利亚草原地区[10],在韩国境内发现史前时期这类墓葬的地区有京畿道矢岛贝塚[11]以及江原道春城郡泉田里遗址[12]等。

但这里所说的积石塚是比上述墓葬形制更加规整的形式,是指发现于慈江道慈城郡法洞里的新风洞遗址,西海里遗址,照牙里遗址,时中郡鲁南里遗址,深贵里遗址,楚山郡莲舞里遗址等遗址的原高句丽传统墓葬形制。而积石塚中位于鸭绿江边较低地区慈江道慈城郡松岩里1地区33、45、56、88、106号与楚山郡云坪里4地区6号前方后圆坟的圆形部分是一样的形制,需要作为一个单独类别进行研究。这些墓葬与其他积石塚一样,推定其年代为公元2~3世纪。这些墓葬集中分布于浑江流域的辽宁省桓仁地区以及鸭绿江支流秃鲁江流域的时中郡、慈城郡一带[13]。

在开始筑造积石塚的公元前2世纪,其构造是将江岸的石块铺成方形,并在其上安置棺后再覆盖石块的形式。到了公元2~3世纪,墓葬选择的地点从江岸移到内陆及山脚下,墓葬使用的石材也变为山石。其后,积石塚的形制变得更加规整,并且出现像将军坟一样的大型基坛式的积石塚,至公元5世纪被石室墓代替。

这一高句丽墓葬形制随高句丽遗留民南下汉江流域建设百济社会而流行于汉江流域。

即在北汉江以及南汉江的上游地区到下游地区的首尔江东区石村洞一带,筑造有不同形式的积石塚。其中保存至今或经调查确认的积石塚的分布如下:

从南汉江上游的平昌郡余万里、应岩里,到堤原郡阳坪里[14]、桃花里[15]、校里[16]都分布有积石塚,在北汉江上游的华川郡看尺里[17]也有相关遗址发现并报导。在其下方的春川市近郊的春城郡发现有山泉里遗址、中岛遗址[18],在北汉江和南汉江合流的杨平地区汶湖里、两水里、琴南里一带也分布有积石塚[19]。最近在京畿道涟川郡中面三串里也发现有百济时代的积石塚,并且由文化遗产遗址调查室于 1992.9.21~11.15 进行了试掘。

在汉江下游的首尔市松坡区石村洞一带发现并正式发掘了基坛式积石塚 3 号坟和 4 号坟[20],1987 年,通过对 4 号坟和 5 号坟周边地区的发掘调查,又追加发掘了推定为 1 号墓、2 号墓和被命名为 A 号积石塚的 3 座积石塚[21]。在这一地区,除了这些墓葬之外,应该还存在类似形制的积石塚。另外,在青阳郡碧泉里有 1 座积石塚,这在 1917 年《朝鲜古迹报告》中有简单的介绍,最近在忠清南道公州市宋山里发掘了与石村洞 4 号墓一样的墓葬,由此,学术界有人认为其是盖卤王的虚墓或假墓(图 4.2)[22]。

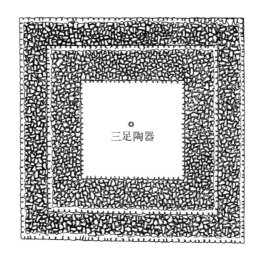

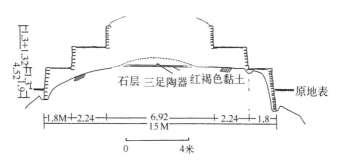

图 4.2　宋山里方坛阶梯形墓葬复原图

(引用自赵由典,《关于宋山里方坛阶梯形墓葬》,《武宁王陵的研究现状及诸问题》,武宁王陵发掘 20 周年学术会议,1991,第 61 页)

迄今为止,在汉江流域分布的积石塚大体可以分为基坛式积石塚和无基坛式积石塚。其中,无基坛式的可以分为在四角或外围铺以石头而形成方坛并且较规整的形制和单以石头垒砌成方锥形或方台形状的形制。而基坛式积石塚可以根据羡道(甬道)的有无来进行细分[23]。

堤原郡交里,平昌郡余万里、鹰岩里的积石塚都是无坛的方锥形或方台形的积石塚群,应当是所有积石塚的雏形,即较原始的无基坛式积石塚。

阳坪里1、2号墓和中岛的积石塚都是没有基坛的形制,但与上述墓葬不同的是,在底层铺设方形的坛后在其上垒砌石块,从这点可以看出,这应是更为发达的形制。阳坪里1号墓是在河边形成的较长的冲积地带上利用石块而筑造的,2号墓是依自然丘陵的倾斜面而筑造的,因为其中央有木椁设施,所以铺设了7~8层积石,而其周边则垒砌1~2层积石。中岛东墓的基本结构与阳坪里墓葬的相同,但不同的是它在垒砌方锥形前就建造了墓室。该墓室由内椁和外椁组成,棺内有一男一女合葬,头向北或西。阳坪里1号、2号墓因破坏严重无法进行更仔细的调查,但根据目前资料,可以看出两者具有基本相似的结构。

基坛式积石塚可以根据羡道的有无来进行细分。桃花里、汶湖里、石村洞3号墓等墓葬都属于没有羡道的类型。但其中除石村洞3号墓之外的两个墓葬没有表现出明显的形制,只能根据一些痕迹来判断是具有比较原始形态的基坛式积石塚。这两个墓葬都是位于河岸冲积地带的三层基坛的形制,汶湖里墓葬因破坏程度严重无法判定其原来形态。桃花里墓葬底部两坛都只有1层积石,而最上部的坛现存有3层左右积石,推测其原来可能有四五层以上的积石。另外在其最顶端有2.8×2.1×0.4米规格的石室,由此推测这应是更为发达的墓葬形制。

相较上述初级水平的墓葬,石村洞3号、4号墓葬呈现出更加发达的形制。

可以看出石村洞3号墓是处于汶湖里→桃花里的发展过程的中间类型,其规模变大的同时墓坛也更加规整。3号墓位于河边冲积地带中部较高的地方,推测先是平整土地,利用版筑法进行作业,然后又用石块垒砌墓坛,其内部填以滑石,形成3层的基坛式积石塚,但并不排除原来在其上还有一两层积石。在最上层坛发现有疑为副椁的石椁设施,由此可以推断主椁设施的存在。

比石村洞3号墓更为发达的石村洞4号墓,是带有羡道的基坛式积石塚。该墓葬是在其底部铺以碎石子形成方形墓域,后垒砌方形石壁,内部为版筑的黏土,在黏土上铺有3层葺石的基坛式积石塚,并且在黏土正上方有规模为4.8×4.6米的墓椁设施,在其南部有形式上的羡道。

在1987年的发掘调查中,除了石村洞还发现有3座积石塚,都因破坏严重以及后代的严重扰乱而无法了解其原来的状态。

其中被命名为推定 1 号墓的积石塚是不同时期筑造的 2 座墓形成的双墓形制。两个墓葬通过宽 3.7 米的版筑部分而连接起来,在南墓中发现有 1 个主椁和 2 个小的附属设施。推定 2 号墓是在之前筑造的大型积石塚被破坏的原址上筑造的,也是 2 层的基坛式积石塚。在墓葬东北部的地面发现铺有小石块,西北部发现有木棺一座。

被命名为 A 号积石塚的墓葬的上部构造已经被破坏殆尽,只留有下部构造,因此无法得知整体的轮廓,但特别的是,下部构造的石头是以外方内圆形排列的。

以上简单介绍了汉江流域百济初期的积石塚,大多因破坏和扰乱程度严重,缺少能够判断墓葬形制、编年的出土遗物。

在中岛遗址出土有少量的素面陶片,多是灰色、青灰色、灰黑色、褐色硬质的金海式陶片。在桃花里遗址出土有栉纹陶器以及属于三国时代的多种陶器,其中在石刻外部的石头下出土的方格纹压印的灰色圆底短颈壶是以资断代的重要资料。在阳坪里遗址出土有许多三国时代的陶片和灰色软质拍印纹陶片,引人注目的是有直沿的绳席纹陶器(图 4.3~4.4)。

如上所述,在中岛、阳坪里、桃花里、汶湖里等遗址,施有格字纹或绳席纹的金海式陶器成为主流。

比这些墓葬时代更久远的石村洞墓葬,因其破坏或扰乱程度严重并且缺乏与墓葬有直接联系的遗物,各种遗迹的共存关系不明确的情况比较多,因此无法通过出土遗物对遗迹进行分期编年。

与 1 号墓相关的陶器只有风纳里式粗质有纹陶器底部陶片一片。这块陶片是在连接南墓和北墓的黏土版筑部分中发现的。这块陶器底部的陶片是夹杂大量石粒的粗质胎土制作的红褐色软质陶片。

在 2 号墓的试掘坑的地面出土了用细泥质胎土在低温中烧成的黑灰色的软质高杯陶片[①],在原置有木棺的土圹墓内随葬有完整的直沿短颈壶。

在 3 号墓、4 号墓中出土了青灰色硬质陶片和百济瓦片,以及高句丽系统的黑陶片和中国的黄褐色釉瓶口部等。

在阳坪里、桃花里、中岛出土有铁刀、铁镞、铁斧、铁矛等铁器,其中多为武器。

在阳坪里和桃花里出土的陶器及铁器的形制、制作工艺、共存关系等都相类似,并且与高句丽的有很多相似之处。桃花里和阳坪里的积石塚在考虑到其筑

---

① 高杯通常指中国考古学中的豆。

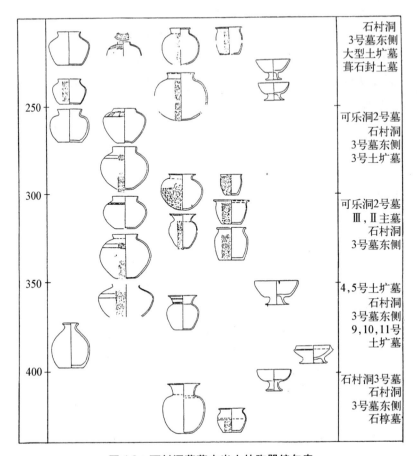

				石村洞 3号墓东侧 大型土圹墓 葺石封土墓
250				可乐洞2号墓 石村洞 3号墓东侧 3号土圹墓
300				可乐洞2号墓 Ⅲ, Ⅱ主墓 石村洞 3号墓东侧
350				4,5号土圹墓 石村洞 3号墓东侧 9,10,11号 土圹墓
400				石村洞3号墓 石村洞 3号墓东侧 石椁墓

图 4.3　石村洞墓葬中出土的陶器编年表

（引用自林永珍，《百济初期随葬陶器和生活陶器的关系》，《百济陶器和墓地》第 6 届韩
国上古史学会学术发表会，1991，第 53～54 页）

造方式和出土遗物等方面因素时，可以断定是属于同一势力集团或是有密切交
往关系的集团，并且有可能是带铁器文化南下的高句丽系的移民集团[24]。

在汶湖里、阳坪里以及桃花里出土有管玉，在中岛、阳坪里、汶湖里、桃花里
等遗址还出土有青铜器。较特别的遗物是在石村洞 1 号墓的副椁中出土的银
器，长度为 4.1 厘米，其形状与现在的挖耳勺相近，但不能确定其真实的用途。
另外在 2 号墓的表土中发现了黄褐色球形的玻璃珠，其中央有孔贯通，内部有大
量小气泡。

如前所述，我们将高句丽遗留民集团在温祚王的带领下沿汉江流域南下并
发展势力开始的时期到因高句丽长寿王的南下而失守首都汉城、盖卤王战死并
于公元 475 年文周王迁都熊津为止的约 500 年的期间定为百济的汉城时代。

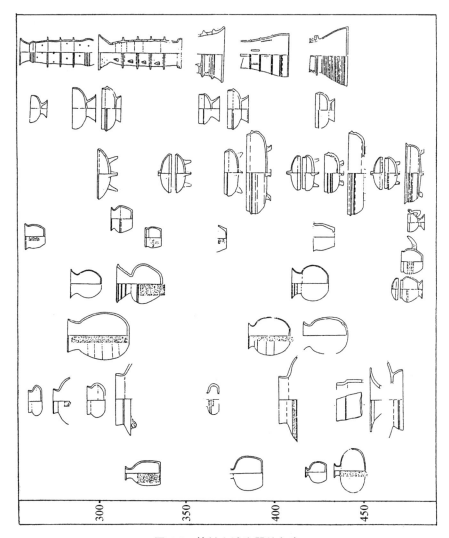

图 4.4　梦村土城陶器编年表

（引用自林永珍，《百济初期随葬陶器和生活陶器的关系》，《百济陶器和墓地》第 6 届韩国上古
史学会学术发表会，1991，第 53~54 页）

这一时期在汉江流域中部地区筑造的积石塚的分布及其筑造样式以及出土
遗物，对了解当时百济的疆域是非常重要的资料。

如上所述，高句丽在公元前 2~3 世纪开始筑造初具形态的积石塚，直到 4~
5 世纪石室墓成为主要墓葬形制，积石塚都是作为统治阶级的墓葬形制。而 5
世纪这一时间与长寿王迁都平壤的时间相一致，这意味着高句丽迁都以后其统
治阶级的墓葬形式由积石塚变为石室墓。

从当时高句丽墓葬的分布情况来看，大多位于平壤以北。而位于平壤以南

的墓葬是年代更近的石室墓[25]。集中分布于秃鲁江、浑江等鸭绿江流域的积石塚,其中间地区为空白区域,而以汉江流域为中心的朝鲜半岛的中部地区同样出现空白区域,这种空白区域需要与其筑造势力所属的国家问题结合起来分析。

在前文中提到的汉江流域积石塚中,中岛、阳坪里、桃花里的性质相似,其筑造时期应都不晚于2~3世纪。汶湖里积石塚的年代与此相比更晚,但相较石村洞3、4号墓要早。即,这些墓的编年为中岛、阳坪里、1、2号墓、桃花里(2~3世纪以前)→汶湖里(3~4世纪)→石村洞3、4号墓(4~5世纪)。

研究最充分的是石村洞3号、4号墓,其下限肯定是在迁都熊津以前,即公元475年以前。特别是4号墓,它可能与《三国史记》中记载的筑造这些古墓的工匠有关[26]。3号墓与4号墓在各方面相近,时间上可能较早,特别是3号墓周边出土的中国东晋(317~420年)的青瓷四耳壶[27]是推断3号墓年代的重要资料。

根据这些积石塚的分布情况,我们判断百济的势力与《三国史记》中对当时百济温祚王时期的记录基本一致,东至走嚷(春川),南至熊川(安城川),北至浿河(礼城江)。[28]

在汉江流域分布的百济初期的积石塚,是与这一记录相符合的考古学资料之一,甚至是对记录的进一步的补充。

(二)土圹墓

封土墓与积石塚一样,都是反映百济文化的主要墓葬形制。与积石塚将遗体安置后垒砌石头而封墓的做法不同,土圹墓是覆土封墓的埋葬方式。封土墓中根据埋葬主体部分的设施,可以分为土圹墓系和石室系。观察百济初期封土墓的选址可以发现,土圹墓大部分位于平地,而石室墓则多位于低丘陵上。

其中土圹墓是在地下挖坑后埋棺木,有时也用瓮做葬具,是这一地区比积石塚要早的墓葬形制[29]。

考察具有这一特性的土圹墓的分布及其构造上的特征,有助于了解汉江流域的文化以及对积石塚的研究。

通过多次发掘与研究,被认为属于高句丽系遗留民集团的积石塚在迁都熊津以后消失,而土圹墓则被沿用。

在首尔江东区石村洞、可乐洞和清州市新凤洞的墓群是到目前为止发现的百济地区具有代表性的土圹墓遗址。

到目前为止,在首尔江东区石村洞、可乐洞一带调查确认的土圹墓有石村洞5号墓[30]、6号墓、7号墓[31]、被破坏墓[32]和可乐洞1号墓、2号墓[33]。另外,在最近对石村洞3号墓东部的发掘调查中确认了内有8个木棺的大型土圹墓,以及葺石封土墓等共13座土圹墓[34],在1987年对石村洞4号墓和5号墓周边地区的发掘调查中发现了3座土圹墓[35]。

这些墓葬都集中分布于半径在几千米以内较窄的冲积台地上,这对研究百济建国势力和土著势力的关系提供了重要的考古学资料。

在清州市新凤洞低野山的丘陵一带分布有石室墓、土圹墓等数千座古墓。该遗址经过1982年和1990年两次考古发掘调查,共发现有土圹墓105座、被破坏石室墓1座、瓮棺葬1座[36]。在该遗址中首次出土了铠甲,箭筒装饰片以及包括马具和环首大刀在内的各种铁质武器类遗物,引起了学术界的广泛关注。

此外,在扶余郡的新里和素沙里,灵岩郡万树里,公州郡长岐面柿目洞、罗城里、牛城面、铜大里、南山里,保宁郡仓岩里等地,发现或调查发掘了土圹墓。

属于百济墓葬的公州、扶余地区以及首尔近郊的石室墓、封土墓都分布于丘陵上,与此相反,可乐洞1、2号墓位则在平地上。

可乐洞1号墓的大小为长边14米,高1.89米,安置木棺的墓圹的大小为1.23×0.48米。1号墓是在地表挖出较浅的土圹,然后放置木棺的结构。2号墓底部为12×15米,高2.2米,长轴为东北—西南方向。2号墓与1号墓不同,是在一个封丘内有3座土圹墓和1座瓮棺墓合葬的特殊形式。

忠清北道青州市新凤洞的土圹墓密集分布在标高103米的野山的东、南、北面的斜面上。在位于较低区域的土圹墓中,出土有卵形陶器等,在较高地区出土有马具和武器。该墓群的土圹墓大致都是在横穿该山的倾斜面,挖出垂直的长方形墓圹的结构。这些墓圹的大小大致为长2.3~3.7米,宽0.8~1.8米,是掘凿风化石层而建成的,其长轴方向为西北—东南向等。

石村洞4号墓是具有长轴方向为南北向的椭圆形坟丘,其墓圹上覆盖黏土,并为防止封土流失而建造了葺石设施。该墓葬与可乐洞2号墓一样,是将2个以上的小坟丘盖在大的封土之下的结构,并且与新罗墓葬一样在封墓(埋好的墓葬)上建造了类似于石虎的设施。

石村洞破损墓也是在一个封土下的多室墓,具有集团墓的性质。该墓葬首先在平地上建造较高的黏土台地,并在其上建造5座土圹墓和3座瓮棺墓后,再在这些墓葬上分别覆盖较低的封土,最后在其上统一覆盖较大封土。该墓葬是直径达到38米的巨大的封墓。

在3号墓东部发现的葺石封土墓因破坏严重无法确定其性质。该墓葬是在一定的墓域内安置几个墓坑,再分别覆盖较低的封土,最后在其上覆盖较大的封土而完成墓葬的建造。根据现存部分推测,其原来的整体规模为葺石部分直径为 4.2 米,整体封土直径为 6.6 米,高 2.2 米以上。

大型土圹墓是性质不同于上述葬墓的另一种集团墓。该墓葬的土圹长为 10 米,宽 2.6~3.2 米,高 0.8 米,是以南北方向建造的,其内置放 8 座墓葬后,再在这些木棺间填以泥滩土或田土等黏性强的土,最后再用土覆盖整体土圹,并在其上砌 1~2 层的石块而形成墓域的特殊结构。各木棺的大小不一,大体为长 1.8~3 米,宽 0.6 米。

此外在 3 号墓东侧周边调查有 11 座土圹墓,其规模大体在长 2.2~2.6 米,宽 0.7~1.0 米,高 0.2 米,长轴方向基本为东北—西南,个别墓葬为瓮棺。

综合以上,可将土圹墓根据其埋葬方式大致分为单室墓和多室的集团墓两大类。

单室墓是挖好土圹后,直接葬入尸体或置入木棺,再封堵墓口的一种简单的墓葬形制。这些墓葬的土圹或木棺的一端大多随葬有短颈壶、钵类的陶器或刀子、剑等遗物。这些在 3 号墓东部地区发现的 11 座土坑墓以及青州新凤洞,公州、论山、扶余等地的土圹墓都属于这一类型。

多室集团墓是在每个土圹内置放敛有尸身的木棺,并分别封土,形成较低坟丘后,再在这些坟丘上整体覆盖混有石灰的黏土或杂石,最终形成巨大的封丘墓,总体上形成"一封土下多墓室"的形式。石村洞 5 号墓、坡阳坟,3 号墓东部的积石封土墓、可乐洞 2 号墓等都属于这类多室集团墓。在 3 号墓东部发现的大型土圹墓是在一个封土内有许多墓葬,这一点与多室集团墓类似,但不同的是该墓葬并非每具尸体都有土圹,而是在长 10 米,宽 2.6~3.2 米的大型土圹内安置多座木棺。

另一种不同的类型是在土圹墓内陪葬有瓮棺的形式。这类土圹墓是在其左右或其他某一地方陪葬瓮棺。这些陪葬的瓮棺都是在日常生活中使用过的。石村洞破损墓、3 号墓东部墓群中的土圹墓和可乐洞 2 号墓属于这一类型。

关于百济初期土圹墓的选址,发现大部分土圹墓是在山坡上或是在平地上,两者后部都有广阔的农耕地。目前对扶余、公州迁都之后建造的土圹墓的发掘调查比较少,因此暂时还不能确认统治阶级的墓葬被石室墓代替后,土圹墓的选址情况,但可以看出墓址的选择是由具有浓郁地方特色的社会风俗决定的。

在土圹墓中出土的遗物,与在扶余、公州等地被认为是统治阶级墓葬的石室墓或砖筑墓中出土的遗物相比,无论是数量还是质量,都比较落后,但大体上也都遵循逢墓必随葬的原则。

随葬品大多为陶器和铁器,偶尔有鎏金制品以及青铜制品出土。遗物按用途分为铁剑、铁刀子、铁矛、铁镞、铁镰等武器类和铁辔、马镫、铰具等马具类以及铁斧、铁凿等与陶器类一样的生活用具以及铁钉、角铁等木棺的附属品。

出土最多的遗物是陶器,以青灰色、灰色的软质、硬质壶为主。从陶器组合来看,壶和壶的组合最多,偶有壶和钵或碗的组合。此外偶有平底广口壶、广肩壶、盖壶等出土。5世纪后半叶迁都熊津后,主要随葬有长颈壶、台附壶(译者注,即高足壶)、带把杯、三足陶瓶等。

铁器有刀子、剑、镞、镰等武器类和辔、镫子、铰子等马具类。马具类遗物是在清州新凤洞土圹墓集中出土的,由此可以判断墓主人的身份;武器类遗物主要出土于墓主的腰部。

也有遗物出土于肩部外围的情况,代表性的例子有石村洞3号墓东部的8号土圹墓外椁出土有东晋时代的青瓷四耳壶(图4.5)与钵[37]。

根据目前的研究结果,考虑到石村洞、可乐洞一带土圹墓的筑造方式、遗物放置方式、出土遗物性质等综合因素,可以认为这些墓葬是百济初期先住民集团,即土著势力的家族墓,甚至是亲族集团的集团墓或是个人墓。并且可以推测这些土圹墓的墓主比周边积石塚

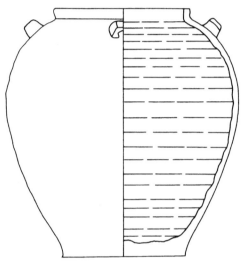

图4.5 石村洞3号墓周边8号土圹墓出土青瓷四耳壶

的墓主地位低,但与采用瓮棺墓或小型石室墓的平民阶层相比还是属于地位更高的统治阶级[38]。

可乐洞2号墓和石村洞集团墓与青州新凤洞古墓群一样,与一般的土圹墓在形式上有些不同。即,这些墓葬的封土呈方台形,不但有多葬(合葬),还有木棺的直葬,其墓葬主体部分多位于地上[39]。这可能是在维持土圹墓基本框架的情况下,根据时空变化而做的改变。

一方面,清州新凤洞土圹墓中出土了铁质短甲,并集中出土了马具类和武器类遗物。由此可以看出墓主都应是参加过战斗的男性成员。而且在新凤洞墓葬中出土的陶器呈现出与首尔石村洞和江原道原城郡法泉里[40]等遗址出土的陶器一脉相承的因素。

根据这些陶器的形制及其他相关因素,报告者认为新凤洞这些墓葬的年代应该是在百济迁都熊津以前的公元4~5世纪[41]。

　　总而言之,上述的首尔石村洞土圹墓和可乐洞1号、2号墓遗址以及清州新凤洞土圹墓(图4.6~4.7)与前文中的积石塚都是反映汉城时代百济文化的重要墓葬类遗存。特别是新凤洞墓葬的发现与忠清南道镇川郡山水里、三龙里的百济初期窑址一同成为反映百济初期疆域的重要资料。根据已有的考古学发现,我们可以推测在文周王475年从汉城迁都至公州之前的百济的疆域,大致为北至礼成江,西到仁川,南至清州和公州,西至镇川地区的范围。

图4.6　清州新凤洞出土鸟足纹陶器

(鸟足纹在全罗南道罗州市潘南面德山里4号墓以及新村里6号墓中也有出土,应与百济初期目支国的移动有关)

图4.7　发掘清州新凤洞百济土圹墓

（三）其他墓葬遗址

除了积石塚和土圹墓，汉江流域在百济初期的墓葬形制还有石室墓和石椁墓等。

在迁都熊津以后，石室墓多位于山、丘陵的中部或顶上，而初期的石室墓大多选址在平地或较低的丘陵上[42]。

这些石室墓的框架大致沿袭了高句丽石室墓的构造，其中有石室平面呈方形、羡道位于近东壁的"7"字形的型式，也有在长方形石室的南壁中央带有羡道的"甲"字形的形式[43]。

第二次世界大战胜利前，在骊州郡梅龙里发现了石室墓，虽然被严重破坏，但在其2号墓中出土了带有强烈新罗风格的太镮式鎏金耳饰。同时，这些墓葬是复葬墓，并且不是高句丽式夫妻合葬墓，而是与岭南地区的家族墓传统相符的两人以上的家族墓。从这一点来看，该墓葬是将高句丽墓葬形制融合新罗墓葬元素后形成的特殊形制墓葬。其建造年代不应在百济初期，而是公元6~7世纪左右[44]。

通过对芳荑洞多座石室墓的发掘调查[45]，我们认为将这些墓葬群判定为汉城时代百济墓葬是不合理的[46]。

此外，在江原道春川郡芳洞里[47]、新梅里、京畿道骊州郡甫通里[48]等地都发现有石室墓，但目前都不能确定这些墓葬是属于高句丽还是百济。

在江原道原城郡法泉里[49]发现的2号石椁墓中出土了与首尔可乐洞2号墓中类似的黑色磨研陶器以及中国的东晋青瓷。由此可以推测该墓葬的年代大体在4世纪左右。并且在京畿道华城郡白谷里调查发现了相当于3~4世纪左右的石室墓，此外还有前文提到的清州新凤洞墓葬，是比白谷里墓葬稍晚的百济石室墓[50]。

二、窑址

窑址是反映当时陶器发展过程以及各种技术水平的重要考古学资料。

最先发现的百济时代陶器窑址（图4.8~4.9）是最近（1983年）全州市

图4.8　发掘镇川三龙里陶窑址

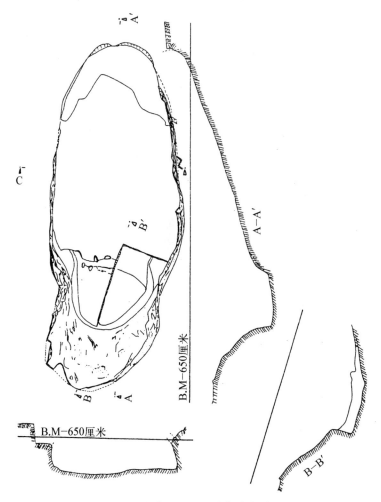

图 4.9　山水里 87 - 8 号窑址实测图

（引用自崔秉铉，《镇川山水里百济陶器窑址群》，《百济陶器和窑址》第 6 届韩
国上古史学会研讨会，1991，第 39～40 页）

立博物馆在全罗北道高敞郡云谷里调查发掘的被定为公元 6 世纪左右的百济窑
址。此后，在全罗北道益山市新龙里，忠清北道镇川郡三龙里、山水里，全罗南道
昇州大谷里、灵岩郡九林里、海南郡谷里等地陆续发现了陶器窑址[51]，但就目前
的情况来看，还是缺乏确定百济陶器谱系以及当时技术水平的资料。

　　其中，汉城时代百济最重要的遗址有忠清北道镇川三龙里、山水里的窑址。
镇川地区的窑址从 1986 年开始，每年进行考古发掘，到目前已发现 19 处陶器窑
址以及与其相关的 6 座房址。现在暂时还未发表正式的发掘报告，因此无法掌
握其详细的内容，但根据发掘者的观点，认为在镇川窑址中呈现出从素面陶器到

硬质素面陶器、压印纹陶器、百济陶器的发展样式。同时还出现一些新的主张，即在3世纪后期盛行的青灰色硬质陶器很有可能在公元前后开始，是在没有外部技术传播的情况下自行逐渐产生的。

三、城址

（一）梦村土城（史迹297号，图4.10~4.12）

图4.10　直口短颈球形壶（梦村类型）

图4.11　西晋钱文陶器片及中国青瓷

图 4.12　筒形器台（圆筒形陶器）

梦村土城是在百济汉城时代的政治、文化、军事方面起到重要作用的都城址之一，在过去日本人调查发掘该城址时，将其命名为二里土城[52]，后来，调查发掘逐渐减少，最后这项工作毫无推进，被长期搁置起来。

对该遗址的正式发掘调查开始于首尔市和文化遗产管理局决定在梦村土城一带建设遗址公园，并对周边进行整顿，开展复原工作。

从 1983 年开始，对该遗址进行了有计划地发掘调查。

1983 年，为了保存该遗址而进行了一些基础性工作，包括为了解城址规模和外郭设施而进行了局部发掘；1984 年，由首尔大学牵头，4 所大学组成的梦村土城发掘调查团[53]，以确认土城的筑造方法为目标，展开了对其内部建筑址进行精密的发掘调查；1985 年，随着土城内现代村落设施的搬迁而开展对城址内部的发掘调查[54]；为收集建造遗址公园及内部设施施工所需的基础资料调查，又组织了为期 6 个月的大规模的发掘调查；1987 年，为了进一步确定该城址的历史性质，作为全面发掘调查的一部分工作，在土城的东北地区进行了发掘调查[55]。

根据目前的调查发掘结果，梦村土城基本上是以从南汉山延伸过来的标高44.8 米的较低的小山为中心，自然丘陵为隔墙，并在丘陵较低或平坦处以版筑方法垒砌城墙而形成的城。

城的大小是南北最长 730 米，东西最长 540 米，东西平均 400 米，整体上呈菱形。城墙的长度，以墙顶为基准，西北壁 617 米，东北壁 650 米，西南壁 418 米，东南壁 600 米，共 2 285 米。另外，还有东北壁向城的东北部延伸的 270 米左右的外城。总面积以墙顶为基准约有 6.7 万平方米，如以城墙的外壁下方为基准，其面积则约为 9.3 万平方米。考虑到土城内的地形因素，估测该城址大约可容纳 8 000~10 000 名人。

因最大限度利用了自然丘陵，城的整体形态呈现出起伏较大的椭圆形。

城墙外壁可以看出丘陵的倾斜以及建造基坛并且部分使用了木材设施的痕

迹,并且像庆州月城一样,在城的周围掘凿有护城河。城的东、南、北三处设有城门,但考虑到城内部道路网和外部的连接情况,也可能存在着类似于暗门的门。

综合土城的位置与地形因素,该城距三星洞土城为0.75千米,距二圣山城约为4.8千米,并且位于这两座城中间,选址于较低的丘陵,但可以俯瞰汉江一带。即土城往北可以经过岩寺洞到达江边的土幕里,向西可以经过蚕室到达三星洞,综合以上因素,我们分析梦村土城是当时一个在战略上非常重要的地点。

根据文献记载,河南慰礼城从公元前5年到近肖古王二十六年的公元371年为止,是一座存续了376年的百济都城。而从梦村土城的地理位置以及经多次发掘调查所出土的各种遗物、城内遗迹等来看,可以推测梦村土城应为文献记载的河南慰礼城。

该遗址中出土了西晋时代(265~316年)的灰釉钱纹陶片,考虑到陶器的流通期限都较短,认为该遗址最晚可能在3世纪后半期就已经筑造。并且,从最近出土的广口长颈壶、圆筒形三足器等高句丽时期遗物来看,在文周王迁都公州以后,该城仍被使用(图4.13~1.14)。同时对城内百济文化层的放射性年代测定结果为240±60年与370±70年,这个结果与(文献记录的)土城存续年代相吻合。

图4.13 高句丽陶器:广口长颈四耳瓮 **图4.14 高句丽陶器:圆筒形三足器**

另一方面,通过在城内发掘的墓葬中遗物,也可以判断其下限年代。即推定1号土圹墓中出土的青灰色高杯与施有刻划线纹的长颈壶片是5世纪的,而2号土圹墓中出土的三足陶器与台附壶等,与公州及扶余等地的同类遗物相通,应是5世纪后半期的。

此外,日本古代陶器中植轮的祖型——圆筒形陶器以及地下贮藏窖穴、竖穴式房址、土圹墓、瓮棺墓、积石塚等,这些都是推定梦村土城为百济第二个都城——河南慰礼城的充足证据。

虽然目前已经过多次的考古发掘,但与遗址整体的面积相比,所揭露的区域是非常有限的,因此目前还暂时无法明确认定梦村土城所具有的历史意义。

期待在未来随着计划的实施,对遗址的全面调查可以逐步进行,出土更多关于梦村土城本身,甚至目前无法确定的与初期百济历史相关的重要资料。

(二) 二圣山城(广州郡乡土遗迹第 1 号)

二圣山城位于京畿道广州郡西部面一带标高为 209.8 米的二圣山山顶,是一座用石头砌筑的山城。

在该城中可以一眼望到位于汉江流域的多个城郭,并且在该城所在的西侧,存在比较广阔的平原,在城内发现了许多三国时代的遗物,引起了学术界的关注。最近学术界的新观点认为,根据以上情况以及近肖古王二十六年(公元 371年)所记载的因高句丽进攻而进行的临时迁都“移都汉山”的内容[56],推测二圣山城为百济从公元 371 年迁都开始,到 391 年迁都至春宫里一带的这段时间所使用的都城[57]。

虽然二圣山城在初期百济史中具有如此重要的地位,但对该遗址的调查是近年来才开始的。对被搁置的二圣山城进行正式的调查,是 1985 年由汉阳大学博物馆在京畿道的支持下实施京畿道百济文化遗址地表调查时所做的工作[58]。通过以上的调查,该遗址的重要性被逐渐了解,因此开始制定了对二圣山城的年度发掘计划。

在 1986 年进行的第一次发掘调查中,确认了城墙、蓄水池等大型建筑基址、信仰遗迹①、储藏窖穴、石椁墓等许多遗迹[59],并且进行了以确认蓄水池规模、城墙结构、揭露 C 区建筑址以及对推测为墓群的 D 区进行全面发掘等为目的的第二次发掘(图 4.15~4.17)[60]。

据目前调查,该山城的总周长为 1 925 米,高度为 6~7 米左右,其外郭利用自然地形而建造,因此其平面形态呈近似不规则的四边形。城址内部的面积约47 200 平方米。

城墙的结构是在外部以大石块垒砌,并在其中填充杂石和土。在其内部,首先是版筑宽约 2 米左右的基础,然后再用石块垒砌 3 层护墙。在城墙局部还发

---

① 原文直译为“信仰遗迹”,可能为与原始宗教等有关的祭拜、礼仪遗迹。

图 4.15　发掘石村洞附近

图 4.16　发掘石村洞古坟群

现了为减少内部土沙的压力,而采用 4 排的列石进行加固的例子。

在该遗址出土的遗物中,大部分是陶器类和瓦件,还有少部分石器。石器中有磨制石镞、石斧、方锥,此外还出土了几个可能是用来磨矛、箭镞等的当时兵士随身携带的大约 5 厘米的砺石。

出土了多种陶片,其中最多的是百济系统的软质陶器,包括带有高句丽特征的各种压印花纹陶片。出土最多的遗物是瓦件,纹样以格字纹最多,这些瓦件大小在 40~45 厘米左右。

目前还没有发现能够推断该山城筑造时间的可靠遗物,但根据出土的陶器

图 4.17　发掘梦村土城

和瓦件,可以推测该遗址可能是在汉城时代后期建造,在高句丽、新罗时期沿用,
至统一新罗时期逐渐因使用价值的减少而被废弃。这一推测与该城址建筑基址
内成堆出现的多种多样的瓦件相符。

　　目前,该城址与梦村土城的情况一样,相较于遗址整体的规模对二圣山城的
发掘调查(图 4.18~4.19)范围还十分有限。因此,在没有进行更大范围的调查
之前,还不能确定该遗址的整体性质。

图 4.18　发掘二圣山城

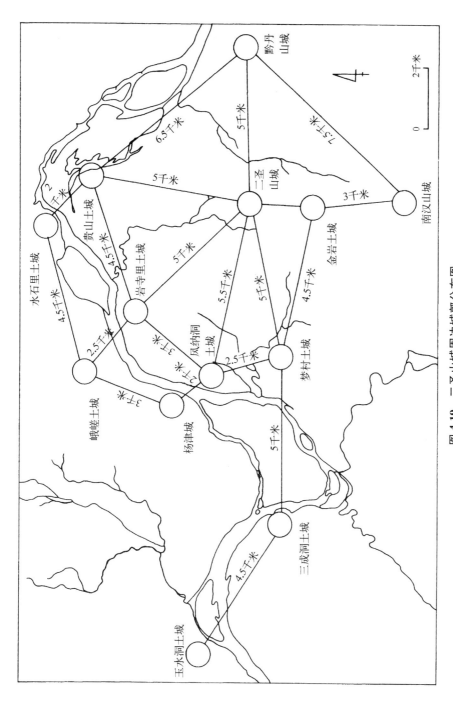

图 4.19 二圣山城周边城郭分布图

（金秉模、沈光住、徐美姬，《京畿道百济文化遗址》〈地表调查报告〉，《汉阳大学校博物馆丛书》第 3 辑，1986，第 58 页）

（三）春宫里一带

京畿道广州市春宫里一带被认为是汉城时代百济的最后都城,即汉城。

朝鲜半岛解放前,调查过此地区的日本学者今西龙在报告上说,此地为宽广肥沃的平原地带,其东部是黔丹山,南有汉江和南汉山,北有汉江,而西有二圣山,是有利于防御的要地[61]。

该地区的原地名被传为"古邑",是"高句丽谷"之意,附近有称作大圆寺的寺庙,其遗址中有高丽初期的石塔两座(宝物 12 号春宫里 5 层石塔,宝物 13 号春宫里 3 层石塔),在寺庙附近的开阔平地上有许多陶片[62]。

根据百济在辰斯王七年,即公元 391 年再次将都城定在现在的春宫里一带的(汉城)记录[63],可以看出(在前文中也提过)之前的都城汉山,即二圣山城在地形条件上有利于临时的守备,但从长期战略来看,不适宜作为一国的都城。

到目前为止,在该地区只在地表采集到了部分灰色软质陶片、青灰色硬质陶器以及瓦片,并没有进行实际的考古调查发掘,因此没有证明该地区是汉城时代百济最后都城这一假说的考古学证据。

期望在将来,对这一地区能够进行精细的调查,并与前文提及的梦村土城和二圣山城的研究进行综合考察,解释到目前为止无法知晓的关于百济史的诸多疑问。

（四）风纳洞土城（史迹 11 号）

该遗址位于首尔特别市江东区风纳洞,是百济初期城郭遗址,于 1965 年由首尔大学博物馆进行发掘[64],并在一定程度上揭示了它的性质。在更早的 1925 年大洪水时期,该地区也曾发现有青铜镍斗。

发掘当时,该城保留有东壁 1 500 米,南壁 200 米,北壁 300 米,西北壁 250 米等共 2 250 米,大概是南北 2 千米,东西 1 千米,总周长在 4 千米左右的规模。

在该土城是百济初期城址这一点上是没有异议的,但针对该土城对应百济的哪一座城,不同学者有不同的主张。

李丙焘博士认为风纳里这一地名是"风纳"的汉译,这是"蛇城"的转化,由此认为该土城是《三国史记》中所记载[65]的蛇城[66]。对该遗址进行直接发掘的金元龙教授同意此观点,并通过发掘时出土的遗物认为风纳里土城虽是防御城址,但平时也有许多居民居住,是一座属于半军事半民用性质的城邑[67]。

而日本学者点见房之进则认为风纳里土城是慰礼城,并且还有人认为风纳里土城为坪古城,蛇城在现在的船里附近[68]。但因风纳洞土城所在地区地势较低,并且邻近江河,并不适宜作为都城,因此将风纳洞土城认为是慰礼城的说法是有问题的。

在该土城中,出土了青铜器时代后期的素面陶器以及粗质的有纹陶器、金海式印纹陶、新罗式陶器、黑陶等,从这些陶片与其他遗物的共存关系来看,该遗址在公元1世纪左右建造,直到迁都熊津以前一直被用作防御城,同时又是有居民居住的半军事化城邑。

（五）其他城址

最近确认的城址有忠北大学博物馆发现的忠清北道中原郡新尼面见鹤里百济版筑土城（图4.20）[69]和庆熙大学考古美术史研究所主持发掘的京畿道坡州郡炭县面城洞里遗址,其中城洞里遗址可能为百济北方重要的要塞关弥城（鳌头山城）（参见4.21）。此外还有1984年乡土史学家韩宗燮先生在首尔特别市

图4.20　忠北中原郡薪尼面见鹤里百济土城

图4.21　发掘关弥城（鳌头山城）

阳川区新亭洞小山上发现的百济初初期新机城（参见《全教学新闻》,1991 年 11
月 6 日 19 版）,以及在京畿道河南市校山洞黔丹山山顶的河南慰礼城,但这些遗
址都没有经过正式的发掘和调查[70]。

第三节　结　　语

综合以上内容,我们将汉城时代百济的遗址分墓葬以及城郭两大类进行考
察,并且将遗址中发现的考古学资料与《三国史记》中的记载进行了比较,对百
济的疆域及其都邑址的变迁进行了推测。

但如前文所述,关于三国时代初期的文献记录非常有限,同时,目前为止对
属于该时期的考古学遗址的调查也不丰富,甚至这些调查也只是局部范围的。
因此对整体的百济史的研究还非常不足。

期待未来对更多的遗址进行调查,丰富考古学资料,并且对这些资料与历史
资料进行补充,以解释初期百济史中的一系列问题[71]。

附记：

本篇文章完成于 1988 年,在成文之后又有很多新发表的资料,本文只是增
加了几篇参考文献或图片,并未对文章进行大幅的修订。笔者自身也发现了一
些讨论粗略的部分,但因时间有限,只能付印。一些内容在最新出版的崔梦龙、
沈正辅编著的《对百济史的理解》（学研文化社,1991）中进行了补充,望读者
谅解。

注释：

[1] “马韩最大,共立其种为辰王,都目支国,尽王三韩之地。其诸国王先皆是马韩种人
　　　焉。”（《后汉书·韩专·马韩条》）

[2] “马韩王薨。或设上曰:'西韩王前辱我使,今当其丧,征之其国,不足平也?'上曰:'幸
　　　人之灾,不仁也。'不从,乃遣使吊慰。”（《三国史记·新罗本纪》始祖赫居世居西干三十
　　　九年条）

[3] 崔梦龙,《从考古学看马韩》,《马韩·百济文化》9,圆光大学校马韩·百济文化研究所,
　　　1986.9.15。

[4] 崔梦龙、权五荣,《通过考古学资料看百济初期的领域考察》,《千宽宇先生还历纪念
　　　韩国史学论丛》,正音文化社,1985,第 5～12 页;崔梦龙,《汉城时代百济的都邑地和领

域》,《震檀学报》60,1985,第 97~101 页;崔梦龙,《梦村土城与河南慰礼城》,《百济研究》19,1988,第 5~13 页;崔梦龙、沈正辅编著,《百济史的理解》,学研文化社,1991。

［5］文化财管理局文化财研究所,《武宁王陵——文化财管理局古迹调查报告》,1973。

［6］蚕室地区遗址发掘调查团,《蚕室地区遗址发掘调查报告》,1974,1975,1976。

［7］崔梦龙、权五荣,《通过考古学资料看百济初期的领域考察》,《千宽宇先生还历纪念韩国史学论丛》,正音文化社,1985,第 5~12 页。

［8］金元龙,《韩国考古学概说》第三版,一志社,1986,第 177 页。

［9］金元龙,《韩国考古学概说》第三版,一志社,1986,第 184 页。

［10］金元龙,《韩国的古坟》,《教养国史丛书 2》,世宗大王纪念事业会,1974,第 52 页。

［11］韩炳三,《矢岛贝塚》,《国立博物馆古迹调查报告》8,国立博物馆,1970,第 45~46 页。

［12］金载元、尹武炳,《韩国支石墓研究》,《国立博物馆古迹调查报告》6,国立博物馆,1967,第 79~78 页。

［13］这些遗址刊载于朝鲜出版的《考古学资料集》3(1963)和《朝鲜考古学研究》1(1990),并且在最近的《朝鲜文化遗址发掘简报》,《朝鲜文化财调查书》3,文化财研究所,1992,《慈江道篇》中有详细的收录。

［14］裴基同,《堤原阳坪里 A 地区遗址(第一次)》,《忠州堤坝水没地区文化遗址发掘调查略报告书》,1982,第 39~90 页;裴基同,《堤原阳坪里 A 地区遗迹发掘略报告》,《忠州堤坝水没地区文化遗址发掘报告书》,1983,第 299~314 页。

［15］崔梦龙、李熙濬、朴洋震,《堤原桃花里地区遗迹发掘调查报告》,《忠州堤坝水没地区文化遗址发掘调查略报告书》,1983,第 325~328 页。

［16］忠北大学校博物馆,《忠州堤坝水没地区文化财地表调查报告》,1982.9.30。

［17］赵东杰,《春川地方的先史社会考察》,《春川教大论文集》4,1968,第 35~36 页。

［18］朴汉尚、崔福圭,《中岛积石塚发掘调查报告》,《中岛发掘调查报告书》,1982,第 20~82 页。

［19］黄龙浑,《杨平郡西宗面汶湖里遗迹发掘报告》,《八堂、昭阳堤坝水没地区遗迹发掘综合调查报告》,1974,第 333~377 页。

［20］首尔大学校博物馆、首尔大学校考古学科,《石村洞积石塚发掘调查报告》,《首尔大学校考古人类学丛刊》6,1975;金元龙、裴基同,《石村洞 3 号墓(积石塚)发掘调查报告书》,首尔大学校博物馆,1983;石村洞遗址发掘调查团,《为石村洞 3 号墓(积石塚)复原而进行的发掘调查书》,首尔大学校博物馆,1984。

［21］首尔特别市、石村洞发掘调查团,《石村洞古坟群发掘调查报告》,1987,第 21~61 页。

［22］朝鲜总督府,《大正六年度古迹调查报告》,1917,第 641 页,参照图版 244;尹根一,《公州宋山里古墓发掘调查概报》,《文化财》21,1988,第 309~336 页;1991 年 10 月 18 日公州举行武宁王陵发掘 20 周年纪念会,认为是盖卤王的虚墓或是假墓(赵由典,《关于宋山里方坛阶梯形墓葬》,《武宁王陵的研究现状及诸问题》,1991,第 59 页)。

［23］郑燦永,《关于高句丽积石塚》,《文化遗产》,1961,第 39 页。

[24] 权五策,《关于初期百济扩张过程的一考察》,《韩国史论》15,1986,第1~94页。

[25] 尹世英,《高句丽古坟》,《韩国考古学地图——韩国考古学报特辑》Ⅰ,韩国考古学研究会,1984,第32~33页。

[26] "又取大石于郁里河,作椁以葬其父骨;缘河树堰,自蛇城之东,至崇山之北"。(《三国史记·百济本纪》盖卤王二十一年条)

[27] 金元龙、林永珍,《石村洞三号墓东部古坟群整理调查报告》,《首尔大学校考古人类学丛刊》13册,1986,第20~21页。

[28] "十三年八月,遣使马韩,告迁都。遂划定疆场,北至浿河,南限熊川,西穷大海,东极走壤。"(《三国史记·百济本纪》,始祖温祚王十三年条)。并且根据最近的考古学资料,在黄海道黄州出土了百济陶器,揭露了部分百济北部的国境线。(崔钟泽,《梦村出土百济土器例》,《韩国上古史学报》4,1990,第329~340页。)并且通过对百济石城坡州的关弥城,镇川三龙里、山水里的百济窑址,清州新凤洞的百济古墓以及公州盖卤王的方坛阶梯形墓葬的发掘调查,对百济的疆域有了更进一步地了解。

[29] 金元龙,《韩国考古学概说》第三版,一志社,1986,第180页。

[30] 蚕室地区遗址发掘调查团,《蚕室地区遗址发掘调查报告》,《韩国考古学报》4,1978,第40~41页。

[31] 朝鲜总督府,《昭和二年度古墓调查报告》,1928。

[32] 蚕室地区遗址发掘调查团,《蚕室地区遗址发掘调查报告》,《韩国考古学报》4,1978,第31~40页。

[33] 尹世英,《可乐洞百济古墓第一号·第二号发掘调查略报》,《考古学》3,1974,第131~146页。

[34] 金元龙、林永珍,《石村洞三号墓东部古坟群整理调查报告》,《首尔大学校考古人类学丛刊》13,1986,第14~36页。

[35] 首尔特别市、石村洞发掘调查团,《石村洞古坟群发掘调查报告》,1987,第108~122页。

[36] 李隆助、车勇杰,《清州新凤洞百济古坟群发掘调查报告书》,百济文化开发研究院,1983,第31~124页。

[37] 金元龙、林永珍,《石村洞三号墓东部古坟群整理调查报告》,《首尔大学校考古人类学丛刊》13,1986,第20~21页。

[38] 任孝宰,《石村洞百济初期古坟的性质》,《考古美术》129~130,1976,第65页。

[39] 姜仁求,《汉江流域的土筑墓》,《三国时代的坟丘墓研究》,1984,第11~40页。

[40] 金元龙,《汉城流域法泉里石椁墓及出土遗物》,《考古美术》120,1973,第2~10页。

[41] 李隆助、车勇杰,《清州新凤洞百济古坟群发掘调查报告书》,百济文化开发研究院,1983,第176~177页。

[42] 姜仁求,《百济古坟研究》,一志社,1977,第7页。

[43] 金元龙,《韩国考古学概说》第三版,一志社,1986,第180页。

[44] 金元龙,《百济初期古坟再考》,《史学报》62,1974,第1~18页。

［45］金秉模，《芳荑洞古坟群》，《考古学》4，1977，第 1～35 页；赵由典，《芳荑洞遗址发掘报告》，《文化财》9，1975，第 98～123 页。

［46］金元龙，《百济初期古坟再考》，《史学报》62，1974，第 1～18 页。

［47］金元龙，《春城郡芳洞里的 2 座高句丽石室墓》，《考古美术》149，1981，第 1～5 页。

［48］姜仁求，《骊州甫通里石室古墓——1 座抹角藻井式石室墓》，《韩佑劤博士停年纪念史学论丛》，1981，第 35～50 页。

［49］金元龙，《汉城流域法泉里石椁墓及出土遗物》，《考古美术》120，1973，第 2～10 页。

［50］金元龙，《华城郡白谷里百济古坟和陶器类》，《百济研究》2，1971，第 147～156 页。

［51］崔梦龙、崔秉铉，《百济时代的窑址研究》，1988；以及《韩国上古史学会第 6 次学术发表会发表要旨》，1991。

［52］朝鲜总督府，《大正六年度古迹调查报告》，1917，第 595 页。

［53］梦村土城发掘调查团，《为了整备和复原的梦村土城发掘调查报告书》，1984。

［54］梦村土城发掘调查团，《梦村土城发掘调查报告》，1985。

［55］金元龙、任孝宰、林永珍，《梦村土城东北地区发掘报告》，首尔特别市、首尔大学校，1987；金元龙、任孝宰、朴淳发，《梦村土城东南地区发掘调查报告》，首尔大学校博物馆，1988。

［56］"丽举兵来，王闻之，伏兵于浿河上，候其至急击之，高句丽兵败北。……攻平壤城，丽王斯由力战拒之，中流矢死，王引军退，移都汉山。"（《三国史记·百济本纪》近肖古王二十六年条）。

［57］崔梦龙，《汉城时代百济的都邑地和领域》，《震檀学报》60，1985，第 215～229 页。

［58］金秉模、沈光柱、徐美姬，《京畿道百济文化遗址（地表调查报告）》，《汉阳大学校博物馆丛书》3，1986，第 84～88 页。

［59］金秉模、沈光柱，《二圣山城（发掘调查中间报告书）》，《汉阳大学校博物馆丛书》5，汉阳大学校，1987。

［60］金秉模，《二圣山城的性格和年代》，《百济初期文化的考古学再照明》（第 11 届韩国考古学全国大会发表要旨），韩国考古学研究会，1987，第 39～52 页。

［61］今西龙，《大正五年度古迹调查报告》，1916，第 70～75 页。

［62］金秉模、沈光柱、徐美姬，《广州春宫里宫址》，《京畿道百济文化遗址》，《汉阳大学校博物馆丛书》3，1986，第 89～91 页。

［63］"重修宫室，穿池造山"（《三国史记·百济本纪》辰斯王七年条）。

［64］金元龙，《风纳里地层调查报告》，《首尔大学校考古人类学丛书》3，首尔大学校考古人类学科，1965。

［65］"王虑其侵寇，修阿旦城、蛇城，备之"（《三国史记·百济本纪》责稽王元年条）。

［66］李丙焘，《广州风纳里土城与百济时代的蛇城》，《震檀学报》10，1939，第 145～153 页。

［67］金元龙，《风纳里地层调查报告》，《首尔大学校考古人类学丛书》3，首尔大学校考古人类学科，1965，第 8～9、40～44 页。

[68] 方东仁,《风纳里土城历史地理检讨》,《白山学报》16,1974,第 2 页。

[69] 忠北大学博物馆,《中原见鹤里土城调查报告》33,1992。

[70] 韩宗燮,《汉江西部和百济建国》(1989)以及《对百济建国地河南慰礼城地的究明研究》(1992)。

[71] 最近在忠北镇川三龙里发掘了公元 1 世纪前后的百济时代窑址,可见其领域到达镇川(崔秉铉,《镇川三龙里陶器窑址》,《第 12 届韩国考古学全国大会发表要旨》,1988,第 127~134 页)。

后　记

2002 年 3 月,硕士研究生入学考试初试成绩公布,因英语一分之差,我与吉林大学考古专业东北考古研究方向的学缘被迫暂时中断,一时不知如何是好。4 月底,韩国国立全南大学林永珍教授通过日本龙谷大学的徐光辉教授给朱泓教授发来一封"请求推荐信",希望推荐一名对东北考古感兴趣或者有经验的学生,来全南大学校攻读学位。朱泓老师和我的硕士预定指导教授朱永刚老师商议后,决定推荐我去韩国留学。突如其来的变化,对于二十岁出头的我来讲,毫无思想准备,当时正随朱永刚教授在赤峰地区进行田野考古调查,全力推进"西拉木伦流域夏家店上层文化综合研究"项目。其间就此事多次与朱永刚教授协商,他的意见是:了解一下朝鲜半岛的情况,放宽视野,可能回来做东北考古更好一些。于是,我着手学习韩语,并于 2003 年 3 月前往韩国国立全南大学人类学科,跟随林永珍教授进行东北亚古代文化交流的学习与研究。

由于地理位置的关系,朝鲜半岛与中国东北地区的古代文化密切相关,在韩国学习期间,这种感受越来越深,但韩国大学研究生的指导方式基本为"散养",老师们根据不同的主题给学生们布置参考文献,学生们围绕这些著作、文章,对这个主题的内容进行梳理和讲读。其中,由崔梦龙教授等编写的《汉江流域史》就是其中一部参考书目,尽管我学习的时候,这本书已经出版十年左右,但其学术地位丝毫没有动摇,由较高的引用率可见一斑。

《汉江流域史》由四部分组成,分别由首尔大学考古美术史学科的李鲜馥教授撰写旧石器考古部分,圆光大学考古美术史学科的安承模教授撰写新石器考古部分,忠南大学考古学科的朴淳发教授撰写青铜器—初期铁器时代考古部分,首尔大学考古美术史学科的崔梦龙教授撰写汉城百济时代考古部分,应该说,这在当时学术界是一支年轻的学术中坚力量,他们都是首尔大学的本科毕业生,后来又分别在美国亚利桑那大学、英国伦敦大学、韩国首尔大学以及美国哈佛大学攻读博士学位,学术背景及素养非常好。韩国同中国一样,近代考古学形成与发展的时间并不长,如果从金元龙教授算起,上述几位作者连同林永珍教授基本上可以称为第二代学者,其中李鲜馥教授、安承模教授和林永珍教授还是大学同班同学,而崔梦龙教授在赴美国哈佛大学跟随张光直教授攻读博士学位之前,也在全南大学有过短暂的工作经历,朴淳发教授的女儿近年也曾在吉林大学学习中文。因此,多重关系下,无论是学术价值还是学缘关系,我对这本《汉江流域史》感情深厚。

时光飞逝,我结束了在韩国七年半的学习、工作,转眼又到了我回国任教的第三年夏天,杨建华教授准备组织力量申请国家社科基金重大项目招标课题,该课题是以国外考古学的翻译整理为主要内容的。当时,杨老师对我委以重任,将朝鲜半岛考古成果的遴选以及翻译工作都交给了我,尽管当时已经出版了由韩国考古学会主编的《韩国考古学讲义》,但我首先想到的还是《汉江流域史》,因为从中国读者角度考虑,《韩国考古学讲义》相对于《汉江流域史》稍逊一筹。决定之后,我马上给朴淳发教授发了一封邮件,告知翻译意向,并由朴教授转请另三位教授的授权,很快得到了大家的肯定与支持。

项目大概开始于2013年,正是我全力承担另一个国家社科基金重大项目子课题的关键时期,2013~2015年,我的精力集中放在东大杖子墓地上了,而《汉江流域史》的初译工作就交给了我带过田野考古实习的侯哲、任金华两位同学,请她俩分别初译旧石器部分、新石器部分以及汉城百济部分。两位同学不负众望,很快翻译出了初稿。但在2015年秋,我开始翻译青铜器—初期铁器部分并做全书统稿时才发现,两位同学的工作还有很大的补充修正空间,一直到2016年年初,我才完成《汉江流域史》的初稿通译工作。

本以为翻译稿交给杨建华教授后可以稍缓口气,但随后细致、认真的杨老师主导推进的校对工作又使我神经高度紧张。中韩学术传统的差异我本人可以很好的理解,但杨老师要求必须对此阐释清楚,以便于一般读者的理解。于是,本译著中出现了大量"译者注",希望有助于各位读者的阅读和理解,进而推动中韩之间的学术交流。我和杨老师讨论难懂的专业术语、学术表达等,又分别请教了陈胜前教授、赵宾福教授、朱永刚教授、滕铭予教授等,请大家为这本译著的学术含量严格把关。但尽管如此,可能还会有一些遗留问题,还请读者们不吝指教。

2002年去韩国留学之前,我曾给朱泓教授和朱永刚教授谈过我留学的三个目标:掌握一门语言、收集一批材料、诚交一些学者。2010年回国工作前,我又和两位老师谈到了回国工作的三个目标:开设一门课程,建设一个方向,培养一批人才。时间到了2018年,我还在为这些目标不停努力。2015年我和赵宾福教授访问韩国期间,赵老师关心我的学术发展道路,问起我在朝鲜半岛考古方面的学术计划,我提出了"朝鲜半岛考古三部曲"的宏伟构想,不知这三部曲需要多少年可以完成,但我深知依靠我一个人的力量是绝对不行的。

每次在中韩学者欢聚一堂,我担任翻译的时候,大家就会感谢我,称我为"中韩考古学交流的桥梁"。可是随着交通流量的增长,独木桥已经不能满足中韩学术交流的需求,真诚希望与我并肩作战的朋友越来越多,也借《汉江流域史》译著出版之际,祝愿中韩考古学交流繁荣昌盛。

译　者
2018 年 5 月

图书在版编目(CIP)数据

汉江流域史 /(韩)崔梦龙等著;成璟瑭译. —上海:上海古籍出版社,2018.8

(东北亚与欧亚草原考古学译丛)

ISBN 978-7-5325-9006-3

Ⅰ.①汉… Ⅱ.①崔… ②成… Ⅲ.①朝鲜半岛—流域—文化史—古代 Ⅳ.①K312.2

中国版本图书馆 CIP 数据核字(2018)第 236595 号

东北亚与欧亚草原考古学译丛

汉江流域史

(韩)崔梦龙 李鲜馥 安承模 朴淳发 著

成璟瑭 译 杨建华 校

上海古籍出版社出版发行

(上海瑞金二路 272 号 邮政编码 200020)

(1)网址:www.guji.com.cn

(2)E-mail:guji1@guji.com.cn

(3)易文网网址:www.ewen.co

浙江临安曙光印务有限公司印刷

开本 710×1000 1/16 印张 12.75 插页 2 字数 229,000

2018 年 8 月第 1 版 2018 年 8 月第 1 次印刷

印数:1—1,500

ISBN 978-7-5325-9006-3

K·2567 定价 68.00 元

如有质量问题,请与承印公司联系